KB264026

이건 진짜 미국영어다!

REAL AMERICAN ENGLISH!

Chris Suh

MENTORS

Real American English!

이게 진짜 미국영어다!

2025년 12월 19일 인쇄
2025년 12월 24일 발행

지 은 이　Chris Suh
발 행 인　Chris Suh
발 행 처　**MENTORS**
　　　　　경기도 성남시 분당구 황새울로 335번길 10 598
　　　　　TEL 031-604-0025 FAX 031-696-5221
　　　　　mentors.co.kr
　　　　　blog.naver.com/mentorsbook
　　　　　* Play 스토어 및 App 스토어에서 '멘토스북' 검색해 어플다운받기!
등록일자　2005년 7월 27일
등록번호　제 2022-000130호
I S B N　979-11-24143-02-5
가　　격　29,600원(MP3 무료다운로드)

머리말

세상이 많이 바뀌었다

예전에는 실생활영어보다는 사연이 있는 표현 등에 호기심과 관심을 보였지만, 세상이 각박해지면서 '실용'을 내세우며 실생활에 바로 도움이 되는 영어회화와 인사고과에서 좋은 점수를 받기 위해 TOEIC에 과몰입하게 되었다. 물론 이런 현상은 지금도 계속되고 있다.

인터넷으로 현지영어가 필요해져

하지만 인터넷의 급속한 발달과 페이스북, 유튜브, 인스타그램 등 연이은 강력하고 전세계적인 플랫홈의 등장으로 전 세계의 국경이 허물어지게 되었다. 눈에 보이지는 않지만 전세계가 이런 온라인으로 연결되고 소통하게 되면서 전에 없던 현상이 하나 생겨나게 되었다. 바로 "현지미국영어"에 대한 수요이다. 전에는 바로 써먹을 기회가 없는 그래서 알 필요가 없던 낯설은 "미국현지영어표현'들을 알 필요가 생기게 된 것이다. 이는 다양한 플랫홈을 통해서 아는 혹은 모르는 네이티브와 소통할 기회가 많이 생겨났기 때문이다.

네이티브들이 즐겨 사용하는 <이게 진짜 미국영어다!>

'드라마'나 '영화'라는 매체를 통해서 나오는 현지영어들은 어느 정도 다듬어져서 익숙한 표현들이 나오는 반면 페이스, 인스타, 틱톡 등을 통해 쓰는 표현들은 이보다 한단계 더 나아간 '지금 바로의 현지영어'들이 주를 이룬다. 이책 <이게 진짜 미국영어다!>는 요즘의 영어학습자들의 요구에 부응하기 위해 현장감 뿜뿜나는 지금 현지에서 네이티브들이 자주 사용하는 영어표현들을 다 모아 모았기 때문에 이 한권만 통독하면 미국에 가지 않고서도 미국 네이티브들의 현지영어를 이해하고 또한 어렵지 않게 활용할 수 있을 것이다. 계속되는 인터넷상의 각종 플랫홈의 등장으로 '미국현지영어'에 대한 학습필요성은 더욱 커지게 될 것이다. 더 늦기 전에 지금 현재 변화하고 진화하는 영어표현들에 익숙해지면 세상살이가 더욱 수월해질게 명약관화한 시점이 바로 지금이다.

<이게 진짜 미국영어다!>의 특징

1 좀 어렵고 낯설지만 지금 현재 미국에서 쓰이고 있는 표현들만 모았다.

2 난이도에 따라 Level 01, 02. 03으로 분리하였으며,

3 예문과 대화, 그리고 미국현지 사진들을 많이 넣어서 시각적으로 미국영어에 익숙해질 수 있도록 하였다.

4 Supplement에서는 미국현지영어를 이해하는데 도움이 되는 TIP 13개를 수록하였다.

5 각 권 모두 생기발랄한 네이티브들 녹음으로 예문과 대화를 들을 수 있어 실전에 많은 도움이 될 수 있을 것이다.

<이게 진짜 미국영어다!> 구성

1 Level 01에 137개, Level 02에 136개 그리고 Level 03에는 115, 다 합해서 400여개의 현지표현을 수록하였다.

2 난이도별로 Level 01, 02, 03으로 나누어 단계적으로 접근할 수 있도록 하였다.

3 각 표현에는 친절한 우리말 설명을 달아 어려운 표현들을 쉽게 이해할 수 있다.

4 실전감각을 늘리기 위해 각 표현에는 예문과 현지실전대화를 수록하여 저절로 암기될 수 있도록 구성되었다.

5 Supplement에는 미국영어를 이해하는데 필요한 TIP 13개를 수록하였다.

<이게 진짜 미국영어다!>를 쉽게 학습하는 법

1 Level별 넘버링

Level별로 001~부터 매긴 넘버링

2 표제어와 우리말 해설

미국에서 현재 쓰이고 있는 현지영어표현과 그에 대한 친절한 우리말 해설

3 이렇게 쓰고!

실제 현장에서 쓰이는 예문 2개를 수록하였고 이를 필사하도록 꾸며졌다.

4 이렇게 말한다!

미국현지 냄새가 솔솔 나도록 생동감있는 다이알로그를 수록하였다.

Supplement

미국 현지 네이티브들과 소통하려면 꼭 필요한 정보 TIP 13!

CONTENTS

현지에서 많이 애용되는
진짜 미국영어표현
LEVEL 01 001-137

My bad

내가 잘못했어

That's[It's] my bad 혹은 My bad하면 구어체로 "내 실수," "미안, 내탓이야," 그리고 "내 잘못이야"라는 말이다. 다시 말해 It's my fault란 말이다. 주로 가볍게 실수를 인정할 때 사용한다. I'm sorry보다 캐주얼한 표현이다.

✏️ 이렇게 쓰고!

1. 내 실수예요. 싱글인 줄 알았어요.

My bad. I thought you were single.

▶

2. 미안해. 내 잘못이야. 내 잘못.

I'm so sorry. That's my bad. My bad.

▶

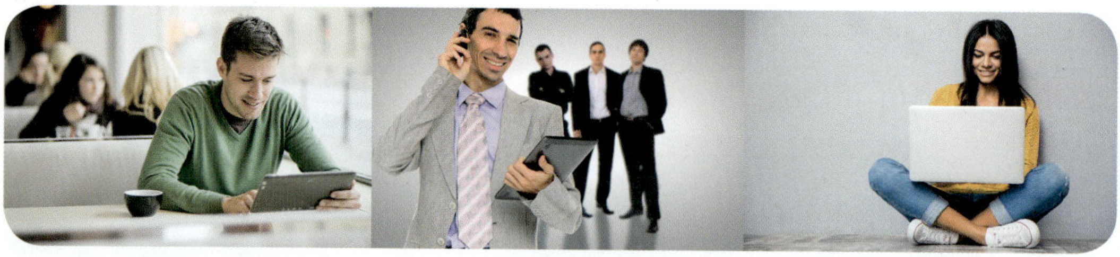

💬 이렇게 말한다!

A: You caused the machine to break.

B: My bad. I'll see if I can fix it.

A: 네가 기계 망가트렸구나.
B: 내가 잘못했어. 고칠 수 있나 볼게.

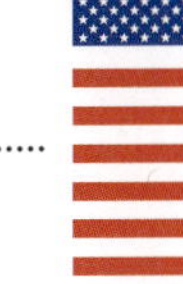

002   I'm on it

내가 처리 중이야

> be on sth은 '…을 하다,' '처리하다'라는 뜻으로 "I'm on it"의 형태로 상대방의 지시나 부탁에 "지금할게," "지금 하고있어"라는 의미로 실생활에서 무지 많이 쓰인다. 줄여서 그냥 "On it"이라고도 한다. 한편 sth is on sb하게 되면 "…은 …가 책임져야 해"라는 다른 의미가 되므로 주의해야 한다.

✏️ 이렇게 쓰고!

1. 알겠어. 지금 바로 할게.

Okay, got it. I'm on it right now.

▶

2. 보고서는 걱정마. 내가 지금 처리 중이야.

Don't worry about the report. I'm on it.

▶

💬 이렇게 말한다!

A: I need someone to finish this proposal ASAP.

B: I'm on it. It'll be done before you know it.

A: 누군가 이 제안서를 될 수 있는 대로 빨리 마무리해줘야겠어.

B: 제가 하고 있습니다. 눈깜짝할 사이에 해치울게요.

003 Are you with me?

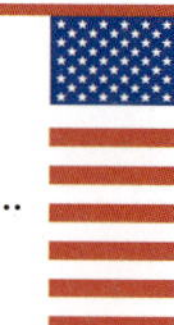

내 말 이해돼?, 내 편이 돼줄테야?

be with는 '…와 같은 의견이다,' '같은 생각이다'라는 의미로 상대방의 의견에 동의하거나 상대방이 제의한 일을 함께 하겠다고 할 때 사용되는 표현이다. 구체적으로 일을 말하려면 be with on sth이라고 하면 된다. 또한 자기가 조금 전에 한 말을 이해했냐고 물어볼 때도 사용된다.

✏️ 이렇게 쓰고!

1. 내 의견에 동의하니?

Are you with me on this?

▶ ....

2. 그럼 나랑 같은 편 할래 말래?

So are you with me or not?

▶ ....

💬 이렇게 말한다!

A: Let's really sell these bonds in a hurry. Are you with me?

B: Yes, let's go for it.

    A: 빨리 이 채권을 팝시다. 알겠죠?
    B: 그럽시다!

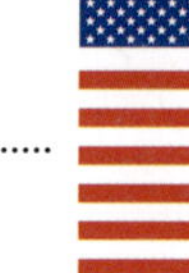

004	# Not again!

어휴 또야!, 어떻게 또 그럴 수 있어!

귀찮고 짜증나는 일이 계속해서 일어나는 경우 짜증석인 말투로 "어휴, 또야!" "어떻게 또 그럴 수 있어!"라고 내뱉는 말이 Not again!이다. 푸념뿐만 아니라 다시는 그러지 말았으면 하는 심정도 담고 있다.

 **이렇게 쓰고!**

1. 또야! 일하는 꼴을 못봤어.

Not again! She is always missing work.

▶

2. 또야! 몇 달전에도 그랬는데!

Not again! This happened a few months ago.

▶

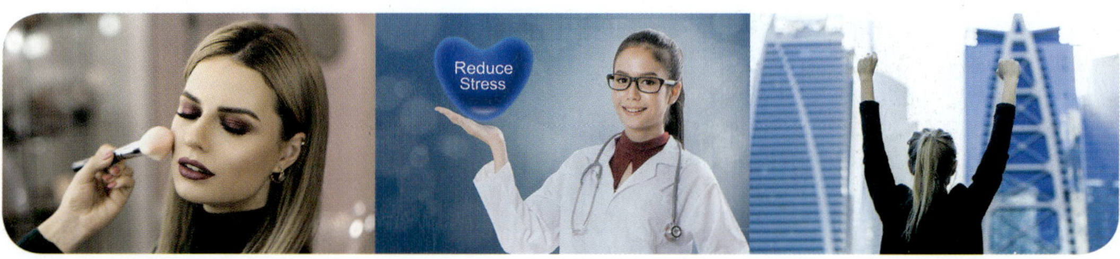

이렇게 말한다!

A: It looks like your computer has crashed.

B: Not again! This happened last month.

A: 네 컴퓨터 고장난 것 같은데.

B: 또야! 지난달에도 그러더니.

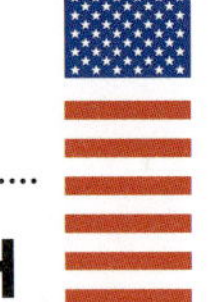

005   We're done here

우린 얘기 끝났어, 우린 볼 일 다 봤어, 더 이상 할 얘기없어

We're done here 역시 실생활에서 무척 많이 쓰이는 표현이다. 문맥에 따라 상대방과 얘기하다 그만 끝내자는 짜증나는 말투로 "얘기할 것 다했어," 혹은 남녀가 우리 "이제 끝났어"라고 할 때에 쓰인다. 반대로 "아직 얘기 안끝났어"라고 하려면 We're not done here라고 하면 된다.

 **이렇게 쓰고!**

1. 볼 일 다 본 것 같은데 그만 가도 돼.
I think we are done here. You can go.

▶
....

2. 여기 일 끝나면 내가 그리로 갈게.
I'll be down there when we're done here.

▶
....

이렇게 말한다!

A: The crew wants to know if they should stay.
B: No, we're done here. Everybody go home.

    A: 그 팀은 계속 남아 있어야 하는지 알고 싶어해.
    B: 아니, 다 끝났어. 다들 가도 돼.

That's really something

거 굉장하네, 진짜 어이없네

뭔가 긍정적으로 대단하다고 할 때 감탄하면서 "와, 진짜 대단하다"라고 쓸 수 있거나, 아니면 문맥이나 어투에 따라서 비꼬는 표현으로 "참 별일이네," "진짜 어이없네"라는 핀잔할 때 사용할 수 있는 문장이다.

🖍 이렇게 쓰고!

1. 와, 이건 정말 대단하다. 잘했어.

That's really something. Great job.

▶

2. 걔 막판에 빠졌다고? 진짜 별일이네.

He bailed last minute? That's really something.

▶

💬 이렇게 말한다!

A: What do you think about the score my son got on his SAT?

B: That's really something. The kid must be a genius.

A: 내 아들이 SAT에서 받은 성적이 어때?

B: 정말 대단하군요. 아이가 천재인가 봐요.

007 Don't let me down

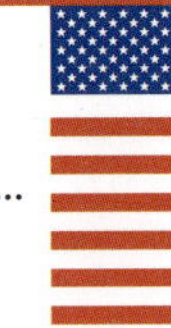

기대를 저버리지마

let sb down은 '…를 실망시키다,' '기대를 저버리다'란 의미로 현지영어에서 무척 많이 쓰인다. 따라서 Don't let me down하면 "나를 실망시키지마라," You let me down은 "넌 날 실망시켰어"라는 뜻이 된다. 참고로 What a letdown!하면 "진짜 기운빠지네," "실망이야!"란 표현.

✏️ 이렇게 쓰고!

1. 다시는 나 실망시키지마.

Please don't let me down again.

▶

2. 넌 우리를 실망시키지 않을 줄 알았어!

I knew you wouldn't let us down!

▶

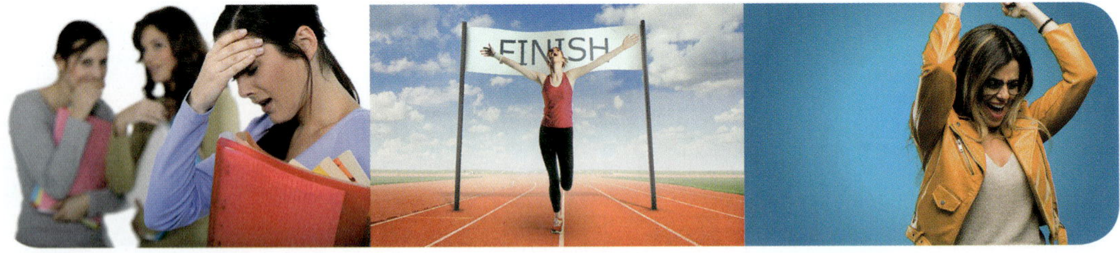

💬 이렇게 말한다!

A: I promise I'm going to be a better husband in the future, honey.

B: Please don't let me down.

A: 앞으로 좀 더 훌륭한 남편이 되겠다고 약속할게, 여보.

B: 날 실망시키지 말아요.

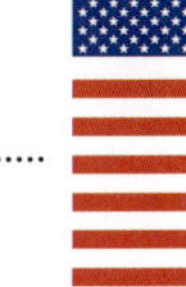

008 — I am happy for you

네가 잘돼서 나도 기쁘다

be happy about[with]은 '…에 만족하다,' 그리고 be happy for sb는 '…가 잘 돼서 기쁘다'라는 뜻. 기쁨은 나누면 두배가 된다는 걸 보여주는 표현이다. 상대방이 승진을 했다거나 무슨 일을 성공적으로 끝냈다는 기쁜 소식을 들었을 때 이렇게 맞장구 쳐주면 된다.

✏️ **이렇게 쓰고!**

1. 내가 도움이 되어서 정말 기뻐. 네가 잘돼 기뻐.
I'm so glad I could help. Happy for you.

▶
....

2. 너 정말 좋아 보여! 네가 잘돼서 기뻐.
You look so good! We're so happy for you.

▶
....

💬 **이렇게 말한다!**

A: My boss just recommended me for a promotion.
B: That is great. I'm so happy for you.

A: 상사가 날 승진 추천했어.
B: 잘 됐네. 잘 돼서 나도 기뻐.

009 — You don't want to know

모르는게 나아, 안 듣는게 좋을 걸

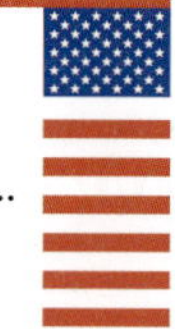

You don't want sth[to+동사]는 "넌 …하는 것을 원하지 않는다"라는 말로 상대방에게 충고나 금지할 때 사용하는 것으로 '…하지 마라,' '…하지 않는게 낫다'라는 의미가 된다. 그래서 You don't want it하게 되면 "안하는게 좋을거야"라는 말이 된다. 물론 문맥상 상대방의 의지를 단순히 확인할 때도 있다.

✎ 이렇게 쓰고!

1. 걔가 어떻게 생겼는지 모르는게 나아.

You don't want to know what she looks like.

▶

2. 내가 한 행동을 자세히 모르는게 좋아.

You don't want to know the details of what I did.

▶

💬 이렇게 말한다!

A: How was your interview at the new company?

B: You don't want to know. It went very badly.

A: 새로운 회사 인터뷰 어땠어?

B: 모르는게 나아. 정말 안 좋았어.

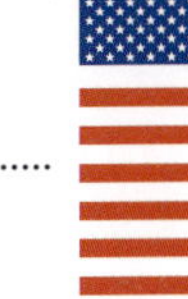

The clock is ticking

010

시간이 없어

tick은 '시계가 째깍거리다'라는 말로 Time is ticking하면 "시간이 흘러가다," The clock is ticking하면 "시간이 부족하다," "촉박하다"라는 뜻으로 쓰인다. 시간이 흘러가는 소리를 영어로는 tick tack, tick tock, 그렇게 시간이 흘러가는 것은 tick away라 한다.

 **이렇게 쓰고!**

1. 그걸 확보해야 돼. 시간이 없어

We've got to get it. The clock is ticking.

▶

2. 시간이 없어. 시간이 없다고.

The clock is ticking. We have no time.

▶

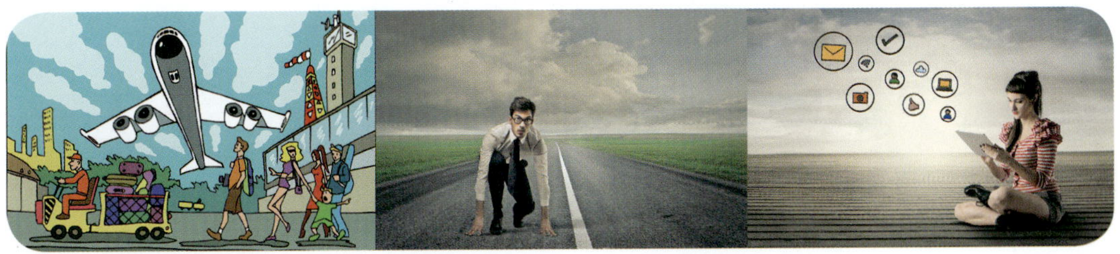

이렇게 말한다!

A: We don't have much time to finish this.

B: I know. The clock is ticking.

A: 이거 끝마치는데 시간이 얼마 안 남았어.

B: 알아. 시간이 없어.

011 I just can't get past it

그걸 잊을 수가 없어, 아직도 못 잊겠어

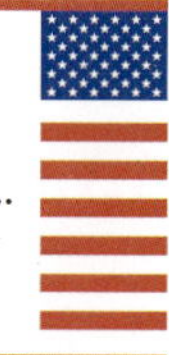

get past는 '지난간 일이나 사람을 잊어버리다'라는 의미로 부정형태로 쓰이면 "잊고 싶은데 잊지 못하고 있다"(I'm always thinking about this, even though I don't want to)란 뜻이 된다. 일반적인 의미로 get past 다음에 물리적인 장소나 지점이 나오면 '…을 통과하다'라는 뜻이 된다.

 **이렇게 쓰고!**

1. 제발 지나간 일로 치면 안될까?

Can we please get past this?

▶

2. 잊을 수가 없어. 걜 머리속에서 지울 수가 없어.

I just can't get past it. I can't get her out of my mind.

▶

 **이렇게 말한다!**

A: Are you still missing the relationship with your former boyfriend?

B: Yeah. I just can't get past it.

A: 아직도 헤어진 남친과 사귀었던게 그리워?

B: 어. 잊을 수가 없어.

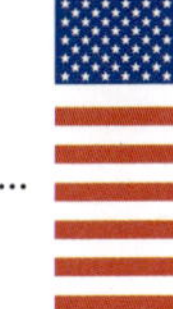

012 I've been meaning to call you

그렇지 않아도 전화하려고 했는데

have been meaning to call you는 전화를 하려다 계속 미루고 있었는데 마침 상대방이 먼저 전화했을 때 좀 미안해하면서 하는 말이다. I didn't call you but I wanted to(전화를 하지 않았지만 하고 싶었다)라고 생각하면 된다.

이렇게 쓰고!

1. 정말 오래간만이네. 그렇지 않아도 전화하려고 했었는데.

I can't believe it's been so long. I've been meaning to call you.

▶

2. 그렇지 않아도 전화하려고 했었어. 우리 이야기 나눈지 꽤 됐지.

I've been meaning to call you. It's been a while since we talked.

▶

이렇게 말한다!

A: Hi Bob, it's Mike calling.

B: Hi Mike. I've been meaning to call you.

A: 안녕. 밥, 나 마이크야.

B: 안녕 마이크. 안 그래도 전화하려고 했어.

013 (Do you) Want some more?

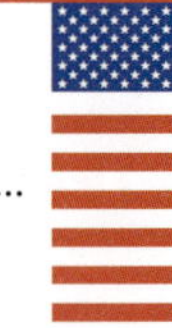

더 들래요?

want some more는 '조금 더 원하다'라는 말로 "상대방에게 음식을 더 권할 때" 사용한다. Have some more라고 해도 되며, 앞에 Do you~를 붙여 사용해도 된다. 또한 want a bite of~는 '한입먹어보다'라는 말로 grab a bite of~와 같은 말이다.

✏️ 이렇게 쓰고!

1. 맥주 좀 더 먹을래?

Do you want some more beer?

2. 이거 좀 더 드셔 보실래요?

Do you want a bite of this?

💬 이렇게 말한다!

A: That was great. Your cooking is always delicious.

B: That's nice of you to say. Do you want some more?

A: 맛있어. 당신 요리는 늘 끝내준다니까.

B: 그렇게 말해주니 고마워. 좀 더 먹을래?

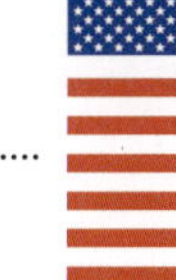

014 | Hang in there

끝까지 버텨, 힘내

hang in there는 어렵고 힘든 상황하에 처해진 상대방에게 '힘내,' '참고 기다리다'(be strong and don't give up)라고 하는 격려용 문장. 강조하려면 앞에 You를 붙여 You hang in there!이라고 하면 된다.

 **이렇게 쓰고!**

1. 잘 견뎌. 병원으로 데려갈게.

Hang in there. We're gonna get you to the hospital.

▶

2. 가능한 한 참고 있어, 네가 필요하니까.

Hang in there as long as you can, because I still need you.

▶

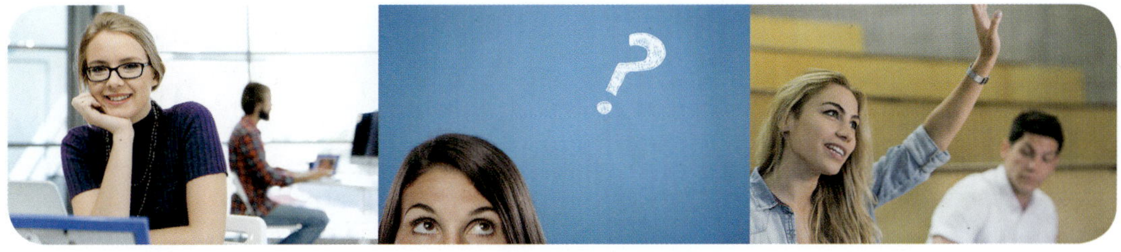

이렇게 말한다!

A: My teachers have given me low grades.

B: Hang in there. They'll improve if you study a bit.

A: 선생님들이 내게 점수를 형편없게 줬어.

B: 끝까지 참고 버텨. 네가 공부 좀 하면 점수가 나아질거야.

Don't remind me

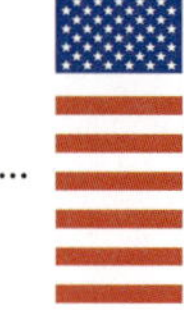

015

그 얘기 꺼내지마, 생각나게 하지마

Don't remind me는 나한테 기억나게 하지 말아 달라는 것으로 생각하기 싫으니까 "그 얘기 꺼내지마," "생각나게 하지마," 혹은 "상기시키지마"(Stop telling me about that because I really don't like to remember it)라는 의미.

 이렇게 쓰고!

1. 그 얘기 하지마. 난 걔랑 모든 시간을 보낸다구.

Don't remind me. I spend every minute with him.

▶

2. 그 얘기 꺼내지마. 이 년이 내 지갑을 훔쳤어.

Don't remind me. This bitch boosted my wallet.

▶

이렇게 말한다!

A: You have to submit the report by midnight.

B: Don't remind me. I'm already very stressed.

A: 자정까지는 보고서를 제출해야 돼.

B: 그 얘긴 꺼내지마. 이미 스트레스 많이 받았으니까.

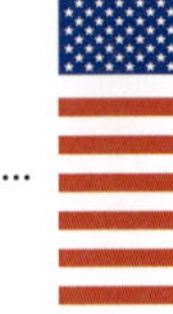

016 | Got a second?

시간 돼?

상대방과 얘기 좀 하려고 시간이 되냐(Do you have time to talk?)고 물어볼 때 쓰는 가장 전형적인 문장이다. second를 줄여서 Got a sec?이라고 해도 되며 또한 second 대신에 minute를 써서 Got a minute?라고 해도 된다.

 **이렇게 쓰고!**

1. 안녕? 시간 돼?

How's it going? You got a minute?

▶

2. 야 토니야, 시간있어? 너랑 얘기 좀 하자.

Hey, Tony, you got a minute? I really need to talk to you.

▶

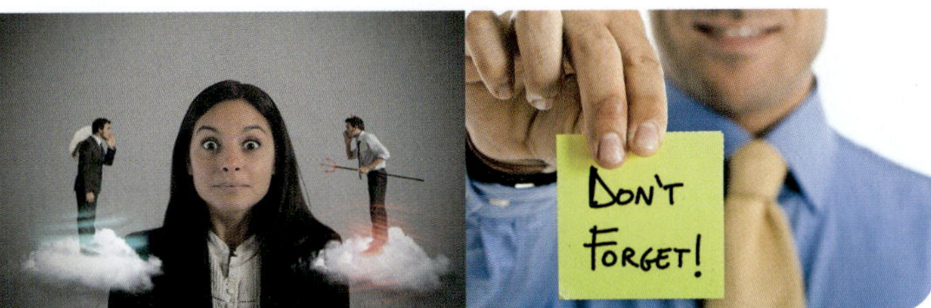

이렇게 말한다!

A: Got a minute? We need to discuss the schedule.

B: I'm busy, but I can meet you for lunch.

A: 시간 돼? 일정 논의 좀 해야 돼.

B: 바쁘지만 점심 때 볼 수 있어.

017 He's gonna pull it off

(어렵지만) 걘 잘 해낼거야

pull it off은 뭔가 힘들고 어렵다고 생각되는 일을 성공적으로 해냈을(He completed something that people thought was impossible) 때 사용하면 제격이다. 네이티브들이 아주 즐겨 쓰는 표현이다.

 **이렇게 쓰고!**

1. 내가 말했잖아, 걘 잘 해낼거야.
I told you, she's going to pull it off.

▶

2. 내가 잘 해내면 날 파트너로 해줘야 돼.
When I pull it off, you're going to make me a partner.

▶

이렇게 말한다!

A: Do you think Mike can make it work?
B: I do. He's going to pull it off.

　A: 마이크가 일을 해낼 것 같아?
　B: 어. 걘 잘 해낼거야.

018 Let's grab a bite

좀 먹자, 뭐 좀 먹으러 가자

grab a bite (to eat)는 '간단히 허기를 때우다'(eat a quick meal)라는 뜻으로 a bite (to eat)는 small meal과 같은 의미. 다시 말해서 Let's go to a restaurant and eat something fast라는 문장이다. "가볍게 뭐 좀 먹자[먹으러 가자]"라고 생각하면 된다.

✏️ 이렇게 쓰고!

1. 나중에 간단히 좀 먹을래?

Would you like to grab a bite later?

▶

2. 우리 나가서 간단히 요기하려던 참이었어.

We were just going to go grab a bite to eat.

▶

💬 이렇게 말한다!

A: Let's grab a bite to eat after the meeting.

B: Can we get some Chinese food?

A: 회의 후에 간단히 요기하자.

B: 중국식으로 먹을까?

Just hang out with me

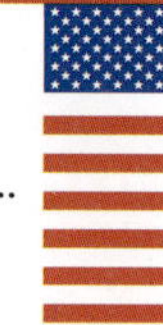

019 나랑 그냥 놀자

> hang out 또는 hang around는 뒤에 with가 붙어 "…와 어울리다," "…와 어울려 시간을 보내다"라는 뜻. 단, hangout처럼 붙여 쓰면 명사로 "단골술집" 등 자주 가서 친구들을 만나며 시간 때우는 곳을 뜻한다.

✏️ 이렇게 쓰고!

1. 친구들하고 쇼핑몰이나 어슬렁거렸어.

I just hung out with some friends at the mall.

▶

2. 안 갔으면 좋겠어. 나랑 함께 놀자.

I'd like you to stay. Just hang out with me.

▶

💬 이렇게 말한다!

A: Do you know of any cool places to hang out?

B: I know of two or three.

A: 가서 놀 만한데 어디 근사한데 알아?

B: 두세 군데 알지.

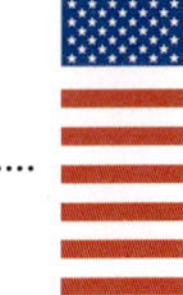

020 It's on me

내가 낼게

시쳇말로 "내가 쏜다"에 해당하는 것으로, 식당이나 술집 등에서 일어설 때 테이블의 계산서를 집으며」(pick up the tab) "자신이 계산하겠다"(I'll pay for it)라고 하는 표현. This one is on me도 같은 말이다. 가게가 쏜다고 할 때는 Sth is on the house라고 하면 된다.

 **이렇게 쓰고!**

1. 신경쓰지 마세요. 제가 낼게요.

Don't worry about it. It's on me.

▶

2. 커피 먹으려면 그건 서비스야.

If you guys want to get some coffee, it's on the house.

▶

이렇게 말한다!

A: This one is on me.

B: Thanks a lot! I'll pay for lunch tomorrow.

A: 이번은 내가 낼게.

B: 고마워! 내일 점심은 내가 내지 뭐.

That would be great

그러면 좋지

That's great는 상대방의 행운을 칭찬해주는거로 Good for you와 유사하며 의미는 "그거 아주 좋아," "굉장해," "잘됐네"가 된다. 여기서 변형하여 That would be great하게 되면 would는 가정법으로 문맥상 "그렇다면 아주 좋겠어"라는 말이 된다.

 **이렇게 쓰고!**

1. 그럼 좋지, 정말 고마워.

That would be great. I really appreciate it.

▶

2. 내 친구들을 만나고 싶다면 아주 좋을거야.

If you want to meet my friends, that would be great.

▶

이렇게 말한다!

A: Can I make you some breakfast this morning?

B: That would be great. I'm really hungry.

A: 오늘 아침에 아침 좀 만들어줄까?

B: 그러면 좋지. 정말 배고파.

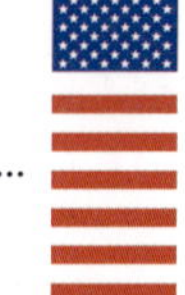

022 We're taking some time apart

우리는 당분간 떨어져 지내고 있어

take some time apart는 연인이나 부부가 '서로 좀 떨어져 자기만의 시간을 갖는다'라는 뜻이다. 다시 합칠지 아니면 헤어질지는 아직 모르는 단계. (some) time apart는 그렇게 '떨어져 지내는 시간'을 말한다. take 대신에 spend를 써도 된다.

✏️ 이렇게 쓰고!

1. 당분간 떨어져 지내는 것에 관해 얘기를 했어.

 **We've talked about taking some time apart.**

▶

2. 걘 여기 없어요. 우린 당분간 떨어져 지내요.

 **She is not here. We're taking some time apart.**

▶

💬 이렇게 말한다!

A: Why did you break up with your boyfriend?

B: We're taking some time apart.

A: 너 왜 남친과 헤어진거야?

B: 당분간 떨어져 지내고 있어.

023

You bet

확실해, 물론이지

You bet은 상대방보고 베팅을 걸라는 의미로 그만큼 "확실하다," "틀림없다"라는 표현이다. You betcha!라고 표기도 한다. 강조형인 You bet your life, You bet your ass 등은 "하느님께 맹세코," "단연코"라는 의미이다.

✎ 이렇게 쓰고!

1. 당연하지! 최고였어.

You bet! It was awesome.

▶

2. 물론이지. 꼭 갈게.

You bet. I wouldn't miss it.

▶

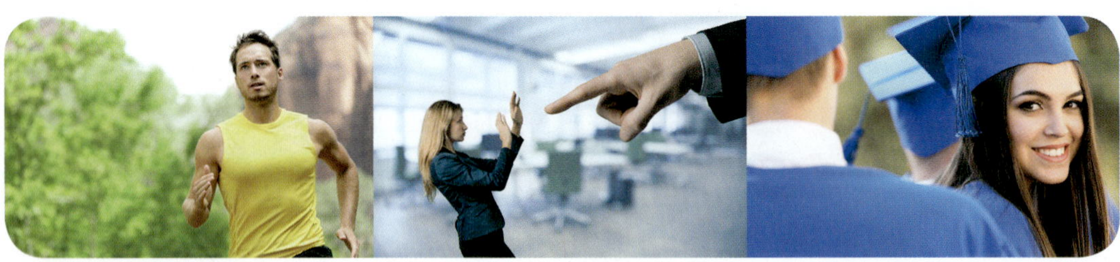

💬 이렇게 말한다!

A: Do you think it is important to go to university?

B: You bet. Without a good education, it's hard to get a good job.

A: 대학에 가는게 중요하다고 보니?

B: 물론이지. 좋은 학벌이 없으면 좋은 직장 잡기가 힘들잖아.

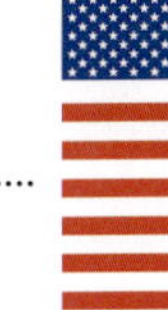

I'm cool

잘 지내

024

---

be cool은 '진정하다' 그리고 '멋지다,' '잘 지내다'라는 의미로 많이 쓰인다. "I'm cool"은 How are you?," "How's it going?," "Are you okay?" 등 상대방의 안부나 상태를 묻는 말에 대한 답변으로 Good이나 I'm fine 대신에 쓸 수 있는 쿨한(?) 표현이다.

 **이렇게 쓰고!**

1. 잘 지내. 모든게 다 좋아.
I'm cool. Everything's just great.

▶

2. 별일 아닌걸. 난 괜찮아.
It's no big deal. I'm cool.

▶

이렇게 말한다!

A: How are you doing?
B: I'm cool. What's new with you?

A: 어떻게 지내?
B: 잘 지내고 있지. 넌 뭐 좀 새로운 일 있냐?

I'll make some calls

025

몇군데 전화 좀 해볼게

make some calls는 필요한 정보를 구하거나 뭔가 확인할게 있을 경우 아는 사람이나 필요한 곳에 '전화를 좀 돌려보다'(I'll call some people to check on this)라는 의미이다. 그래서 우리말로 하자면 "내가 몇군데 전화해 볼게," "내가 연락 좀 해볼게"라고 할 수 있다.

 **이렇게 쓰고!**

1. 실은 나 몇 군데 전화 좀 해봐야 돼.

Actually, I have to make some calls.

▶

2. 네가 일자리를 구한다면 내가 전화 좀 돌려볼 수 있어.

I could make some calls if you're looking for work.

▶

 **이렇게 말한다!**

A: My apartment had a fire, and I have to move.

B: I'll make some calls. Maybe I can find you a place to live.

A: 내 아파트에 불이 나서 이사가야 돼.

B: 전화 몇군데 좀 해보고. 네게 살 집을 찾아줄 수 있을지 몰라.

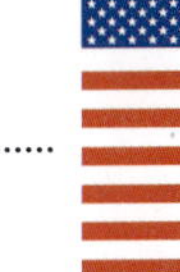

026   I got it

알았어

만능동사 get의 가장 중요한 의미중의 하나는 understand이다. I got it의 got 역시 '이해하다'라는 뜻으로 (I) Got it하면 상대방이 하는 말을 알아들었다는 가장 구어적인 표현이 된다. 반대로 이해하지 못한다고 할 때는 "I don't get it"이라고 하면 된다.

✎ 이렇게 쓰고!

1. 알았어, 다만 서두르지는마.

I got it, just hold your horses.

▶

2. 알았어. 일곱자리라…. 이건 전화번호야.

I got it. Seven digits... It's a phone number.

▶

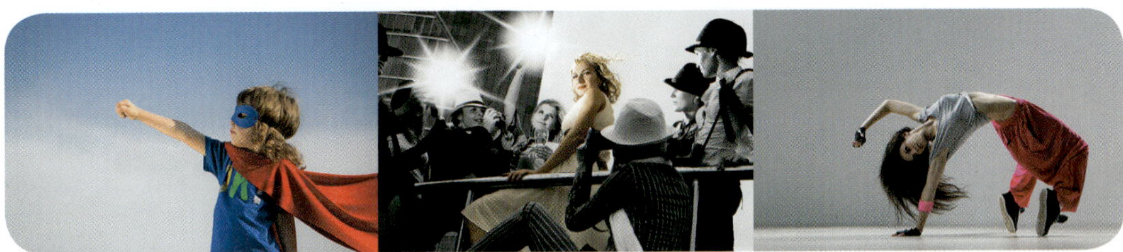

💬 이렇게 말한다!

A: I think that I'm going to be sick.

B: I got it. Go get some fresh air.

A: 속이 좀 안 좋아.

B: 무슨 말인지 알겠어. 가서 바람 좀 쐬고 와.

Don't you dare!

027

당치도 않아!, 까불지마!

Don't you dare+V ~, Don't you dare you~는 '멋대로 …하지 마라,' '…할 생각은 꿈에도 꾸지마'라는 뜻이다. 단독으로 Don't you dare!하면 "그러기만 해봐라"(Don't do that)라는 뜻으로 상대방의 행동을 저지할 때 사용하는 표현.

 **이렇게 쓰고!**

1. 만지지 마. 만질 생각은 꿈도 꾸지마!

Don't touch me. Don't you dare touch me!

▶

2. 이 집을 나갈 생각은 꿈도 꾸지마!

Don't you dare leave this house!

▶

 **이렇게 말한다!**

A: I'm going to cheat on the final exam.

B: Don't you dare! You should study harder instead.

A: 기말고사에서 컨닝할거야.

B: 그러지마! 대신 공부를 열심히 해야지.

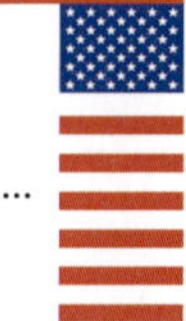

Good to know

028

알게 돼서 기뻐, 알게 돼서 다행이야

be good to know는 '…하게 돼서 좋다'(I'm happy to get that information)라는 뜻의 be good to+V 형태 중 하나로 '…을 알게 돼서 좋다'라는 의미. 앞에 That's~을 추가하여 That's good to know라고 해도 된다.

 **이렇게 쓰고!**

1. 좋은 정보네. 알려줘서 고마워.

Good to know. Thanks for telling me.

▶

2. 알아두면 좋네. 기억해둘게.

Good to know. I'll keep that in mind.

▶

이렇게 말한다!

A: I think everyone was impressed by your presentation.

B: That's good to know. I worked very hard on it.

A: 다들 네 프레젠테이션에 감동받았어.

B: 기쁘네요. 아주 열심히 준비했거든요.

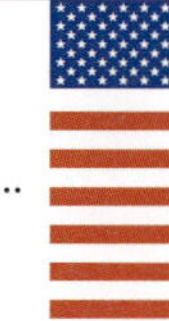

029

All set?

준비 다 됐어?

be[get] set은 '준비가 다 되다'라는 뜻으로 get[be] ready와 같은 말. 보통 (We're) All set처럼 생략해서 All set만으로도 많이 쓰인다. '…할 준비가 다 되었다'라고 할 때는 be set to[for~] 형태로 쓰면 된다.

✏️ **이렇게 쓰고!**

1. 이제 가야 될 시간이야. 준비됐어?

It's time to go. Are you all set?

▶

2. 준비됐어. 샘은 마무리하고 있는데 넌 준비됐니?

All set. Sam's doing the closing. You're ready?

▶

💬 **이렇게 말한다!**

A: I'm ready to go to the airport. You're all set?

B: Yes, my suitcases are already packed.

A: 공항갈 준비됐어. 너도 준비됐니?

B: 어, 짐가방 다 챙겼어.

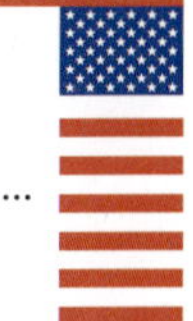

Fair enough

030

(제안에 대해) 좋아, 됐어, 이제 됐어, 그만하면 됐어

Fair enough는 "좋아," "됐어," "이제 됐어," "알았어"라는 뜻. 상대방의 말이나 어떤 제안에 대한 답변으로 납득하거나 인정할 때 사용한다. 쉽게 표현하자면 "That's OK with me"라 생각하면 된다.

✎ 이렇게 쓰고!

1. 좋아 됐어. 어딜 가?

Fair enough. Where are you going?

▶

2. 좋아. 널 편안하게 놔둘게.

Fair enough. I'll leave you in peace.

▶

 ### 이렇게 말한다!

A: I can work for you starting next week.

B: Fair enough. I really need your help.

A: 다음 주부터 일할 수 있어요.

B: 좋아요. 당신 도움이 정말 필요해요.

031 — I made it!

(쉽지 않은 일을) 해냈어!

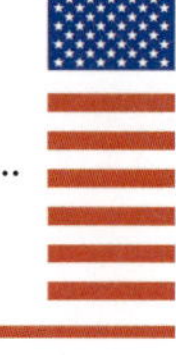

make it은 '해내다'라는 뜻. 쉽지 않을 일을 성취하고 열심히 노력한 결과 목표를 달성했다고 하는 것. go places, pull off, get there와 같은 의미. 보통 You made it(너 해냈구나), I made it(해냈어)의 문장이 많이 쓰인다. 또한 make it big은 '크게 성공하다'가 된다.

✏️ 이렇게 쓰고!

1. 벤처 캐피탈을 해서 크게 성공했어.
She made it big in venture capital.

▶

2. 아무도 내가 성공할거라 생각한 사람은 없었지만 난 해냈어.
No one believed I'd succeed, but I did it.

▶

💬 이렇게 말한다!

A: I made it! I got to the top of the mountain.
B: Remember, it's still a long walk down again.

A: 해냈어! 산 정상에 올랐어.
B: 기억해, 다시 내려갈 길이 아직 멀었어.

I'm working on it

지금 하고 있어

032

---

work on sth은 '…일을 하다,' '담당하다,' '맡다'라는 빈출 표현이다. 일을 끝내기 위해 노력한다(I'm trying to complete it)는 뉘앙스가 깔려 있다. 물론 work on+음식 형태가 되면 '…을 먹고 있다'가 되며, work on sb로 쓰이면 'sb에게 영향을 끼치려하다'라는 뜻이 된다.

 **이렇게 쓰고!**

1. 걔는 계속해서 사진 작업을 하고 있어.

He continues working on the photograph.

▶

2. 인터뷰 기술을 배우고 싶어?

You wanna work on your interview skills?

▶

 **이렇게 말한다!**

A: Have you finished the report yet?

B: No, but I'm working on it.

A: 이 보고서 끝냈어?

B: 아뇨, 지금 하고 있어요.

033

No offense

악의는 없었어, 기분 나빠하지마

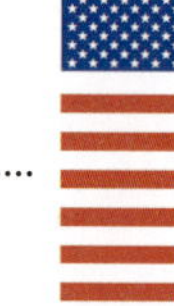

No offense는 상대방이 오해할 수도 있는 상황에서 "악의는 없었어," "기분 나빠하지마," "오해하지마"(I didn't mean to insult you)라고 하는 말. 이럴 때 대답으로 오해하지 않았다고 하려면 None taken이라고 한다.

 이렇게 쓰고!

1. 기분 나빠하지마, 하지만 나 일해야 돼.

No offense, but I've got work to do.

▶

2. 기분 나빠하지마, 하지만 걔답지 않았어.

No offense, but that sounds nothing like her.

▶

 이렇게 말한다!

A: No offense, but I think you should shower more often.

B: Why do you think that? Do I have a body odor?

A: 악의가 있어서 하는 말은 아니지만, 넌 샤워를 좀 더 자주 해야 할 것 같아.

B: 왜 그렇게 생각해? 냄새가 나?

Shame on you!

034

부끄러운 줄 알아야지!, 챙피한 일이야!

주로 아이들의 잘못된 행동이나 어린애같은 행동을 하는 철없는 어른들에게 핀잔을 주거나 잘못을 꾸짖을 때 사용하는 표현. 우리말로 하자면 "부끄러운 줄 알아야지!," "창피한 일이야!," "안됐네!"라는 의미 정도로 생각하면 된다. 가벼운 톤으로 사용하기도 한다.

 이렇게 쓰고!

1. 네가 한 일에 대해 창피한 줄 알아.

Shame on you for what you do.

▶

2. 창피한 줄 알아, 크리스. 어떻게 그럴 수 있어?

Shame on you, Chris. How could you do that?

▶

 이렇게 말한다!

A: I pretended I was sick to skip school.

B: Shame on you!

A: 아파서 못 간다고 거짓말하고 학교를 빠졌어.

B: 그건 너무했다!

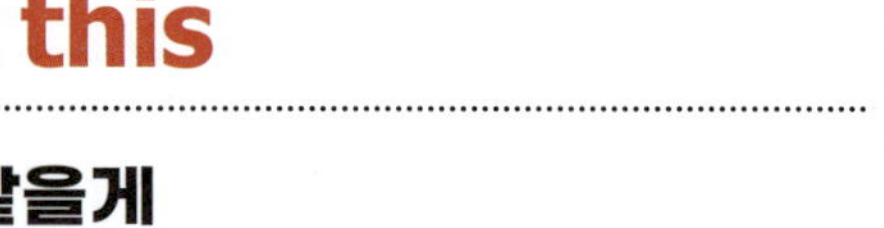

035 I got this

내가 맡을게

I got this는 '내가 알아서 처리할게'(Everything is just fine, and I will take care of it, so don't worry)라는 의미로 많이 쓰인다. 그밖에 기본적으로 "이해했어," "(벨이나 전화오는 소리에) 내가 받을게," "(돈을) 내가 낼게" 등의 의미로 일상생활에서 많이 쓰인다.

 **이렇게 쓰고!**

1. 맥스야 걱정마, 내가 알아서 할게.

Don't worry, Max, I got this.

▶

2. 내가 할게. 내가 들어가서 음악을 좀 틀을게.

I got this. I'll go in and turn on some music.

▶

이렇게 말한다!

A: We need to rent a new apartment in the next few weeks.

B: I got this. Leave it to me and I'll find a better place to live.

A: 다음 몇 주 안에 새 아파트를 임대해야 돼.

B: 내가 알아서 할게. 내게 맡기면 내가 살기 좋은 집을 찾을게.

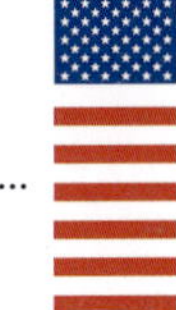

036 Who are you to judge?

네가 뭔데 비난하는거야?

Who are you to+동사?는 "네가 감히 뭔데 그런 말을 하는거야?"라고 강하게 어필하는 표현. 대표문장인 Who are you to judge?는 화를 내면서 "네가 뭔데 나를 비난하냐?"라는 의미가 된다. you 대신 Who is she to+동사처럼 다른 인칭을 넣어도 된다.

✏️ 이렇게 쓰고!

1. 네가 뭔데 감히 그런 말을 해?

Who are you to say something like that?

2. 네가 뭔데 감히 뭐가 내게 가장 좋다고 결정하는거야?

Who are you to decide what's best for me?

💬 이렇게 말한다!

A: I want everyone to stay several extra hours at work tonight.

B: Who are you to try and make everyone stay late?

　　A: 다들 오늘 저녁 몇 시간 야근해.

　　B: 네가 뭔데 다들 늦게까지 남으라는거야?

037 Suits me

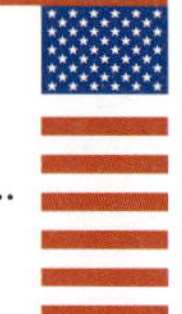

(상대방 제안에 찬성) 난 좋아, 내 생각에 괜찮은 것 같아

(It) Suits me (fine)는 상대방의 제안이나 의견에 대해 찬성의 뜻으로 "난 좋아," "내 생각에 괜찮은 것 같아"(That's okay with me)라는 뜻이고 부정형태로 쓰면 불만족스러울 때, "맘에 안들어"라고 할 수 있다. 그래서 This[It] doesn't quite suit me라고 하면 "그다지 썩 맘에 들지 않아"라는 표현이 된다.

 **이렇게 쓰고!**

1. 날씨가 점점 추워지지만 난 괜찮아.

The weather is getting cold, but it suits me fine.

▶

2. 난 괜찮아. 너 하고 싶은대로 해.

Suits me fine. Do whatever you want to do.

▶

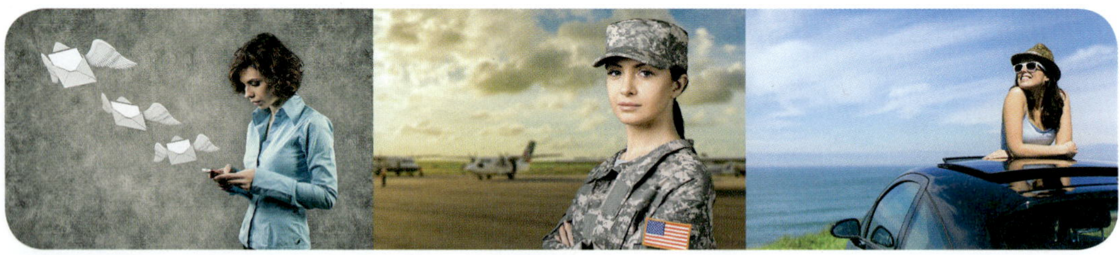

이렇게 말한다!

A: How do you like the neighborhood you live in?

B: It suits me fine. I love living in that area.

A: 네가 사는 주변 어때?

B: 난 좋아. 그곳에 사는게 좋아.

Do your homework

사전준비를 해라

038

homework는 원래 '숙제'이지만 일상생활에서는 비유적으로 '사전준비'를 뜻한다. 그래서 do one's homework on~하게 되면 '…에 대한 사전준비를 하다'(You need to get more information about that)라는 표현이 된다.

이렇게 쓰고!

1. 케이트에 대한 사전준비를 했어.
Did some homework on Kate.

▶

2. 난 오기 전에 사전준비를 했어.
I did my homework before I showed up.

▶

이렇게 말한다!

A: I need to know more information about those suspects.

B: Do your homework. They have been arrested several times.

A: 저 용의자들에 대한 정보를 더 알아야겠어.
B: 사전준비를 하라고. 걔네들은 여러번 체포된 적이 있다고.

Just my luck

내가 하는 일이 뭐 그렇지, 내가 무슨 운이 있겠어

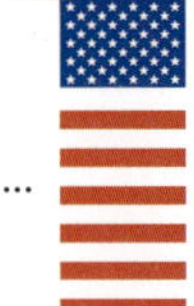

039

Just my luck은 사사건건 하는 일마다 안풀리는 지지리도 운이 없는 사람이 불운을 또 만나면서 하는 하소연, "내가 무슨 운이 있겠어," "내가 하는 일이 그렇지 뭐," "내 팔자야"(I always have bad luck)라는 자조적인 말. 앞에 That's~을 붙여 써도 된다.

 **이렇게 쓰고!**

1. 내가 또 졌어. 내가 하는 일이 그렇지 뭐.
   I lost again. That's just my luck.

   ▶

2. 내가 무슨 운이 있겠어. 경찰이 내 차를 또 견인해갔어.
   That's just my luck. My car got towed by the cops.

   ▶

이렇게 말한다!

A: Jamie says he doesn't want to date you.
B: That's just my luck. No boys want to date me.

A: 제이미는 너랑 데이트 원치 않는다고 해.
B: 내가 하는 일이 그렇지. 아무도 나하고 데이트하려고 하지 않아.

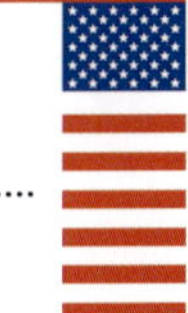

040 — I'll keep that in mind

명심할게, 기억해둘게

keep[bear] ~ in mind (that)는 '…을 잊지 말고 마음에 담아두다,' 즉 '명심하다'(I'll remember that idea)라는 표현으로 I'll keep that in mind하게 되면 앞서 상대방이 한 말을 명심해서 잘 기억하겠다는 빈출문장이 된다. 또한 Keep that in mind!처럼 명령문 형태로도 많이 쓰인다.

✏️ 이렇게 쓰고!

1. 조언 고마워. 명심할게.

Thanks for the advice. I'll keep that in mind.

▶

2. 네가 맞을지 몰라. 그 점 명심할게.

You're probably right. I'll keep that in mind.

▶

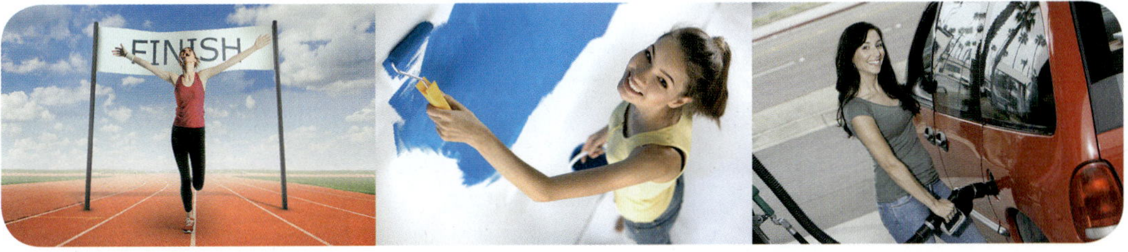

💬 이렇게 말한다!

A: You should always do your best in life to succeed.

B: That's good advice. I'll keep that in mind.

A: 성공하기 위해서 인생에서 항상 최선을 다해야 돼.

B: 좋은 조언이야. 명심할게.

041 — Are you available?

시간 돼?, 지금 바쁘니?

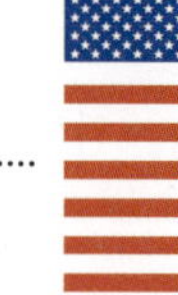

be available는 '시간이 나다,' '…을 이용하다'라는 의미로 Are you available? 하면 "너 시간이 되니?"(Do you have free time?)라는 질문. 또한 be available to sb는 '… 에게 이용할 수 있다,' '…에게 시간이 되다,' 그리고 be available to do[for~]하게 되면 '…할 시간[여유가]이 있다'라는 표현이 된다.

✏️ 이렇게 쓰고!

1. 좋은 주방장이 필요한데 네가 해줄 수 있어?

I need a good chef. You available?

▶ ....

2. 시간 돼? 내가 몇 시간내로 들를 수 있는데.

Are you available? I can come by in a few hours.

▶ ....

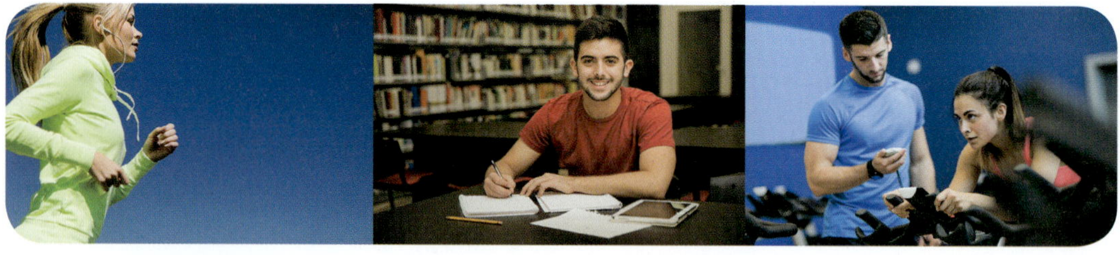

💬 이렇게 말한다!

A: Are you available to talk now?

B: Sure. Have a seat in that chair.

　A: 지금 얘기할 시간 있어?

　B: 물론. 저 의자에 앉아.

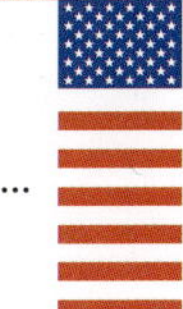

042 — It's not like that

꼭 그런 건 아냐, 그런 것 같지는 않아

It's not like that은 "그런게 아냐,"(It's different than what you're thinking) 그리고 반대로 It's like that은 "그 경우와 비슷해," "그런 경험야," "그런거야"라는 말이 된다. 물론 It's (not) like (that) S+V의 형태로도 많이 쓰인다.

 **이렇게 쓰고!**

1. 아니, 그런 건 아냐. 넌 이해못해.
   No, it's not like that. You don't understand.
   ▶

2. 뭐 재미난 일이 있는 것은 아냐.
   It's not like there's anything that interesting going on.
   ▶

이렇게 말한다!

A: **Have you enjoyed your summer vacation?**
B: **Not very much. It's not like we did a lot of fun things.**

   A: 여름 휴가 잘 갔다왔어?
   B: 별로 그렇지 않아. 많이 재미있게 보낸 것은 아냐.

Be cool

진정해라

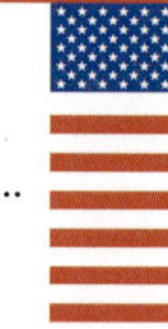

여기서 cool은 '냉정한,' '침착한'이라는 의미의 형용사. 무슨 일인지 안절부절 못하거나 열받아 씩씩거리고 있는 사람에게 쓸 수 있는 표현이다. 비슷한 표현으로 Cool down, Cool it 등이 있다. 한편 젊은이들 사이에서는 헤어질 때 가벼운 인사로도 쓰인다.

✎ 이렇게 쓰고!

1. 진정해. 너 지금 너무 흥분했어.

Cool down. You're acting too upset.

▶

2. 진정해. 서로 좋게 대해야지.

Cool it. You two need to be nice to each other.

▶

💬 이렇게 말한다!

A: Sometimes I feel like I could just kill Kevin.

B: Be cool. He's really not a bad guy.

A: 가끔 케빈이 죽이고 싶을 정도로 미울 때가 있어.

B: 진정해. 케빈이 그렇게 나쁜 놈은 아니야.

I got cold feet

044

나 자신없어, 용기를 잃었어

get[have] cold feet는 발이 차갑게 얼어붙어 꼼짝도 못하게 되듯 '겁을 먹다,' '주눅이 들다'(I got scared and I didn't do it)라는 표현이다. 주로 결혼, 데이트, 프레젠테이션 등에 앞서 초조하고 겁을 먹고 떠는 모습을 연상하면 된다.

🖍 이렇게 쓰고!

1. 이제 겁먹지마, 제발. 알았어?

Don't get cold feet now, please. All right?

▶

2. 결혼식이 막 시작하려고 하자 걔는 겁이 났어.

The wedding is about to start when she gets cold feet.

▶

💬 이렇게 말한다!

A: Angela, why did you decide not to get married?

B: I got cold feet and couldn't go to the church.

A: 앤젤라, 왜 결혼하지 않기로 결정했어?

B: 자신이 없어 교회에 갈 수가 없었어.

045 I got up the nerve to ask out Chris

난 용기를 내서 크리스에게 데이트신청했어

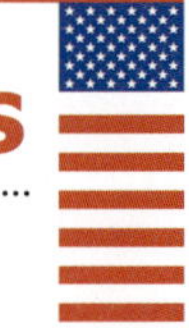

have got a nerve to+V에서 nerve는 용기, 배짱 혹은 뻔뻔스러움이라는 뜻이어서 문맥에 따라 '…할 용기[배짱]가 있다,' 혹은 '뻔뻔스럽다'라는 의미로 쓰인다. have got 대신에 work up을 쓰기도 하며, 또한 강조하려면 a lot of nerve, a hell of nerve라고 하면 된다.

 **이렇게 쓰고!**

1. 짐에게 데이트 신청을 하는 용기를 내는데 5년이 걸렸어.

It took me 5 years to get up the nerve to ask out Jim.

▶

2. 내 기분이 어떤지 용기를 내서 걔한테 말하려고 해.

I'm trying to get up the nerve to tell him how I feel.

▶

 **이렇게 말한다!**

A: Do you know how they caught Kerry stealing?

B: It's because you worked up the nerve to report him.

A: 케리가 절도하는 걸 어떻게 잡았는지 알아?

B: 네가 용기를 내서 신고했기 때문이지.

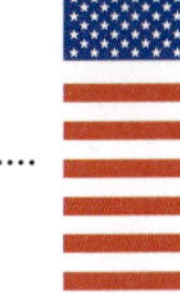

046 I'm gonna take off

그만 일어서야겠어

take off는 정말 다양한 의미로 쓰이는 구동사이다. 먼저 '옷을 벗다,' 비행기가 '이륙하다,' 직장인이 '휴가를 내다,' 그리고 여기 위 문장에서처럼 다른 곳으로 '출발하다,' '가다'(I'm leaving)라는 의미로도 쓰인다. 비슷한 표현으로는 be off도 있다.

 이렇게 쓰고!

1. 실은, 난 가야 될 것 같아.
Actually, I just think I'm gonna take off.

▶

2. 주인들이 안 보이네. 그만 일어서야겠어.
I don't see the hosts. I'm just going to take off.

▶

이렇게 말한다!

A: Well guys, I'm gonna take off now.
B: Alright. Thanks for coming over and bringing the beer.

A: 자, 여러분, 그만 일어서야겠어요.
B: 좋아요. 맥주까지 가지고 와주셔서 고마워요.

047   Don't chicken out

꽁무니 빼지마, 겁먹지마

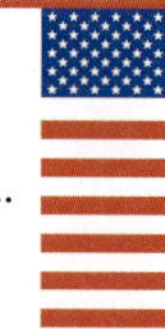

chicken은 '닭'으로 작은 움직임에도 놀라 도망치는 닭의 속성을 생각해보면 된다. 그래서 비유적으로 '겁쟁이'(wimp)라는 뜻이 되고 be a chicken하면 '겁쟁이 이다'가 된다. 동사로도 쓰여 chicken out하게 되면 겁을 먹고 '꽁무니 빼다'(get scared and run away; back out on)라는 의미가 된다.

✏️ 이렇게 쓰고!

1. 걘 막판에 겁먹고 포기했어.

She chickened out at the last minute.

▶

2. 나 거의 겁먹고 포기할 뻔했는데 결국 해냈어.

I almost chickened out, but I went through with it.

▶

💬 이렇게 말한다!

A: You have to fight Jeff. Don't chicken out.
B: But I'm afraid he will hurt me.

A: 제프와 붙어. 꽁무니 빼지마.
B: 하지만 다칠까봐 걱정돼.

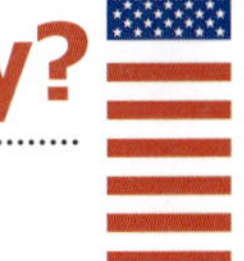

048 You're that serious about this guy?

이 사람을 그렇게 진지하게 사귀는거야?

be serious about (sb/sth/~ing)하게 되면 '(…에 대해) 심각하다,' '장난이 아니다'라는 의미. 특히 get serious about sb하게 되면 결혼이나 동거까지 염두에 둘 정도로 진지하게 사귀는(commit yourself to only be with this guy) 것을 뜻한다.

 **이렇게 쓰고!**

1. 그러지마, 너 이건 진심아니지.

Come on, you can't be serious about this.

▶

2. 언젠가 누군가를 진지하게 사랑하는 때가 있을거야.

Someday there'll be time to get serious about someone.

▶

이렇게 말한다!

A: John and I are talking about marriage.

B: You're that serious about this guy?

A: 존과 난 결혼에 대해 얘기하고 있어.

B: 존과 그렇게 진지하게 사귀는거야?

049

Let's move on

다음으로 넘어가자고, 그만 잊자고

move on은 나쁜 기억은 빨리 털어버리고 다음 단계로 넘어가자고 서두르는 표현. 다음 단계는 move on to~이하에 적으면 된다. 영어로 풀어쓰자면 "We have finished with that topic and are ready to talk about the next one"라는 의미이다.

✏️ 이렇게 쓰고!

1. 난 극복했다고, 알았어? 다음 단계로 넘어가자고.
I'm over it, okay? Let's move on.

▶

2. 걔는 잊는데 시간이 많이 걸렸어.
It took him a long time to move on.

▶

💬 이렇게 말한다!

A: I think we are done discussing the project.
B: Very well, let's move on to other things.

A: 우린 그 프로젝트에 대한 토의를 끝낸 것 같아.
B: 좋아, 다음 사항으로 넘어가자고.

050

What do you say?

(상대방의 동의를 구하며) 어때?, 네 생각은?

What do you say?는 상대방의 동의나 의견을 물어보는 것으로 "어때?"라는 의미. "그거 어때?"라고 하려면 What do you say to that?이라고 한다. 좀 더 구체적으로 물어보려면 What do you say to+동사[~ing]? 혹은 What do you say S+V?, What do you say if S+V를 쓰면 된다.

 이렇게 쓰고!

1. 한잔하러 가는게 어때?

What do you say to going for a drink?

▶

2. 걔가 우리랑 밤샌다면 어떨까?

What would you say if she stayed with us all night?

▶

이렇게 말한다!

A: Come with us to the party tomorrow. What do you say?

B: That sounds like a lot of fun to me.

A: 내일 파티에 우리랑 함께 가자. 어때?

B: 정말 재미있겠다.

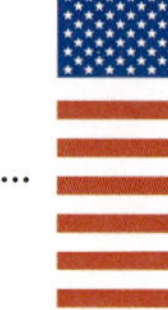

051 Let's hit the road

출발하자고

hit the road는 '출발하다,' hit the book은 '공부하다,' hit the spot은 '적중하다,' hit the sack은 '잠들다,' 그리고 hit one's cell은 '휴대폰으로 전화하다'라는 뜻. 우리도 속어로 '…을 때리다'라는 말이 '…을 하다'를 대신하는 경우가 많은 것을 생각해보면 된다.

✏️ 이렇게 쓰고!

1. 가자, 출발하자고.

Let's go. Let's hit the road.

▶

2. 점점 지루해지네. 나가자.

It's getting boring here. Let's hit the road.

▶

  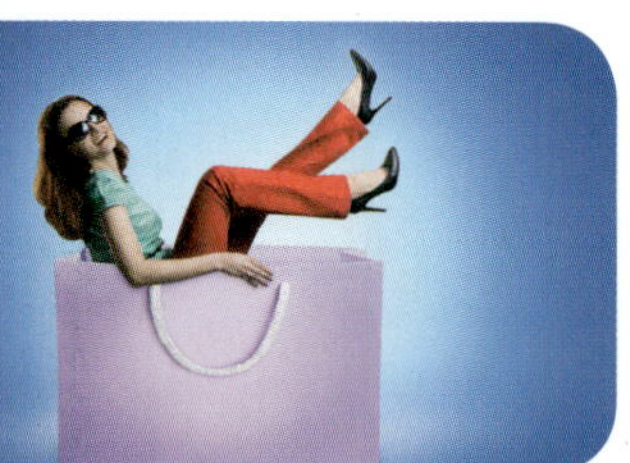

💬 이렇게 말한다!

A: Do you think we should stay here tonight?

B: No, let's hit the road. We can be home in two hours.

A: 오늘밤에 우리가 여기 있어야 할까?

B: 아니, 가자. 두시간이면 집에 도착할 수 있을거야.

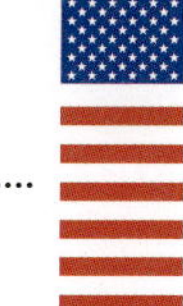

052	# Something's come up

일이 좀 생겼어

> come up은 어떤 예상치 못한 '…일이 생기다'라는 뜻으로 특히 예정된 약속 등을 지키지 못할(I have to do something else, so I can't keep our appointment) 때 사용한다. 반대로 "무슨 일이 생겼어?"라고 물으려면 "Is there something up?"이라고 하면 된다.

 **이렇게 쓰고!**

1. 나중에 얘기할게. 어, 무슨 일이 좀 생겼어.
   I'll talk later. Yeah, something's come up.

   ▶

2. 클레어, 일이 좀 생겼어. 그래서 나 가야 돼.
   Claire, something's come up. So, I gotta go.

   ▶

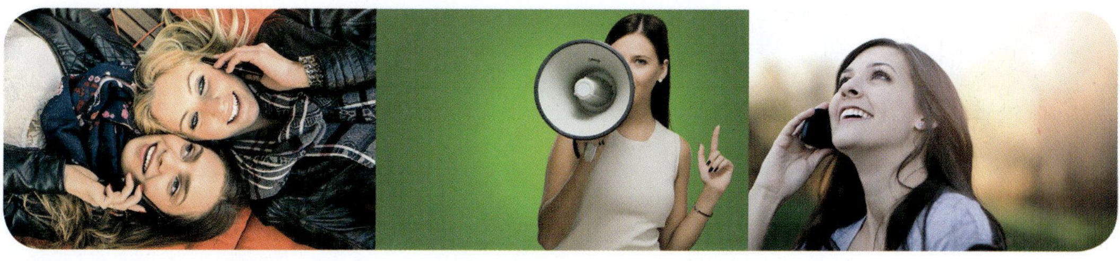

이렇게 말한다!

A: Something's come up. I can't come to your office.
B: But you promised you'd meet me here.

일이 좀 생겼어. 네 사무실로 못 가.
하지만 여기서 날 만나기로 약속했잖아.

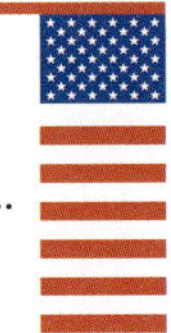

053 Let's dig into this turkey

자 칠면조 먹자

dig in(to)은 '바로 먹다,' '정보를 찾으려고 파다'라는 뜻. 특히 Dig in하면 "자, 먹자"라는 의미로 많이 쓰이는 표현이다. 위 문장을 영어로 풀어쓰자면 "I want to start eating the turkey"라는 말이 된다.

이렇게 쓰고!

1. 자 먹어. 난 너무 피곤해서 못 먹겠어.

Well, dig in. I am way too tired to eat.

▶

2. 와, 진짜 맛있어 보인다. 먹자!

Wow, this looks amazing. Let's dig in!

▶

이렇게 말한다!

A: Happy Thanksgiving, everyone. Let's dig into this turkey.

B: Everything looks so delicious on the table.

A: 다들 추수감사절 축하해. 칠면조 먹자.

B: 식탁 위에 있는 것들이 다 정말 맛있게 보여.

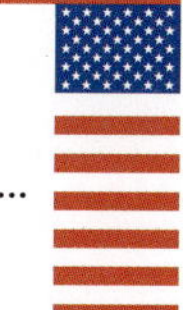

054   I'm stuck in traffic

차가 막혀, 길이 막혀서 꼼짝도 못하고 있어

be stuck in traffic은 네이티브들이 교통체증 때문에 꼼짝 못하고 있다고 말할 때 가장 많이 쓰는 문장 중 하나이다. 이 표현에는 "차가 막혀 늦을 수도 있다"(I will be late because I can't drive quickly)는 의미가 내포되어 있다. 차가 막힐 때는 I'm in traffic, The traffic was terrible를 써본다.

 **이렇게 쓰고!**

1. 집에 가는 길에 차가 막혔어.

I'm stuck in traffic on my way home.

▶

2. 한 시간 넘게 교통체증에 갇혀 있었어

I got stuck in traffic for over an hour.

▶

 **이렇게 말한다!**

A: Where are you calling from?

B: I'm downtown and I'm stuck in traffic.

    A: 어디서 전화하는거야?

    B: 시내에 있는데 교통 때문에 꼼짝 못하고 있어.

I wouldn't miss it for the world

055

무슨 일이 있어도 꼭 갈게, 꼭 갈게

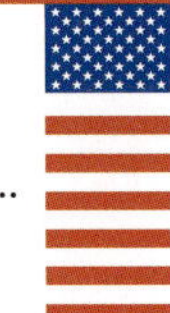

miss sth은 '…을 놓치다'라는 말. 여기에 부정어 not과 강조어구 for the world 가 합세하여 '결코 …하지 않다,' '절대로 …하지 않다'라는 의미를 만든다. 그래서 이 표현이 다시 miss와 합치면 이 문장은 "반드시 (모임에) 참석하겠다"(Of course I'll come)라는 의미가 된다. I'd never miss it라고 해도 된다.

✏️ 이렇게 쓰고!

1. 우리 나중에 같이 술마시는거 맞지? 내가 꼭 갈게.

Are we still on for drinks later? I wouldn't miss it.

▶

2. 물론이지! 절대 빠질리 없지!

You bet! I wouldn't miss it for the world.

▶

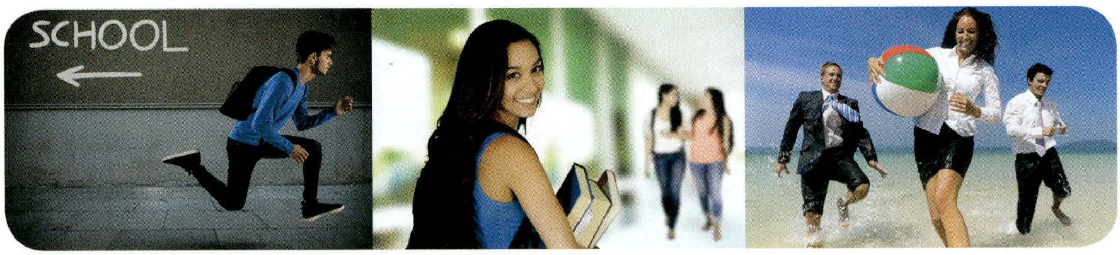

💬 이렇게 말한다!

A: Would you like to come to the museum with us?

B: Absolutely. I wouldn't miss it for the world.

A: 우리랑 박물관에 함께 갈래?

B: 물론. 어떤 일이 있어도 꼭 갈게.

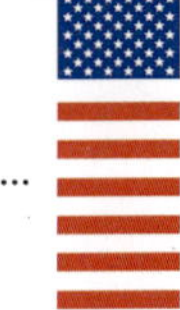

056

Buzz him in

들여보내, 문열어 줘

buzz는 초인종의 '윙윙거림'을 뜻하는 단어로 동사로는 '인터폰, 초인종 등의 버저를 누르다'라는 의미. 그래서 Buzz sb in하게 되면 "버튼을 눌러서 …가 들어오게 하다"(Push the button and let him enter the apartment)라는 뜻으로 사용된다.

 **이렇게 쓰고!**

1. 제리가 벨을 누르면 문열어 줘.

When Jerry rings a bell, buzz him in.

▶

2. 제발 나 좀 들여보내줘. 날 들여보내줘! 우리 얘기 해.

Can you buzz me in, please? Buzz me in! We need to talk.

▶

이렇게 말한다!

A: I think Jimmy is waiting in the lobby.

B: Buzz him in and have him come upstairs.

A: 지미가 복도에서 기다리는 것 같아.

B: 문 열어주고 위층으로 올라오게 해.

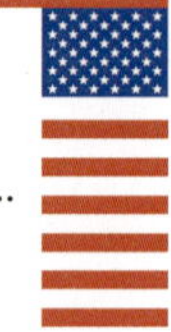

057 Get out of here!

꺼져!, 나가봐! 웃기지 마!

보통 험악한 장면에서 더 이상 얘기하고 싶지 않으니 "여기서 나가!"라는 말이지만, 말도 안되는 소리를 하는 사람에게는 "웃기지마"(No kidding), "내가 그 말을 믿을 것 같아?"(Don't expect me to believe that!)라는 뜻으로도 쓰인다.

✏️ 이렇게 쓰고!

1. 나가줘! 꺼지라고!
I want you to leave! Get out of here!

2. 난 너 여기 있는거 싫어. 꺼져!
I don't want you here. Get lost!

💬 이렇게 말한다!

A: I never want to see you again! Get out of here!
B: Fine! This is the last time we'll meet.

　A: 너 다시는 보고 싶지 않아. 꺼져!
　B: 좋아! 우리 만나는거 이번이 마지막이야.

Hear me out

058

내 말 끝까지 들어봐

hear sb out은 상대방이 말을 자꾸만 끝까지 듣지 않을 때 혹은 말을 자를 때 하는 표현으로 '이야기를 끝까지 들어보라는 말'(Listen to me before you decide)이다. 단순히 Hear me라고 하는 것보다 'out'이 들어가 "전부, 끝까지, 완전히"라는 의미가 더해진다.

✏️ 이렇게 쓰고!

1. 제발 내 말 좀 끝까지 들어봐. 급한 문제라고.
Please, hear me out. This is urgent.

▶

2. 저기, 잠시만 내 얘기 좀 들어봐.
Listen, just hear me out for a second.

▶

💬 이렇게 말한다!

A: I don't think that is a very good idea.
B: Hear me out. I'll explain why I think it is.

A: 좋은 생각같지 않아.
B: 내 말 끝까지 들어봐. 내가 왜 그렇게 생각하는지 설명해줄게.

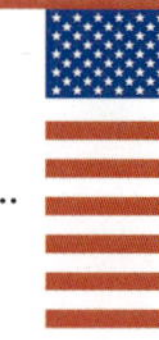

059

I got this covered

내가 알아서 할게

> I('ve) got this[it] covered는 어떤 문제나 어려움 등을 상대방이 걱정하지 않도록 "잘 처리했다," "내가 다 처리했어"(Don't worry about it, I can take care of it)라는 의미가 된다. get과 covered 사이에는 'this,' 혹은 'it'을 사용하면 된다.

✏️ 이렇게 쓰고!

1. 걱정마. 내가 알아서 할게.
Don't worry. I got it covered.

▶

2. 나를 믿어. 우리가 모두 다 알아서 했어.
Trust me, we got everything covered.

▶

💬 이렇게 말한다!

A: I need to have my medicine by six o'clock.
B: I got this covered. I'll pick it up at the pharmacy.

A: 6시까지는 내 약을 먹어야 돼.
B: 내가 알아서 할게. 약국에서 내가 가져올게.

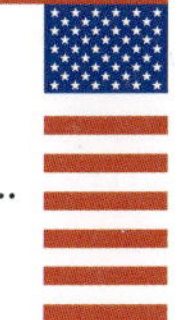

060   I haven't got all day

빨리 좀 해줘, 내가 시간이 없어, 여기서 이럴 시간 없어

haven't got all day는 '그럴 시간이 없다'라는 뜻으로 급하기 때문에 마냥 시간을 끌 수 없다(Hurry up!)면서 상대방을 재촉할 때 사용할 수 있는 표현이다. I don't have all day(마냥 이러고 있을 수는 없어, 어서 서둘러줘)라고 해도 된다.

 **이렇게 쓰고!**

1. 자 어서, 이럴 시간이 없어! 어서 가자고!

Come on, I ain't got all day! Let's go!

▶

2. 빨리 좀 이거 끝내자고. 어서 서둘러.

We haven't got all day to get this done. Keep it moving.

▶

 **이렇게 말한다!**

A: I haven't got all day. Hurry!

B: It takes time to find the files you want.

A: 이럴 시간이 없어. 서둘러!

B: 네가 원하는 파일을 찾는데 시간이 걸려.

I'm gonna break up with you

061 우리 그만 만나자, 너랑 헤어질래

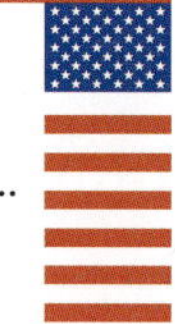

break up (with)은 '남녀간에 헤어지다'라는 뜻으로 현지에서 뻔질나게 사용되는 표현. break it off라고 해도 된다. 명사로도 쓰여 be on a break하면 '잠시 떨어진 상태'를 말한다. 또한 break up이 전화통화에서 쓰이면 상대방 소리가 끊어져서 들리는 경우에 쓰인다.

 **이렇게 쓰고!**

1. 왜 나하고 헤어진거야?

Why did you break up with me?

▶

2. 우린 크게 싸웠고 난 걔와 헤어져야만 했어.

We had a big fight. I had to break up with him.

▶

 **이렇게 말한다!**

A: I'm going to break up with you.

B: Why? I thought things were good between us.

A: 너랑 헤어질거야.

B: 왜? 우리 사이 좋았던 것 같았는데.

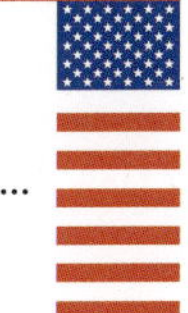

062 Welcome aboard

탑승을 환영합니다, 함께 일하게 된 걸 환영해

Welcome aboard는 "탑승을 환영해요," 혹은 "함께 일하게 된 걸 환영해" (Welcome into our company)라는 의미로 쓰인다. 참고로 go aboard the plane, train하면 비행기나 기차에 탑승하는 것을, 그리고 All aboard!는 기차, 버스, 배 등에서 "모두 탑승하세요!"라는 의미로 쓰이는 표현이다.

이렇게 쓰고!

1. 이웃이 된 걸 환영해요.

Welcome to the neighborhood.

2. 탑승을 환영합니다. 서 선생님. 좌석은 바로 여기 2A 석입니다.

Welcome aboard. Mr. Suh. You're right here in 2A.

이렇게 말한다!

A: Hi, I'm Bob. I was hired as a new computer technician.

B: Welcome aboard, Bob. I'm the office manager.

A: 안녕하세요, 밥입니다. 신입 컴퓨터 기사입니다.

B: 환영해요, 밥. 난 실장예요.

You heard me

063

명심해

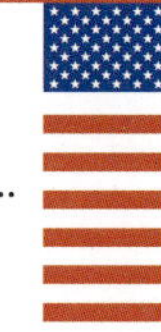

대개는 윗사람이 아랫 사람에게 화내거나 타이를 때 완고하고 강압적 분위기에서 하는 말로, "내가 말했지," "명심해" 정도의 의미. You heard+사람[직책/대명사]가 와서 "명령이므로 입다물고 말들어라"라는 얘기가 된다.

🖍 이렇게 쓰고!

1. 내 말 들었지. 방으로 가.

You heard me. Go to your room.

▶

2. 명심해. 걔랑 데이트하지마.

You heard me. I don't want you dating her.

▶

💬 이렇게 말한다!

A: You heard me. If I find a better job, I'm quitting this one.

B: But you can't quit. We need you to stay here.

A: 내가 말했죠. 더 좋은 직장을 찾으면 여기 그만둘거예요.

B: 하지만 그만둘 순 없어요. 여기 있어줘야 된다구요.

I'm done with this

064

이거 다 끝냈어, 그만하겠어, 이제 안해

be done with는 '…을 끝내다'라는 의미로 with 다음에는 하고 있는 업무, 사람, 음식, 이용하는 물건 등 다양하게 올 수 있다. 의미는 "I'm finished" 혹은 "I don't want to work on this anymore"라고 생각하면 된다.

✏️ 이렇게 쓰고!

1. 그거 끝내면 가져와, 알았지?

Bring that back when you're done with it, OK?

2. 네가 선을 넘었어. 윌, 너하고 끝이야.

You've crossed the line here, Will. I'm done with you.

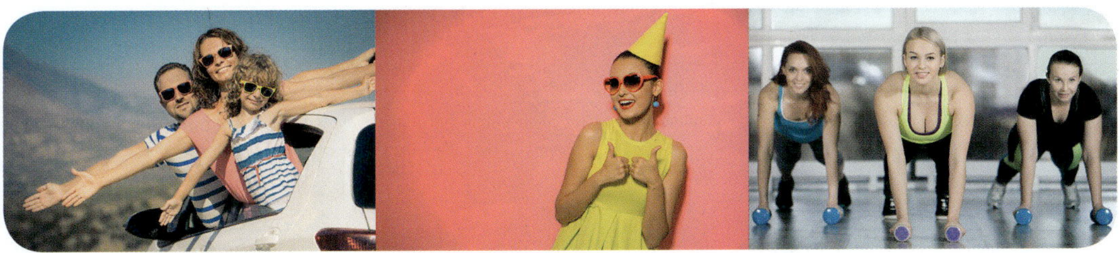

💬 이렇게 말한다!

A: I can't understand these directions. I'm done with this!

B: You can't just give up. Try a little harder.

A: 이 지시사항을 이해 못하겠어. 그만할테야!

B: 그냥 포기하면 안돼. 좀 더 열심히 해봐.

Look at you!

065

얘 좀 봐라!, (어머) 얘 좀 봐!

주로 상대방이 좀 차려입었을 때나 바람직한 행동을 했을 때 감탄의 표시로 말하거나, 아니면 억양을 바꿔 말썽 핀 사람에게 "얘 좀 보게나"식의 비난으로 쓰이기도 한다. 억양으로 의미를 구분해야 하며, 또한 직접 사용할 때도 억양을 달리하여 써야 한다.

✏️ 이렇게 쓰고!

1. 네 모습 좀 봐! 하나도 변하지 않았네.

Look at you! You haven't changed a bit.

2. 얘 좀 봐! 화려하고 화사하게 입었네.

Oh, look at you! All shiny and bright.

💬 이렇게 말한다!

A: I don't want to go to work! Work sucks!

B: Look at you! You are acting worse than a child!

A: 출근하기 싫어! 아주 엿같다구!

B: 얘 좀 봐! 어린애보다도 못하게 구네!

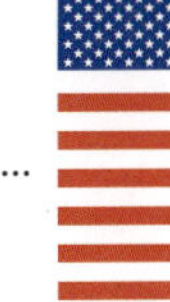

066   Welcome to my world

나와 같은 처지이네, 나도 그래

Welcome to my world는 비유적으로 상대방이 나와 같이 별로 좋지 않은 상황에 처했을 때 하는 말로 "같은 처지이네," "나도 그래"(That is just like what I have to deal with)라는 의미로 Join the club과 같은 맥락의 표현이다.

 **이렇게 쓰고!**

1. 나와 같은 처지네. 우린 이제 같은 상황이야.
Welcome to my world. We have the same situation now.

▶

2. 나와 같은 처지이네. 실망하지 않기를 바래.
Welcome to my world. I hope you aren't disappointed.

▶

이렇게 말한다!

A: It's not easy getting up at 5 am daily.
B: Welcome to my world. I do it all the time.

A: 매일 새벽 5시에 일어나는 것은 어려워.
B: 나도 그래. 나 매일 그래.

That's water under the bridge

067

지나간 건 잊어야지

be (all) water under the bridge는 '다리 밑의 물이다'라는 말이다. 머릿속에 그림처럼 연상해보면 쉽게 그 의미를 이해할 수 있다. 다리 밑의 물은 언제나 지나가 버리고 새 물이 내려오듯이 '다 지나간 일이다'(Let's forget about it)라는 의미로 사용된다.

✏️ 이렇게 쓰고!

1. 다 지나간 일이야, 잊어버려!

Oh, it's water under the bridge. Forget it!

▶

2. 자기야, 그건 이미 다 지나간 일이야.

Honey, that is all water under the bridge now.

▶

💬 이렇게 말한다!

A: Weren't you angry with Bob last year?

B: I was, but that's water under the bridge now.

A: 작년에 밥한테 화나지 않았었어?

B: 그랬지만 다 지나간 건 잊어야지.

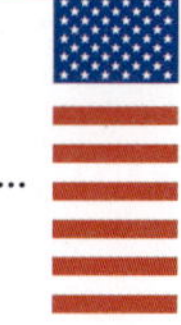

068 — Are you still there?

듣고 있는거니?, 끊긴거 아니지?

be still here는 단순히 여기 있다라는 의미를 넘어 내가 아직 듣거나 보고 있다, 즉 주의를 기울이고 있다는 말이고 특히 전화영어에서는 '아직 전화 안 끊고 듣고 있다'라는 말이 된다. 위 문장은 "아직 통화중이냐?"고 상대방에게 물어보는 문장이다.

 **이렇게 쓰고!**

1. 조용하네. 거기 있어?

You got quiet. Are you still there?

▶

2. 아직 있어, 아니면 잠든거야?

Are you still there, or did you fall asleep?

▶

이렇게 말한다!

A: Hello. Are you still there?

B: Yes, sorry. I am in the subway so my phone isn't working well.

A: 여보세요. 듣고 있니?

B: 어, 미안해. 지하철 안이라 전화가 잘 안돼.

Big time

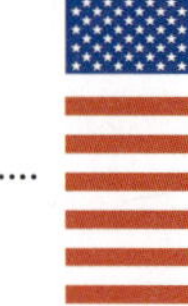

069

그렇고 말고, 많이(a lot)

어떤 말에 '전적으로 동의한다'(agree absolutely)고 응수할 때뿐만 아니라 주로 문장의 뒤에서 '아주 많이'(a lot)라는 뜻의 부사적 용법으로도 자주 사용된다.

✏️ 이렇게 쓰고!

1. 내가 큰 실수를 했는걸.

I screwed up big time.

▶

2. 너희들, 정말 고마워. 정말 큰 신세졌어

Thanks so much, you guys. I owe you big time.

▶

💬 이렇게 말한다!

A: Personally, I think that Jeff has been acting like a jerk recently.

B: Big time. He needs to stop being so arrogant.

A: 내 개인적 생각으론, 제프가 요새 바보같은 행동을 하는 것 같아.

B: 그러게나 말야. 걘 건방진 짓 좀 그만해야 해.

070   I heard Mary is expecting

메리가 임신했대

be expecting은 주어가 아이를 가졌다는 표현으로 그냥 목적어없이 쓰거나 혹은 a child를 넣어도 된다. Are you expecting (a child)?(임신했어?) 처럼 말이다. 그밖에 임신과 관련된 표현으로 When is the baby due?(예 정일이 언제야?), Do you know what it is yet?(아들야 딸야?) 등이 있다.

 **이렇게 쓰고!**

1. 신디가 임신했다며. 정말이야?

I heard Cindy is expecting. Is that true?

▶

2. 소문이 돌고 있어. 케이트가 임신했대.

Rumors are going around. I heard Kate is expecting.

▶

이렇게 말한다!

A: I heard Susie is expecting.

B: Yeah, she and her husband are really happy.

A: 수지가 임신했대.

B: 어, 걔네 부부는 정말 행복해.

It slipped my mind

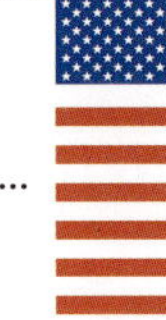

071 ··

깜박 잊었어

slip one's mind는 '깜박 잊다'는 말로 주로 사과할 때 사용한다. slip out of one's mind라고 해도 된다. 또한 사물+go (right/clean) out of sb's mind 역시 '잊다'라는 의미로 사용된다. 강조하려면 It 다음에 completely를 넣으면 된다.

 **이렇게 쓰고!**

1. 미안. 깜박 잊었어.

I'm sorry. It slipped my mind.

▶

2. 깜박 잊었어. 난 할 일이 엄청 많아, 알지?

It slipped my mind. I got tons to do, you know?

▶

이렇게 말한다!

A: Don't you have a dentist appointment today?

B: Oh yeah! It completely slipped my mind.

A: 오늘 치과 예약되어 있지 않아?

B: 어 그래! 깜박 잊었네.

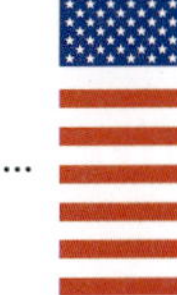

It's super easy

072 그건 정말 쉬워

칭찬하는데 있어 과장을 좋아하는 네이티브들은 아주 강조하고 싶을 때에는 Good job보다는 Super job을 많이 사용한다. 이렇게 뭔가 강조하고 싶을 때에는 super란 단어를 사용하면 된다. 그래서 super easy가 되면 '무척 쉬운'이라는 뜻이 된다.

 **이렇게 쓰고!**

1. 이 앱은 사용하기가 정말 쉬워.

This app is super easy to use.

▶

2. 걱정 마, 이건 고치기 엄청 쉬워.

Don't worry, it's super easy to fix.

▶

이렇게 말한다!

A: Can you set this up for me?

B: Sure, it's super easy.

A: 이거 설치 좀 해줄 수 있어?

B: 그럼, 이건 정말 간단해.

073 We're just goofing around

우린 그냥 빈둥거리고 있어

goof off는 일할 시간에 해야 할 일을 하지 않고 '농땡이 치는'걸 말하고 goof around는 fool around나 horse around처럼 '그냥 빈둥거리며 아무 일도 하지 않으면서 시간을 때우는'(We aren't doing anything serious) 것을 말한다.

 **이렇게 쓰고!**

1. 재미없다고! 그만 빈둥거려!
That's not funny! Just stop horsing around.

▶

2. 빈둥거리지마. 여기 굉장히 진지한 곳이야!
You can't goof around. This is a very serious place of business.

▶

이렇게 말한다!

A: Hey. It's me. What are you up to?
B: I'm just goofing around on the computer.

A: 야, 나야. 뭐해?
B: 그냥 컴퓨터나 만지작거리고 있지 뭐.

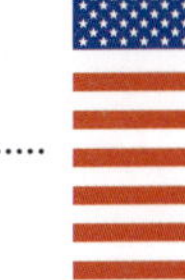

We got chemistry

074

우리는 죽이 잘맞아

have a good chemistry 또는 be in chemistry는 '죽이 잘 맞는다'라는 뜻으로 여기서 chemistry는 '과학적 화학작용'이라기보다는 인간적 화학적 상호작용'을 의미한다. 특히 '남녀 간에 잘 통하다'(We have a strong attraction to each other)라는 뜻으로 많이 쓰인다.

 **이렇게 쓰고!**

1. 너희 둘 케미 보이는데?

I can see the chemistry between you two.

▶

2. 걔네 둘 사이에 케미 있는 것 같아?

Do you think there's chemistry between them?

▶

이렇게 말한다!

A: Why do we make such a good pair?

B: There is a lot of chemistry between you and me.

A: 우린 왜 이렇게 멋진 커플일까?

B: 너하고 내가 아주 잘 통해서 그래.

075 — Would you get that?

[방문객이나 전화가 울릴 때]문 좀 열어 줄래?, 전화 좀 받아줄래?

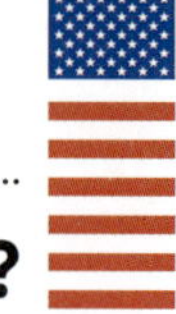

get it[that]은 전화벨소리가 울릴 때 혹은 초인종 소리가 들릴 때 대신 받아주거나 열어주라고 부탁하거나 혹은 "내가 받을게," "내가 열어줄게"(I'll get it)라고 할 때 쓰는 전형적 표현이다. 같은 맥락의 표현으로 내가 할게요라는 의미의 "Let me," "Allow me" 등이 있다.

✎ 이렇게 쓰고!

 **1.** 전화 울린다. 받아줄래?

The phone's ringing. Would you get it?

▶

 **2.** 누가 문 앞에 있어. 열어줄래?

Someone's at the door. Would you get it?

▶

💬 이렇게 말한다!

A: Would you get that? My hands are full at the moment.

B: Sure. I'll get it. Hello...

A: 전화 좀 받아줄래? 지금 손이 비질 않아서.

B: 알았어. 내가 받을게. 여보세요…

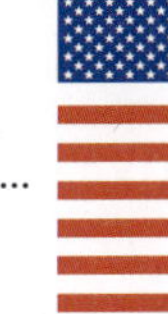

You done?

076

다했니?

상대방에게 주어진 일을 "다 마쳤느냐?"(be through with)고 물어보는 표현이다. Are you done?에서 'Are'를 생략한 것으로, 'You'도 빼고 그냥 간단히 "Done?"(됐어?, 끝냈어?)이라고만 해도 된다.

 **이렇게 쓰고!**

1. 다 썼어? 나도 컴퓨터를 써야 하는데.
   You done? I need to use the computer.

   ▶

2. 다 끝났어? 날 다시 상처줄거야?
   Are you done? Hurting me back?

   ▶

이렇게 말한다!

A: I'm about ready to go. You done?
B: Just a second and I'll be ready.

   A: 갈 준비 다 됐어. 넌 다 됐어?
   B: 잠시만 기다려주면 다 될거야.

077   Don't be a smart-ass

건방지게 굴지마

smart-ass는 모든 걸 안다고(claiming to know everything) 혹은 똑똑하게 보이려고 안간힘을 쓰는(trying to sound clever) 사람을 가리키는 말. 따라서 Don't be a smart-ass라고 하면 이런 사람이 되지 말라, 즉 "주제넘게 굴지 말라"고 호통치는 표현이다.

 이렇게 쓰고!

1. 잔꾀 부리지마.
Don't even think about getting cute, smart-ass.

▶

2. 주제넘게 굴지 말아. 내가 박사학위까지 딴거 너도 알잖아.
Don't be a smart-ass. You know I have a PhD.

▶

 이렇게 말한다!

A: If you aren't tough, you can go cry to your mother.
B: Stop being a smart ass. I'm tough enough.

A: 네가 강하지 못하면 네 엄마한테 가서 울어라.
B: 잘난 척하지마. 난 충분히 강하다고.

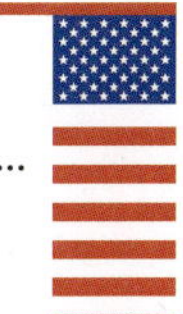

I'll bet

078

(상대방에 동조) 그럴거야, 확실해,
(빈정) 그러겠지(sarcastically I agree)

I'll bet은 "틀림없어"라는 뜻으로 I'm pretty sure 혹은 That's right와 같은 의미로 쓰이나 약간 빈정거리는 투로 "그래, 알았어"라는 뜻으로도 사용된다. I'll bet S+V의 형태로 자신이 확신하는 내용을 자세히 말할 수도 있다. 또한 You bet은 (긍정) 확실해, 응 걱정마, (의문) 진짜야?라는 의미로 사용된다.

 **이렇게 쓰고!**

1. 걔들은 틀림없이 애틀랜타에 있어.

They're in Atlanta, I'll bet.

▶

2. 걘 날 잊은게 확실해, 정말이지 괜찮을거야.

I'll bet she's totally over me, I'll bet she's fine.

▶

이렇게 말한다!

A: Thank God. I was so worried.

B: Yeah, I'll bet.

A: 다행이야. 걱정 많이 했었어.

B: 그래, 그랬을거야.

Join the club

079

같은 처지이네

Join the club, Welcome to the club하면 상대방이 안좋은 처지에 놓이게 되었을 때 농담조로 말하는 표현으로 "같은 처지이다"(be in a similar situation)라는 뜻. 같은 클럽에 속하게 되었다는 의미에서 나온 표현이다. 앞서 나온 Welcome to my world와 같은 맥락의 문장이다.

 **이렇게 쓰고!**

1. 그럼 너도 역시 나를 싫어하는거네. 같은 처지이야.
So you hate me now, too. Well, join the club.

▶

2. 같은 처지가 돼서 정말 미안해.
I'm really sorry you had to join the club.

▶

이렇게 말한다!

A: This year I was diagnosed with a heart problem.
B: Join the club. I have to go to the hospital every month.

A: 금년에 나 심장병 진단을 받았어.
B: 같은 처지이네. 난 매달 병원에 가야 돼.

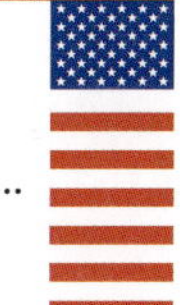

080 We are on a first-name basis

우리는 가까운 사이야, 이름부르는 사이야

be on a first-name basis는 '아주 친한 사이다'라는 뜻으로 성이 아니라 서로 이름을 부르는 사이라는 뉘앙스를 갖는다. 전반적으로 캐주얼한 것을 좋아하는 네이티브들은 처음 만나서도 "Just call me Chris"처럼 상대방이 자신의 이름을 불러주기를 선호한다.

✏️ 이렇게 쓰고!

1. 어, 가까운 사이라고? 내가 질투해야 하나?
   Uh, first-name basis? Should I be jealous?

   ▶

2. 난 너희들이 가까운 사이인 것을 몰랐어.
   I didn't know you two were on a first name basis.

   ▶

💬 이렇게 말한다!

A: Do you know the president well?
B: Yes I do. We are on a first name basis.

  A: 사장 잘 알아?
  B: 어 그래. 친한 사이야.

081 It's out of your league

그건 네 능력 밖이야

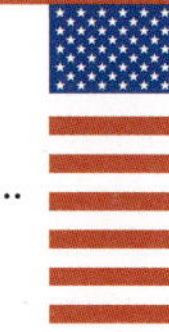

be out of one's league는 '…에 비해 수준이 너무 높다,' '과분하다'라는 의미로 그 비교대상은 '업무'일 수도 있고 '사람'일 수도 있다. "네가 감당하기에는 너무 어려워," "네가 상대할 급이 아냐," 혹은 "너와 수준이 달라" 라는 의미로 사용된다.

✏️ 이렇게 쓰고!

1. 걘 너한테 좀 과분한거 같아.

I think she's a little out of your league.

▶

2. 넌 내게 너무 과분해. 여기 있는 모든 사람이 알고 있어.

You're way out of my league. Everybody in here knows it.

▶

💬 이렇게 말한다!

A: Do you think I can get into Harvard University?

B: No way. It's out of your league.

A: 내가 하버드에 갈 수 있을 것 같아?

B: 말도 안돼. 네 능력 밖이야.

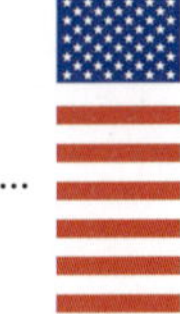

082

You'll make it happen

너 성공할거야

make it happen은 우리말로 옮기기 까다로운 표현중 하나이다. 현지에서 네이티브들이 아주 많이 쓰이는 어구로 '그것이 일어나도록 하게끔 한다'는 뜻. 다시 말해 '그렇게 되도록 하겠다,' 나아가 '이루다,' '성공하다'(You'll be successful)라는 뜻도 갖게 된다.

 **이렇게 쓰고!**

1. 원하기만 하지 말고 이루어지게 해봐.

Don't just want it. Make it happen.

▶

2. 그걸 해내는 방법을 찾아낸 것 같아.

I think I found a way to make this happen.

▶

 **이렇게 말한다!**

A: Do you think I can become a pilot?

B: Sure. You'll make it happen.

A: 내가 조종사가 될 수 있을 것 같아?

B: 물론. 넌 해낼거야.

083 We're just hanging around here

그냥 여기서 시간 보내는 중이야

hang around는 기다리면서 혹은 아무것도 하지 않으면서 시간을 보내는 (We are relaxing here) 것을 말한다. hang around with sb하면 '…와 함께 시간을 보내다,' 그리고 not hang around하면 '지체없이 …하다'라는 표현이 된다.

 **이렇게 쓰고!**

1. 걘 정말 같이 지내기 좋은 사람야.

He's just really great to hang around with.

▶

2. 내 딸이 저런 자식과 어울리는게 싫어!

I don't want my daughter hanging around with a guy like that!

▶

이렇게 말한다!

A: What are you guys doing?

B: Not much. We're just hanging around here.

A: 너희들 뭐하니?

B: 별로. 그냥 여기서 시간 보내는 중이야.

Not to worry

084

걱정 안해도 돼

Not to worry는 상대방이 걱정하고 있는 문제가 그리 심각하거나 중대하지 않다는 의미로 "걱정 안해도 돼"(There is no problem)라는 의미. 생소하게 생긴 것 치고는 많이 쓰이는 편이다. 걱정하는 내용은 뒤에 ~about을 붙여서 이어쓰면 된다.

 **이렇게 쓰고!**

1. 걱정 안 해도 돼, 계획이 있어.

Not to worry, I have a plan.

▶

2. 걱정 안 해도 돼, 내 남편은 괜찮을거야.

Not to worry, my husband will be fine.

▶

이렇게 말한다!

A: This elevator is out of service right now.

B: Not to worry. I can use the stairs.

A: 이 엘리베이터는 지금 운행이 안돼요.

B: 걱정 안해도 돼요. 전 계단으로 가면 되니까요.

I'm over you

085

(감정적으로) 널 완전히 정리했어, 널 다 잊었어, 너랑 끝이야

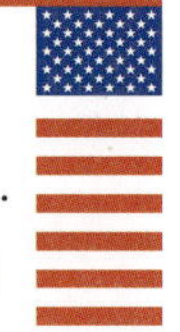

be over sb[sth]는 '…와 끝이 났다'라는 표현으로 사람이면 '관계가 끝이 났다'(I don't have romantic feelings for you now)는 의미이며, 사물이면 '일을 끝냈다'라는 뜻이다. 한편, It's over between us는 "우리 사이 끝났어," You're over me?는 "나하고 끝내자고?"란 의미.

 이렇게 쓰고!

1. 너랑 끝이야. 이제 네 인생 살아가.

I'm over you. Move on with your life.

▶

2. 널 다 잊었어. 지금은 새로운 남친이 있어.

I'm over you. I have a new boyfriend now.

▶

 이렇게 말한다!

A: I am over you. I don't want to see you again.

B: Please meet with me one last time.

A: 너랑 끝이야. 다신 널 보고 싶지 않아.

B: 제발 마지막으로 한번만 만나줘.

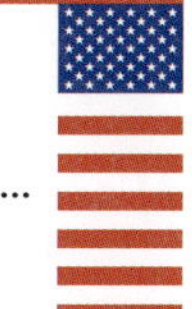

086   It's every man for himself

(누가 도와주지 않으니) 각자 알아서 해야지

be every man for oneself는 남에게 의지하지 않고 또한 도움을 구하지도 않고 '스스로 알아서 하다'(All people need to be selfish now)라는 아주 독립적인 표현이다. 상황이 좋지 않고 다들 서로에게 적대적일 수 있다는 것을 내포한다.

 **이렇게 쓰고!**

1. 각자 알아서 한다는 것은 깨졌어.

Every man for himself is not gonna work.

▶

2. 자 이제 전부 새롭게 시작하니까 모두 각각 알아서 해야 돼.

Now it's a whole new ball game. It's every man for himself.

▶

이렇게 말한다!

A: Too many employees are getting fired here.

B: I know. It's every man for himself.

A: 너무 많은 사람들이 잘려나가고 있어.

B: 알아. 이젠 각자 알아서 챙겨야지.

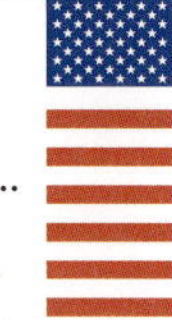

087 That hurts

그거 안됐네, 마음이 아프겠구나

위로의 말로, 상대방이 갑자기 실연을 당하거나 사고를 당했거나 혹은 이런저런 안 좋은 일을 당했을 때 유감스러움, 동정, 안타까움 등의 감정을 확실하게 표현하는 말이다. 물론 뒤에 사람이 와서 '그 때문에 …가 아프다'라고 표현할 수도 있다.

 **이렇게 쓰고!**

1. 걔가 가서 마음이 아파.

It hurts that she's gone.

▶

---

2. 그럼, 어디가 아픈지 말 안할거야?

So, you're not going to tell me where it hurts.

▶

이렇게 말한다!

A: Actually I divorced a month ago.

B: Oh, that hurts.

A: 실은 나 한달 전에 이혼했어.

B: 저런, 마음 아프겠구나.

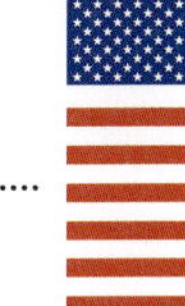

088   Way to go!

잘한다 잘해!, 잘했어!

네이티브들이 즐겨 사용하는 현지표현으로 상대방을 칭찬하거나 격려, 응원할 때 쓰면 된다. "잘했어," "좋았어," 혹은 "잘하고 있어"라는 의미이다. 스포츠 경기장에서만 제한되어 쓰이는 것은 아니고 가정, 학교, 그리고 직장 등 일반적인 상황에서도 자주 쓰인다.

 **이렇게 쓰고!**

1. 잘했어! 모두들 잘했어.

Way to go! Good job, everybody.

▶

2. 잘했어, 아들아! 난 네가 그걸 찾아낼 줄 알았어!

Way to go, son! I knew you'd find it!

▶

이렇게 말한다!

A: I got a prize for selling the most products.

B: Way to go! You're our best salesman.

A: 내가 판매왕으로 상을 받았어.

B: 잘했다! 넌 우리 회사 최고의 영업맨이야.

089 — You can say that again

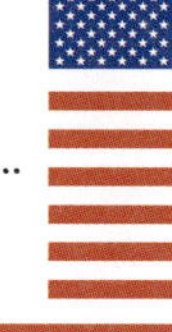

그렇고 말고, 당근이지

You can say that again은 감정을 넣어서 발음하지 않으면 이해가 안되는 표현. 상대방의 말에 전적으로 동의한다는 걸 강조하는 표현으로 that을 강하게 발음해야 한다. "두말하면 잔소리지," "정말 그렇다니까," "딱 맞는 말이다"라는 의미. That's certainly true로 생각하면 된다. = I'll say =You said it.

✎ 이렇게 쓰고!

1. 진짜 그래. 나 땀을 비오듯 흘리고 있어.

 **You can say that again. I'm sweating like a pig.**

▶

2. 전적으로 동감해. 걔 목소리는 정말 아름다워.

 **You can say that again. Her voice is beautiful.**

▶

💬 이렇게 말한다!

A: God, it is so cold outside tonight!

B: You can say that again. I can't wait until summer arrives.

A: 이런, 오늘밤엔 바깥이 너무 춥다!

B: 그러게 말야. 하루 빨리 여름이 왔으면 좋겠는데.

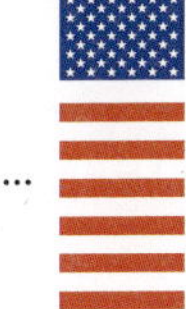

090 You're one to talk

사돈 남 말하네, 웃기고 있네, 누가 할 소리야

You're one to talk은 "사돈 남말하네"(You're in no position to criticize me)라는 뜻으로 Look who's talking과 같이 비아냥거리는 말이다. 단, You're the one to talk처럼 one 앞에 정관사 'the'가 붙으면 '이야기할 수 있는 사람'이란 다른 뜻이 된다.

✏️ 이렇게 쓰고!

1. 사돈 남 말 하네. 넌 매일밤 술 마시잖아.

You're one to talk. I think you drink every night.

▶

2. 사돈 남말하네. 너도 늘 물건들을 다른데에 두면서.

You're one to talk. You misplace stuff all the time.

▶

💬 이렇게 말한다!

A: You're always late!

B: You're one to talk! You were late yesterday!

A: 넌 맨날 늦잖아!

B: 누가 할 소리야, 어제 너도 늦었잖아!

091

I am totally burned out

완전히 뻗었어, 완전히 지쳤어

'번아웃'이라고 거의 우리말화된 표현이다. burn이 '…을 태우다'라는 동사로 '완전히,' '끝까지'라는 뜻의 out과 결합된 burn out은 '…을 완전히 태우다,' 이를 수동태로 be burned out하게 되면 '완전히 소진되다'라는 의미가 된다.
= We were all knocked out = I'm all washed out = I'm wiped out.

이렇게 쓰고!

1. 나 완전 번아웃 됐어. 좀 쉬어야 해.

I'm burned out. I need a break.

▶

2. 팀 전체가 번아웃 상태야.

Everyone on the team is burned out.

▶

이렇게 말한다!

A: I am totally burned out from doing this job.

B: Maybe you need to try a different type of work.

A: 이 일하느라 완전히 뻗었어.

B: 다른 종류의 일을 한번 시도해보는게 어때.

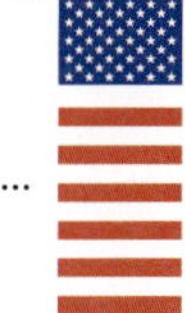

092   He wants to take it slow

걔는 천천히 하기를 바래

take it slow는 서두르는 사람에게 말할 때 사용하는 표현으로 '천천히 하다,' '신중히 하다'라는 의미의 표현이다. 영어로 이해해보자면 "He doesn't want to hurry or go too fast" 정도로 생각하면 된다. 남녀간의 진행속도나 운동 등 여러 분야에서 사용가능하다.

 이렇게 쓰고!

1. 난 천천히 할거야.

I'm gonna take it real slow.

▶

2. 천천히 하는게 좋다고 생각해.

I think it's good to take it slow.

▶

 이렇게 말한다!

A: Has your boyfriend talked to you about marriage?

B: Not yet. He wants to take it slow in this relationship.

A: 네 남친이 결혼 이야기 했었어?

B: 아직. 나랑 사귀는데 서두르고 싶지 않은가 봐.

093

Give it a try!

한번 해봐!

give it a try는 '한번 해보다,' '먹어보다,' 혹은 문맥에 따라 목표달성이 어렵게 보인다 하더라도 '한번 시도해보다'라는 뜻으로 특히 상대방에게 뭔가 해보라고 할 때 많이 쓰인다. 같은 맥락의 표현들로는 = Give it a shot = Give it a go = Give it a whirl 등이 있다.

✏️ **이렇게 쓰고!**

1. 한번 해보고 싶어?

You wanna give it a try?

▶

2. 여자애들이 하니까 우리도 한번 해보려고.

The girls do it. I thought we'd give it a try.

▶

💬 **이렇게 말한다!**

A: Do you think Google will hire me?

B: You should seek an interview. Give it a try.

A: 구글이 날 뽑을까?

B: 인터뷰를 해봐. 한번 해보라고.

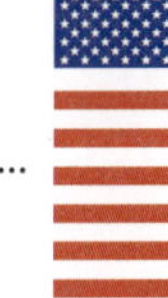

That's more like it

094

그게 더 낫네요

be more like it은 처음꺼보다 이번에 선택한 것이 더 좋은 경우를 말하는 것으로 "훨씬 좋은데," "아까 것보다 이번게 더 낫군," "그래 그거야"라는 의미. 여기서 like는 '…같은,' '…다'이라는 의미로 "그게 더 좋은 방법처럼 보인다"라는 문장이다.

 **이렇게 쓰고!**

1. 이 호텔이 고급스럽네. 그게 더 낫네.
This hotel is luxurious. That's more like it.

▶

2. 명석하다고? 어리석다고 하는게 더 좋겠는데.
Brilliant? Foolish is more like it.

▶

 **이렇게 말한다!**

A: There's nothing to worry about. Your secret's safe with me.
B: That's more like it.

A: 걱정할거 하나 없어. 네 비밀을 꼭 지킬게.
B: 바로 그거야.

That's not how it works

그렇게는 안돼

095

how it works는 '어떤 일을 하는 방법'이란 명사절로 be not how it works (보어), show[know] how it works(목적어)의 형태로 자주 쓰인다. 참고로 That's not really how it works(정말 그렇게 되는게 아냐), That's not how we do things here(여기서는 그렇게들 안해) 등을 알아둔다.

✏️ 이렇게 쓰고!

1. 성공이 하룻밤에 오는 줄 알아? 세상이 그렇게 안 돌아가.

You think success comes overnight? That's not how it works.

▶

2. 연습 안 하고도 잘할 수는 없어. 그건 그렇게 안 돼.

You can't skip practice and still be good. That's not how it works.

▶

💬 이렇게 말한다!

A: So if I get in a fight, the other guy will get arrested?

B: That's not how it works. You'll probably both be arrested.

A: 그래 내가 싸우게 되면 상대방이 체포될거라고?

B: 그렇게는 아니지. 너희들 모두 체포돼.

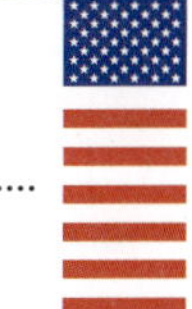

096

Don't push your luck!

너무 행운을 믿지마!, 너무 설치지마!, 너무 까불지마!

push[press] one's luck은 자기 운을 믿고 너무 과욕을 부려 일을 망치다라는 의미. 주로 부정형태로 사용되어 상대방에게 "위험하니 너무 욕심부리지마라"(If you continue, things may become bad for you)라는 뜻으로 쓰인다.

 **이렇게 쓰고!**

1. 모든 일이 다 잘 될거야. 너무 설쳐대지마.
Everything is going well. Don't push your luck.

▶

2. 너무 설쳐대지마. 사람들이 화를 내잖아.
Don't push your luck. People are getting angry.

▶

이렇게 말한다!

A: Maybe I should try to win more money at this casino.
B: Don't push your luck. Let's go home now.

A: 아마 이 카지노에서 돈을 더 많이 따봐야겠어.
B: 너무 설치지말고 집에 가자.

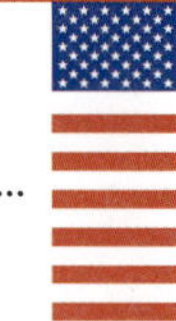

097

You'll see

곧 알게 될거야, 두고 보면 알아

앞으로 일어날 일에 대한 자신의 말을 상대방이 믿지 않을 때, 자신의 말이 사실이고 상대방의 생각이 틀렸음을 확신하면서 내던지는 말이다. 즉 "곧 알게 될거야," "두고 보면 알아"라는 의미로 사용되는 일상표현이다.

 **이렇게 쓰고!**

1. 걔가 자정에 전화할거야. 두고 봐.
He will call at midnight. You'll see.

▶

2. 이제 우리가 그냥 친구라는 걸 알게 될거야.
Now you'll see we're just friends.

▶

 **이렇게 말한다!**

A: You'll never get into Harvard. You just aren't smart enough.
B: You'll see. I'm going to go to Harvard someday.

A: 넌 절대 하버드 대학에 들어갈 수 없을걸. 별로 똑똑하지 않잖아.
B: 두고봐. 난 언젠가 하버드에 입학하고 말거라구.

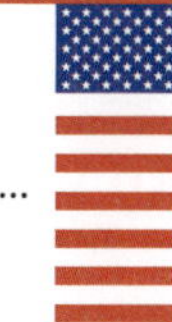

098 So shoot me

그래서 어쨌다는거야?

상대의 반대나 만류 그리고 비난에도 상관없다는 의미로 "뭐가 문제라는거지?" "'그래서 어쩌라구?" "'날 쏘기라도 하겠다는거야?'라는 말로 다소 무례한 표현 = So what?(그래서 뭐가 어쨌다고?) = What of it?(그게 어쨌다는거야?) = Does that mean something to you?(그게 어쨌다구?).

✏️ 이렇게 쓰고!

1. 어떻게 할건대? 날 쏘기라도 할거야?

What're you going to do? Shoot me?

2. 그래서 뭐 어쨌다고. 내가 원하는 걸 공부하는거지.

So shoot me. I can study what I want.

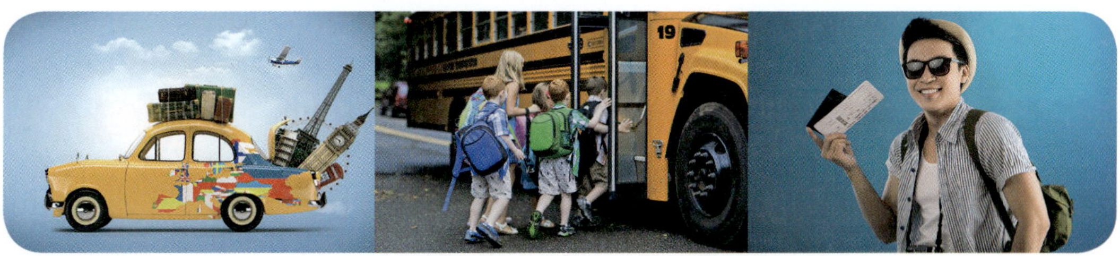

💬 이렇게 말한다!

A: This is the fourth time you've missed a meeting.

B: So shoot me. I've been busy.

A: 자네가 회의에 빠진게 이번이 네번째야.

B: 어쩌라구? 바빠서 그런 걸.

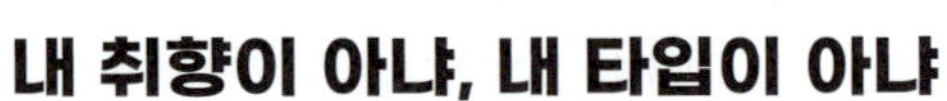
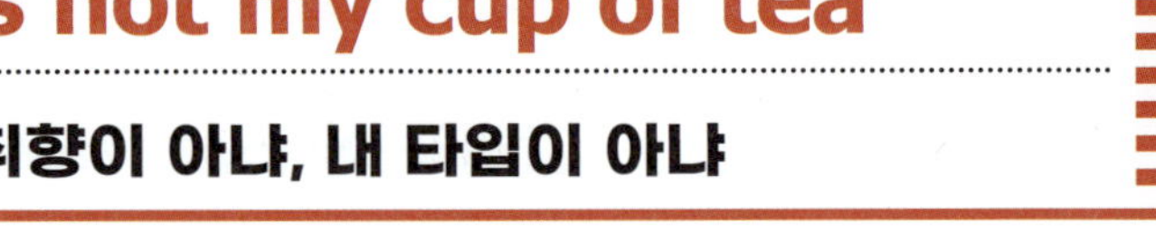

099 — That's not my cup of tea

내 취향이 아냐, 내 타입이 아냐

사람, 사물 모두에게 쓸 수 있는 표현. "내 취향이 아냐," "난 별로야"라는 문장이다. 또한 우리말처럼 쓰이는 타입이란 단어를 써서 It's not my type이나 It isn't to my taste라고 써도 된다. = Not my thing = Not really into it = It's not for me.

 **이렇게 쓰고!**

1. 오페라는 걔네들 취향이 아냐.

The opera is not their cup of tea.

▶

2. 난 그 쇼를 정말로 싫어해. 내 스타일이 아니거든.

I never really liked that show. Not my cup of tea.

▶

 **이렇게 말한다!**

A: Want to watch a thriller movie tonight?

B: Nah, that's not my cup of tea.

A: 오늘 밤에 스릴러 영화 볼래?

B: 아냐, 그건 내 취향 아니야.

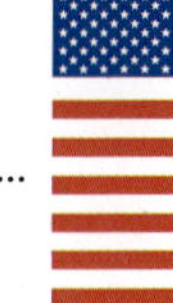

100 You can't move in with me

나랑 같이 못살아

move in 혹은 move into하면 '이사하다'라는 의미이고 반대로 move out 하면 '이사나가다'라는 의미이다. 하지만 여기서처럼 move in with나 move in together하면 '집으로 들어가 같이 살기 시작하다,' '결혼 전에 '동거하다'라 는 말이 된다.

✎ 이렇게 쓰고!

1. 우린 정말 함께 동거할거야!

We're really going to move in together!

▶

2. 직장을 잃으면 부모님과 살아야 한다구!

If I lose my job, I have to move in with my parents!

▶

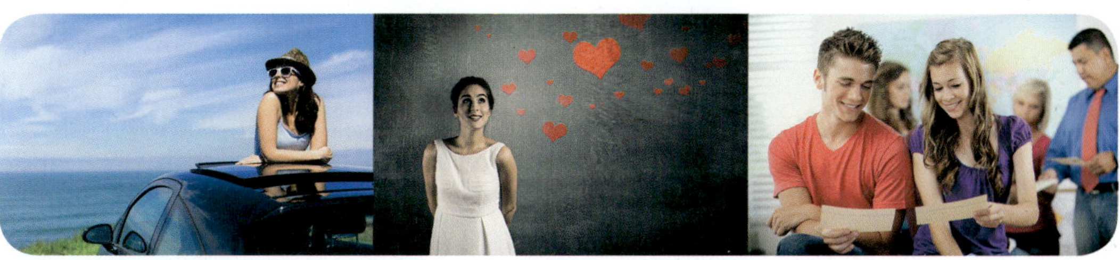

💬 이렇게 말한다!

A: I would like us to live together.

B: You can't move in yet with me. Don't push me on that.

A: 우리 동거했으면 해.

B: 아직 동거 못해. 몰아붙이지 마.

That'll teach her!

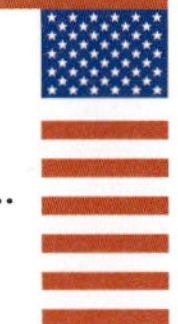

101

그래도 싸지!, 당연한 대가야!, 좋은 공부가 될거야!

That'll teach someone!은 어떤 사람이 받는 처벌이 그 사람의 잘못에 매우 합당한 것이라고 말하는 것으로 "그래도 싸지," "당연한 대가야"(This will change her behavior)라는 말이다. That will teach sb to do~는 '그 덕에 sb가 …하려고 할거야'라는 표현이 된다.

 **이렇게 쓰고!**

1. 그 덕에 걔가 널 믿지 않을거야.

That'll teach him not to trust you.

▶

2. 그 덕에 내가 똑똑해지려고 할거야.

That'll teach me to try and be clever.

▶

이렇게 말한다!

A: When Linda went to the party, no one talked to her.

B: That'll teach her not to talk badly about her friends.

A: 린다가 파티에 갔을 때 아무도 걔한테 말을 걸지 않았어.

B: 이젠 친구 험담을 하지 않게 되겠지.

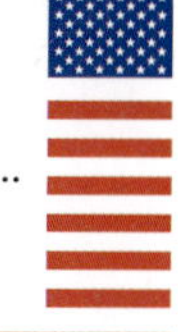

102 Pull over right here

바로 여기에 차를 세워요

pull over는 '사람을 내려주기 위해 혹은 단속에 걸려 차를 길 옆에 세우다,' 그리고 pull up은 '신호에 걸려서 도로에 세우거나, 아니면 정차나 주차목적으로 일정 지역에 차를 세우는 것'을 뜻한다. 한편 get pulled over는 '특히 경찰에 의해 강제적으로 길옆에 차를 대는 것'을 말한다.

✏️ 이렇게 쓰고!

1. 여기예요, 여기에 차 세워요.

This is it, pull over right here.

2. 왜 길 한쪽에 차를 세웠어?

Why did you pull over to the side of the road?

💬 이렇게 말한다!

A: OK Joe, you can pull over right here.

B: Is this the house you just bought?

A: 좋아, 조, 여기에 차를 세워.

B: 네가 이번에 산 집이 이거야?

103

I'm working 24/7

온종일 일만 해

be working 24/7은 '24시간 7일간 일한다'는 말로 '한 시간도 쉬지 않고 일만하다'라는 과장된 표현이다. 야근 등이 많은 직장인들이 자신들이 일을 많이 한다면서 좀 과장해서 말할 때 주로 사용된다. work around the clock과 같은 맥락의 표현.

 **이렇게 쓰고!**

1. 난 시간이 없어. 온종일 일만 한다고.
I have no free time. I'm working 24/7.

▶

2. 난 온종일 일만해. 그래서 나 아주 피곤해.
I'm working 24/7. That's why I'm so tired.

▶

이렇게 말한다!

A: Why haven't you completed the writing assignment?
B: It's very difficult. I'm working 24-7 to get it all done.

A: 왜 작문 숙제를 다 못한거야?
B: 너무 어려워요. 그거 마치는데 온종일하고 있어요.

That's the limit

104

더 이상 못참아

뭔가 짜증이 계속적으로 나서 그 한계점에 다다렀을 때 할 수 있는 표현으로 "이제 정말 한계야!," "더 이상 못 참겠어!," "진짜 너무한다!" 정도로 생각하면 된다. 영어로 설명하자면 I won't tolerate that anymore가 된다. = That's the last straw.

✏️ 이렇게 쓰고!

1. 더 이상은 안돼. 더는 그렇게 할 수 없어.
That's the limit. I can't do it anymore.

▶

2. 크리스가 돈을 더 원한다고? 안돼, 더 이상은 안돼.
Chris wants more money? No, that's the limit.

▶

💬 이렇게 말한다!

A: Our boss says we can't take time for lunch.
B: That's the limit. I'm quitting this job.

A: 사장이 그러는데 점심식사시간을 없앤대.
B: 더 이상 못참아. 나 그만 둘거야.

105 You got that right

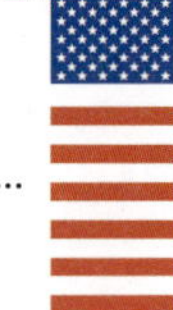

네 말이 맞아

You got that right은 "네 말이 맞아"(I think you're correct)라는 말로 You're right과 같은 의미. 또한 주어를 바꾸어서 I got that right하게 되면 "내가 이해를 제대로 했다'라는 뜻이 된다. 비슷한 표현으로는 Right you are(맞아), You're right on(좋아!, 네 말이 맞아!) 등이 있다.

✏️ 이렇게 쓰고!

1. 네 말이 맞아. 네 몸에 무척 좋아.
You're right on. They are very good for your body.

▶

2. 네 말이 맞아. 넌 크리스의 말을 들었어야 했는데.
You got that right. You should have listened to Chris.

▶

💬 이렇게 말한다!

A: I really like the food in this restaurant.
B: You got that right. It's the best pizza in town.

A: 이 식당 음식 정말 맛있어.
B: 네 말이 맞아. 시내에서 가장 맛있는 피자야.

You turn me on

넌 내 맘에 쏙 들어, 넌 날 흥분시켜

turn ~ on은 '기계를 켜거나 틀다,' 그리고 비유적으로 맘속에 있는 관심이나 성적관심을 켜는 것을 뜻해 '…의 흥미를 끌다,' '…을 흥분시키다'라는 의미로 쓰인다. 명사형으로 turn-on하면 '흥분'이란 뜻. 주로 남녀간의 로맨틱 상황에서 쓰인다. 반대는 turn off.

✏️ 이렇게 쓰고!

1. 고마워… 넌 나를 정말 흥분시켜.

Thanks... you really turn me on.

▶

2. 날 아프게 하려는거야 흥분시키려는거야?

Are you trying to hurt me or turn me on?

▶

💬 이렇게 말한다!

A: You really turn me on.

B: Get away from me. I don't like you.

A: 널 보면 흥분이 돼.
B: 꺼져. 난 널 좋아하지 않아.

107 Can[Could] you excuse us?

실례 좀 해도 될까요?, 자리 좀 비켜줄래요?

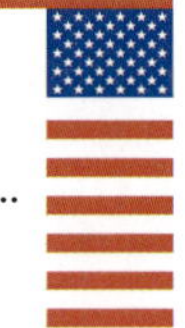

If you'll excuse me는 함께 있다가 자리를 일어나 다른 곳으로 갈 때 상대방에게 양해를 구하면서 하는 전형적인 표현. 또한 Would you excuse sb (for~)? 역시 함께 있다가 자리를 뜨면서 혹은 상대방에게 자리를 비켜달라고 할 때 사용하는 표현.

✏️ 이렇게 쓰고!

1. 가도 좋아. 수업에 오지 않아도 돼.

You're excused and you won't have to come to class.

▶

2. 자리 좀 잠깐 비켜줄래요? 걔하고 사적으로 말할게 있어요.

Can you excuse us for a moment? I need to speak with her in private.

▶

💬 이렇게 말한다!

A: I must speak with my wife. Can you excuse us?

B: Sure. I'll come back in ten minutes.

A: 아내하고 얘기 좀 해야겠어. 자리 좀 비켜줄래?

B: 그래. 10분 후에 올게.

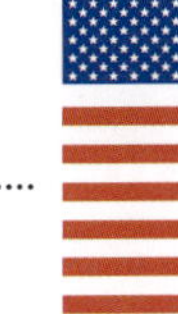

Get a room

108

방 잡아라

남녀가 사람들 보는데서 지나치게 스킨십을 할(PDA:Public Display of Affection) 때 주위 사람들이 보다 못해 '방 잡아라'(Go to a hotel room if you want to do that)라고 하면서 말하는 문장이다. 참고로 How far did you go?는 "너희들 진도가 어디까지 나갔어?"라는 표현.

✏️ 이렇게 쓰고!

1. 여기서 깔짝대지 말고 방잡아.

Stop making out here. Get a room.

▶

2. 방잡아. 사람보는데서 그러지 말고.

Get a room. Don't do that in public.

▶

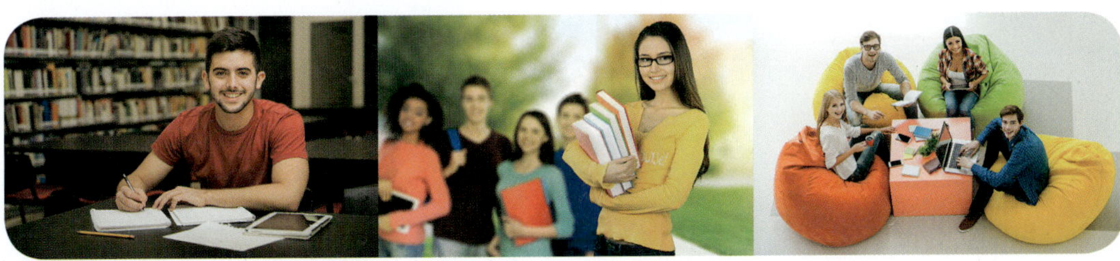

💬 이렇게 말한다!

A: You two should get a room.

B: I can kiss my girlfriend here if I want to.

A: 너희 둘 방 잡아야겠다.

B: 내가 원하면 여기서 여친에게 키스할 수 있는거지.

109 Go for it

한번 시도해봐

Go for it은 상대방 격려용 표현으로 힘들고 어려운 목표를 달성하기 위해서 머뭇거리지말고 도전의식을 갖고 힘차게 시도해보라(Try it and you may succeed)고 할 때 쓰는 전형적인 표현. Let's go for it는 "한번 시도해보자," You'd better go for it는 "한번 시도해봐"라는 뜻이다.

 이렇게 쓰고!

1. 한번 시도해보기로 했어.

We just decided to go for it.

▶

2. 한번 시도해봐야겠는 걸.

I guess we better just go for it.

▶

이렇게 말한다!

A: Should I travel to Paris during my vacation?

B: Go for it. You'll have a great time.

A: 휴가 동안에 파리를 방문해야 할까?

B: 한번 해봐. 멋진 시간 보낼거야.

110 He's an easy-going person

성격이 좋은 사람이야

뉘앙스에 따라 '만만한 사람'으로 해석될 수도 있지만, 보통 He's easy-going person이라고 하면 쉽게 화를 내거나 흥분하지 않는 '느긋한 사람,' 또는 성격이 모나지 않고 '둥글둥글한 사람'을 뜻한다. 다시 말하자면 '성격이 털털한 사람,' '무던한 사람'이라는 뜻이다.

 **이렇게 쓰고!**

1. 걘 까탈스럽지 않은 사람인 것 같아.

She seems to be an easy-going person.

▶

2. 걘 성격이 아주 좋아서 절대로 화를 안내.

He's very easy going so he never gets angry.

▶

 **이렇게 말한다!**

A: How do you like our new teacher?

B: He's a really easy-going person. He's easy to talk to.

A: 새로 온 선생님 어때?

B: 성격이 아주 둥글둥글한 분이야. 얘기하기가 편해.

111

I don't get it[that]

모르겠어, 이해가 안돼

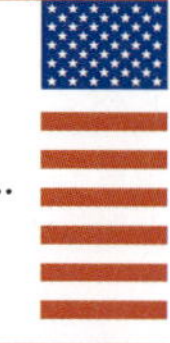

여기서 get은 '이해하다'(understand), '듣다'(hear). 상대방이 말한 것(it)을 제대로 이해하지 못했을 때(I don't understand it)나 못알아 들었을 때(I can't hear you) 구어에서는 get을 이용하여 I don't get it이라고 하고 반대로 잘 알아들었을 때는 I got it.

✎ 이렇게 쓰고!

1. 넌 못 알아들었지, 그지?

You don't get it, do you?

▶

2. 이해가 안돼. 뭐가 우습다는거야?

I don't get it. What's so funny?

▶

💬 이렇게 말한다!

A: Are we going to invite Jack to come along on the trip?

B: You don't get it. He and I are no longer friends.

    A: 잭한테 여행같이 가자고 할거야?

    B: 못알아듣는구만. 걔하고 난 더 이상 친구가 아냐.

I got screwed

112

망신 당했어, 수모를 당했어

be[get] screwed는 부당하게 대접받다, 엿먹이다, 속아넘어가다라는 뜻의 수동태형으로 '망했다,' '엿먹었다,' '골탕먹었다'(I was tricked or cheated out of something)라는 의미의 표현이다. You screwed me하면 "날 속였군," 그리고 screw sb over는 '…를 속여넘기다'라는 의미이다.

✏️ 이렇게 쓰고!

1. 속았어. 내 돈을 다 날렸어!

I got screwed. They stole all of my money!

▶

2. 고객도 다 잃었으니 우린 망했네.

You've lost all your clients, we're screwed.

▶

💬 이렇게 말한다!

A: I heard that you got screwed by your new boss.

B: Yeah, he gave me the worst hours imaginable.

A: 새로 부임한 사장한테 망신당했다면서.

B: 그래, 생각조차 하기 싫은 시간이었어.

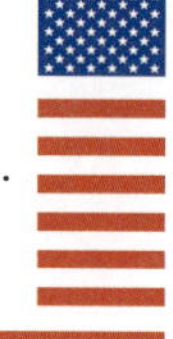

113 You're amazing

너 정말 놀라워, 대단해, 정말 멋져

You're amazing은 "넌 놀라워," "넌 대단해"라는 표현이며 You look amazing하면 "넌 멋져 보여"라는 의미. 또한 Isn't it amazing?은 "대단하지 않냐?," "정말 놀랍구나!"라는 뜻이며, This is amazing은 '이건 놀라워'라는 표현이다.

 **이렇게 쓰고!**

1. 네가 정말 자랑스러워! 너 정말 대단해!

We're so proud of you! You're amazing!

▶

2. 모델이 된다는 건 정말 멋진 일인데, 왜 그만뒀어?

Being a model must be so amazing. Why did you stop?

▶

 **이렇게 말한다!**

A: I was in Africa for several years doing research.

B: You're amazing. Most people just stay in their hometowns.

A: 조사하느라 여러 해 동안 아프리카에 있었어.

B: 정말 대단해. 대부분의 사람들은 자기네 고향에 그냥 머무르잖아.

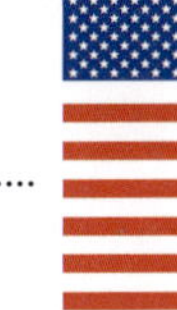

Give me Rick, please!

(전화에서) 릭 부탁합니다!

114

전화에서 '…을 바꿔주세요'라는 의미로 Give sb, 혹은 Get sb의 형태를 쓸 수 있다. 따라서 위 문장은 I want to speak to Rick이라는 말이다. 다만 주의할 점은 Get sb의 경우에는 '…을 데려와라'라는 뜻으로도 쓰이는데, 이때 Get은 Give로 바꿔쓸 수 없다. Give sb는 전화에서만 사용된다는 점이다.

 **이렇게 쓰고!**

1. 책임자이신 분 좀 바꿔주세요?

Can I speak to someone in charge please?

▶

2. 걔 전화 연결시켜줘. 내가 걔한테 얘기할게.

Put her on the phone. Let me talk to her.

▶

이렇게 말한다!

A: Hi, this is Sam. Can I help you?

B: Give me Rick, please. I need to talk with him.

A: 안녕하세요, 샘인데요, 뭘 도와드릴까요?

B: 릭 부탁해요. 걔하고 얘기해야 돼요.

115 Didn't seem really wild about you

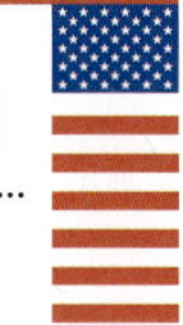

널 그렇게 좋아하는 것 같지 않았어

be wild about은 '…에 대해 무척 들뜨다,' '막 흥분되다,' '좋아하다'라 는 의미이다. 좋아하는 정도가 좀 센 편에 속한다. 위 문장의 의미는 "He seemed to dislike you"가 된다. be wild~ 다음에 좋아하는 대상을 쓰려면 반드시 about을 먼저 말해야 한다.

✏️ 이렇게 쓰고!

1. 야, 걔 너한테 완전 빠졌어.

She's wild about you, man.

▶

2. 내 여친은 초콜릿을 무척 좋아해.

My girlfriend is wild about chocolate.

▶

💬 이렇게 말한다!

A: Olivia only said a few words to me yesterday.

B: I'm afraid she didn't seem really wild about you.

A: 올리비아는 어제 내게 겨우 몇마디만 했어.

B: 걘 널 그렇게 좋아하는 것 같지 않았어.

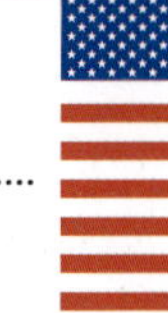

Go nuts!

116

실컷 놀아봐!

Go nuts!는 "실컷 놀아보라구!,"(Have as much fun as you can) "어서 해봐"(go ahead)라는 뜻이 된다. 참고로 go[be] nuts는 '미치다,' '열중하다,' '열광하다,' 그리고 뒤에 go[be] nuts about~ 하게 되면 '미치도록 좋아하다'라는 의미가 된다.

 **이렇게 쓰고!**

1. 걔가 엄청 좋아할거야.

She's going to go nuts for it.

▶

2. 물론 파티 계획은 세워도 돼. 어서 해봐.

Sure, you can plan the party. Go nuts.

▶

이렇게 말한다!

A: Can I use your hot tub tonight?

B: Go nuts. It's really nice to sit in the warm water.

A: 오늘밤 네 욕조 써도 돼?

B: 실컷 즐겨. 따뜻한 물에 앉아 있는 건 정말 좋아.

117 Hop in

어서 타, 빨리 타

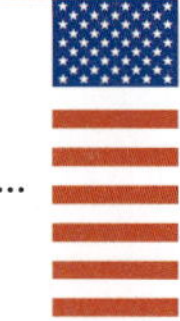

hop in는 자동차에 어서 타라는 동사구. 슬랭으로 get in보다 빠른 동작으로 차 속으로 들어오라(Get into my car and I'll drive you somewhere)는 말. 높이가 있는 버스나 기차는 get on/get off를 쓴다는 점에 주의한다. 또한 "차에서 어서 내려"는 Step out of the vehicle = Get out of the car라 한다.

✏️ 이렇게 쓰고!

1. 학교 데려다줄테니 어서 타.

I'll take you to school. Hop in.

▶

2. 어서 타. 나도 같은 곳에 가.

Hop in. I'm going to the same place.

▶

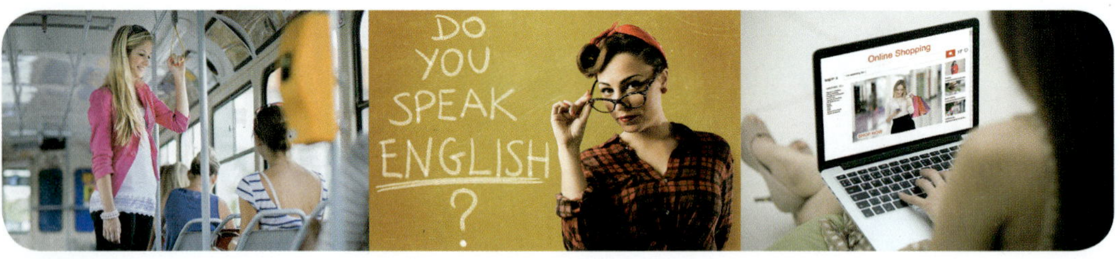

💬 이렇게 말한다!

A: Are you going downtown right now?

B: Yes I am. Hop in and I'll give you a ride.

A: 지금 시내에 가?

B: 어 그래. 어서 타, 데려다 줄게.

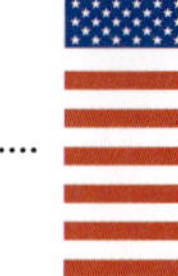

118 I got held up at work

직장에서 일에 잡혀있었어

be[get] held up은 어떤 일이나 장소에 꼼짝 못하게 잡히다라는 의미. 주로 직장에서 일 때문에 사무실에 잡혀 있다고 할 때는 "I got held up at work," 그리고 교통이 막혀서 꼼짝 못했어"는 "I got held up in traffic"이라고 하면 된다.

✏️ 이렇게 쓰고!

1. 사고때문에 잡혀있었어.

I got held up behind a traffic accident.

▶

2. 걔 회사에서 일이 생겨 늦는대. 곧 올거야.

She got held up at work, so she'll be here soon.

▶

💬 이렇게 말한다!

A: Why are you getting home so late?

B: I got held up at my job. I had to stay until everything was finished.

A: 왜 이리 늦었어?

B: 일이 너무 많아서. 다 끝날 때까지 남아있어야 했어.

How do you do that?

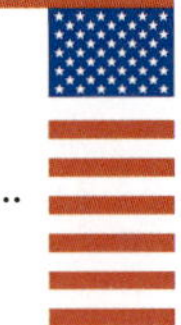

어쩜 그렇게 잘하니?, 어떻게 해낸거야?

How do you do that?은 "어쩜 그렇게 잘하니?," "어떻게 해낸거야?"라는 뜻으로 상대가 뭔가 특이하거나 잘하는 행동, 기술, 요령을 보여줬을(when you see someone doing something impressive, unusual, or surprising) 때 놀람·호기심·감탄을 담아서 묻는 표현이다.

✏️ 이렇게 쓰고!

1. 네가 일등 했어. 어떻게 해낸거야?

You won the first prize. How do you do that?

▶

2. 넌 항상 사람들을 웃게 만들어. 어떻게 그렇게 하는거야?

You always make people laugh. How do you do that?

▶

💬 이렇게 말한다!

A: This is my most popular magic trick.

B: That's great. How do you do that?

A: 이게 내가 가장 잘하는 마술이야.

B: 멋지다. 어떻게 한거야?

120   I have to call in sick

오늘 결근한다고 전화해야겠어

call in sick은 '아파서 결근[결석]하겠다고 직장이나 학교에 전화를 하거나 메시지를 보내다'(I called my boss to say I would stay home)라는 의미로 be out sick이라고 하거나 혹은 I'm taking a sick day라고 해도 된다.

✏️ 이렇게 쓰고!

1. 날 피하기 위해 병가 낸 걸로 생각했었어.

I thought you called in sick to avoid me.

▶

2. 8주간의 병가 후에 다시 아파서 출근 못한다고 할 수 없어.

I can't call in sick after eight weeks of sick leave.

▶

💬 이렇게 말한다!

A: I feel terrible. I have to call in sick.

B: Maybe you should go and see a doctor.

A: 몸이 정말 안 좋아. 아파서 결근한다고 해야 되겠어.

B: 병원가서 진찰받아 봐.

121 · I'll take that as a no

반대한 것으로 알겠어

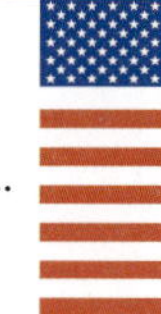

I'll take that as~는 '…로[한 것으로] 알겠어'라는 표현으로 I'll take that as a "yes"하면 '승낙한 것으로 알다,' 그리고 I'll take that as a compliment 하게 되면 '칭찬으로 받아들이다'라는 뜻이 된다. 위 문장을 다시 풀어쓰면 "I think you mean no. Right?"이 된다.

✏️ 이렇게 쓰고!

1. 그걸 승낙으로 받아들여도 돼?

Can we take that as a yes?

▶

2. 승낙한 것으로 알겠어. 어디 출신이야?

I'll take that as a yes. Where are you from?

▶

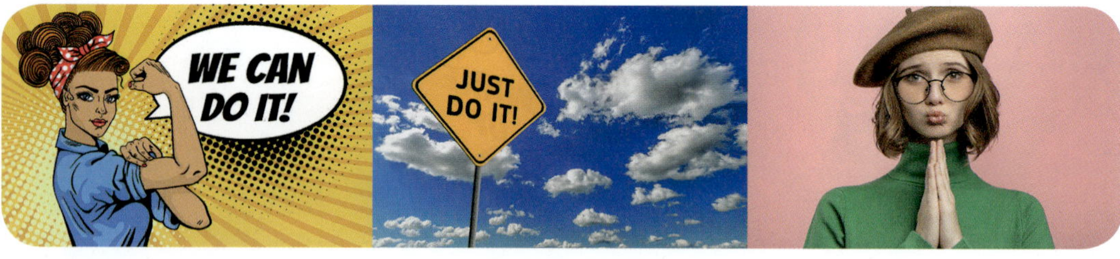

💬 이렇게 말한다!

A: It might cause trouble if we used her car.

B: So you don't want to borrow it? I'll take that as a no.

A: 우리가 걔 차를 사용하면 문제가 될거야.

B: 그럼 빌리지 말자는거야? 반대한 것으로 알겠어.

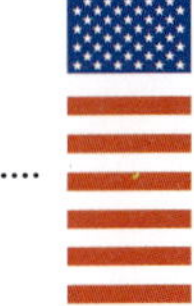

122   He made love to me

그 사람과 난 사랑을 나눴어

make love to[with] sb는 have sex를 완곡하게 표현한 것으로 우리말도 그렇듯 '사랑을 나누다'라는 말이 된다. 예전에는 두 남녀가 좋은 관계를 유지하고 있다는 의미로도 사용되었지만 요즘에는 주로 점잖은 표현으로 "성관계를 하다"라는 의미로 쓰인다.

✎ 이렇게 쓰고!

1. 우리가 오늘밤 사랑을 나눌 수 있을까 좀 바랬지.

I was sort of hoping we could make love tonight.

▶

2. 난 네가 지금 여기서 바로 내게 키스해주고 사랑해주길 바래.

I just want you to kiss me and make love to me right here, right now.

▶

💬 이렇게 말한다!

A: What did you do when you went home with Chris?

B: It was romantic. He made love to me there.

A: 크리스와 집에 가서 뭐했어?

B: 낭만적이었어. 거기서 사랑을 나눴어.

Gotcha

잡았다!, 속았지!, 당했지!, 알았어

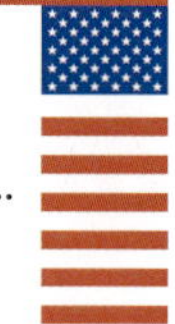

I've got you!가 생략되어 Got you!로, 다시 이것을 발음나는 대로 표기한 것이 Gotcha!이다. 서발이벌 게임 등에서 상대방을 잡고서 "잡았다!"라고 하거나 상대를 거짓말로 골탕먹이고 나서 "속았지!," 혹은 상대의 말뜻을 "이해하다"라는 여러가지 뜻으로 쓰인다.

✏️ 이렇게 쓰고!

1. 알았어, 다시 안 그럴게.

Gotcha. It won't happen again.

▶

2. 찾았다. 여기 적혀 있네, 약물과다 이용이력이 있어.

Gotcha. It says here, there's a history of drug abuse.

▶

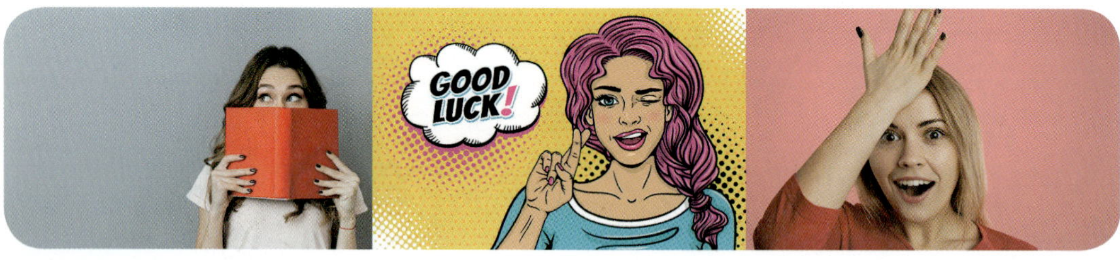

💬 이렇게 말한다!

A: Are you sure that the boss wants me to see him right now?
B: Gotcha!

A: 사장이 나보고 지금 당장 보자고 하는게 확실해?
B: 뻥이야!

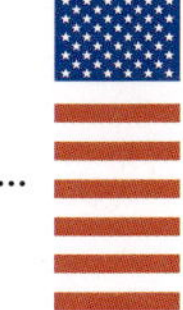

Keep your head up

124

고개들고 다녀, 기죽지마, 힘내

Heads up!은 주변상황이 위험하니 주위를 잘 살펴보라는 것으로 '조심하고 위를 봐!,' '위험하니까 잘보라구!'라는 뜻이 된다. 주로 keep one's head up 의 형태로 위로와 격려의 표현으로 의미는 "고개들고 다녀," "기죽지마," "힘내" 이다.

 **이렇게 쓰고!**

1. 고개들고 다녀. 아래만 쳐다보지 말고.

Keep your head up. Don't look down.

▶

2. 걔한테 기죽지 말라고해, 알았지?

Tell her to keep her head up, all right?

▶

이렇게 말한다!

A: I messed up so bad this time.

B: Hey, keep your head up. Everyone makes mistakes.

A: 내가 이번엔 진짜 크게 실수했어.

B: 야, 고개 숙이지마. 누구나 실수하는거야.

125 Don't look back

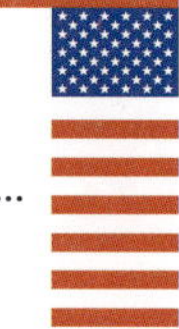

뒤돌아보지마, 과거에 얽매이지마

look back은 물리적으로 고개를 뒤로 돌려서 돌아보다라는 의미로 쓰이며, 나아가 비유적으로 '과거를 되돌아보다,' '후회하다'라는 뜻으로도 사용된다. 현재의 고통을 잊어버리고 앞으로 나아간다는 의미의 move on과 반대되는 표현이다.

✏️ **이렇게 쓰고!**

1. 뒤돌아보지마. 걔는 떠났잖아.
Don't look back. He's gone.

▶

2. 잊어버려. 걘 네 결혼상대감이 아냐.
Don't look back. She's not your marriage material.

▶

💬 **이렇게 말한다!**

A: I'm scared to start over.
B: Don't look back. You've got this.

A: 다시 시작하는게 무서워.
B: 과거는 잊어. 넌 해낼 수 있어.

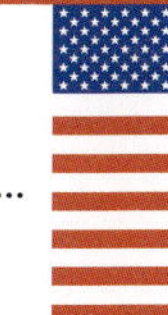

Speaking of which

말이 나와서 그런데

126

Speaking of~는 요즘 미국영어에서도 아주 많이 나오는 표현중 하나로 '…얘기가 나와서 말인데,' '…에 대해서 얘기하자면'이라는 말이며, 그중에서도 Speaking of which하게 되면 '말이 나와서 말인데'라는 빈출표현이 된다.

 **이렇게 쓰고!**

1. 말이 나와서 말인데, 괜찮겠어?

Speaking of which, do you mind?

▶

2. 크리스 얘기가 나와서 그런데, 최근에 걜 보지 못했어.

Speaking of Chris, I haven't seen him around lately.

▶

이렇게 말한다!

A: I saw Chris at the gym today.

B: Speaking of which, he still owes me 100 bucks.

A: 오늘 짐에서 크리스 봤어.

B: 말이 나와서 그런데, 걔 아직 나한테 100달러 빚졌어.

127 It's going well

잘 되고 있어, 괜찮아

상대방의 안부인사에 무난히 할 수 있는 대답표현중의 하나이다. 어떤 상황에서도 사용할 수 있는 표현으로 강조하려면 It's going great라고 하면 된다. 또한 "꽤 괜찮다"는 뉘앙스의 It's not bad도 많이 사용된다.

✏️ 이렇게 쓰고!

1. 잘 되고 있어. 매일 조금씩 나아지고 있어.

It's going well. I'm improving every day.

▶ _______________

2. 잘 되고 있어. 난 그거에 만족해.

It's going well. I'm happy about that.

▶ _______________

💬 이렇게 말한다!

A: How's your new job?

B: It's going well! Everyone likes me.

A: 새로운 직장 어때?

B: 잘 되고 있어! 다들 나를 좋아해.

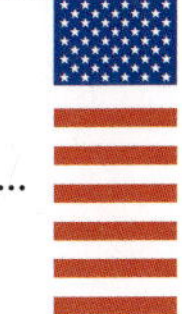

You want to take five?

128

너 잠깐 쉴래?

언어는 원래 간단히 줄여쓰는 속성이 있다지만 요즘처럼 줄여쓰기가 판을 치는 건 역사상 첨일게다. take five는 구어체 표현으로 원래는 take five-minute break로 '5분 쉬다,' 즉, '잠깐 쉬다'라는 뜻이 된다.

✏️ 이렇게 쓰고!

1. 좋아, 배우들, 5분간 쉽시다.
All right, actors, let's take five.

2. 잠깐 쉬어, 곧 귀찮게 하지 않을게.
Take five, we'll be out of your hair in no time.

💬 이렇게 말한다!

A: We're not getting anywhere with this.
B: Take five, cool off, and we'll start over.

    A: 우리 이거 아무 진전이 없네.
    B: 잠깐 쉬고 진정한 다음 다시 시작하자.

I'm not much of a cook

난 뭐 대단한 요리사는 아냐

129

I'm not much of~는 '…하는 편은 아니야,' '대단한 …는 아니야'라는 말로 실제 현지에서 무척 많이 쓰이는 표현중 하나. 예로 들어 not be much of a drinker하면 '술을 잘 못하다라'는 뜻이 된다. 단독으로 Not much하면 안부 답변으로 "별로"라는 의미이다.

✏️ 이렇게 쓰고!

1. 넌 대단한 경찰은 아냐, 그지?

You're not much of a cop, are you?

2. 걘 남의 말은 잘 안듣는 사람이야.

She's not much of a listener.

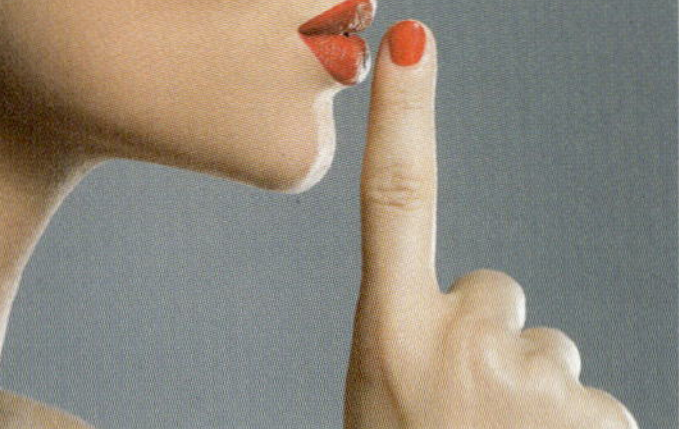

💬 이렇게 말한다!

A: I heard you're a good cook.
B: Actually, I'm not much of a cook.

A: 너 요리 잘한다고 들었는데.
B: 실은, 나 그다지 요리를 잘하지는 않아.

130 · Looks that way

그런 것 같아

Looks that way는 상황이 '그런 것 같아,' '그렇게 보인다'라는 의미. 앞에 주어 'It'을 넣어 It looks that way라 써도 된다. Seems like it(그런 것 같아), 혹은 That's what it looks like(그런 식으로 보여)와 같은 맥락의 표현들 중에 속한다.

 **이렇게 쓰고!**

1. 걔가 실패할까? 그렇게 보여.
Will she fail? It looks that way.

▶
....

2. 그래, 그렇게 보여. 걔가 발견한 것 같아.
Yeah, it looks that way. I'm guessing he discovered.

▶
....

 **이렇게 말한다!**

A: Is she divorced again?!
B: Looks that way.

A: 걔 다시 이혼한거야?
B: 그렇게 보여.

Not a clue

131

전혀 몰라

I have no idea보다 구어적인 표현으로, 여기서 clue는 '단서'를 뜻한다. 그래서 Not a clue 혹은 don't have a clue하게 되면 '하나도 모르다' 또는 '전혀 감을 잡지 못하다'라는 표현이 된다. 참고로 Get a clue하면 '감 좀 잡아라"라는 문장이 된다.

 **이렇게 쓰고!**

1. 넌 완전히 감을 못잡았군.

You'**ve just not got a clue.**

▶

2. 난 그것에 대해 전혀 몰랐어.

I haven't got a clue about that.

▶

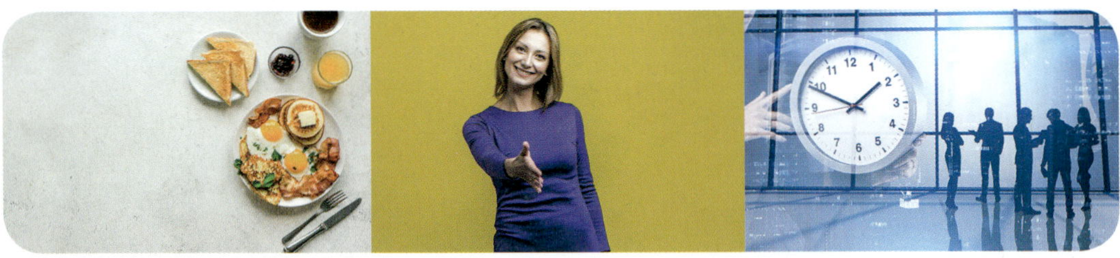

이렇게 말한다!

A: Any idea where she might have gone?

B: Not a clue.

A: 걔가 어디 갔었을 것 같아?

B: 전혀 몰라.

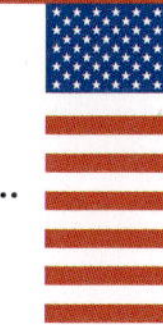

Have a good one!

132

잘 지내!

have a good one은 have a nice day와 비슷한 의미이나 친한 사이에 더 많이 쓰이는 캐주얼한 표현이다. 생일이나 휴일 등을 재미있게 "잘 지내"라는 표현. 한편 Be good하게 되면 역시 헤어질 때 하는 말로 "안녕," "잘 지내," "잘 다녀와"라는 의미이다.

 **이렇게 쓰고!**

1. 담에 보자, 크리스. 잘 보내고.
See you, Chris. Have a good one.

▶

2. 무슨 말을. 좋은 하루 보내!
No problem. Have a good one!

▶

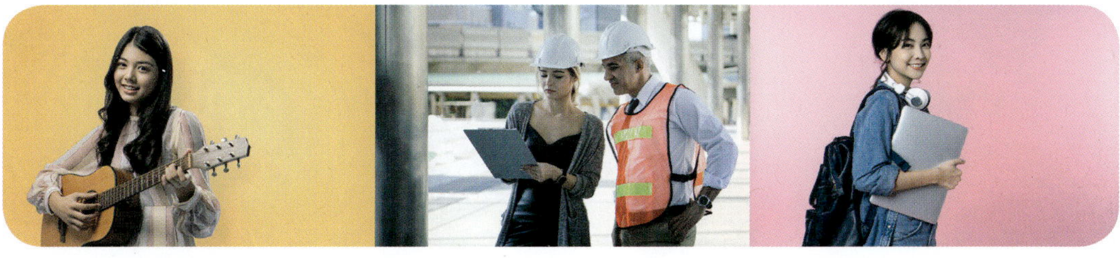

이렇게 말한다!

A: Thanks for the copies.
B: No problem, have a good one.

A: 복사해줘서 고마워.
B: 괜찮아, 좋은 하루 보내.

133

That's the spirit
바로 그거야

That's the spirit!은 어떤 행동이나 태도가 매우 적절하고 자신의 기대에 흡족하게 맞아 떨어졌을 때 "바로 그런 정신이 필요한거야," "좋은 자세야," "바로 그거야," "좋았어"라는 말이다. That's the stuff[thing; ticket]!이라고 해도 된다.

✏️ 이렇게 쓰고!

1. 넌 할 수 있어! 바로 그거야!
You can do it! That's the spirit!

▶

2. 자 봐! 저게 바로 내가 바라던 정신이야!
There you go! That's the spirit I'm looking for!

▶

💬 이렇게 말한다!

A: The game isn't over until it's over.
B: That's the spirit!

A: 경기는 끝날 때까지 끝난게 아니야.
B: 바로 그거야!

It's not my thing

난 그런 건 질색야

134

be not one's thing하면 자주 쓰이는 현지영어표현 중 하나로 '…의 것이 아니다,' 즉, '…가 좋아하는 것이 아니다,' '…을 싫어하다'라는 의미이다. 자신이 싫어하는 것을 명확히 밝힐 때 사용하면 좋다.

이렇게 쓰고!

1. 내 말은 기술을 내가 싫어하는거야.

I mean, technology's not my thing.

▶

2. 그건 내가 좋아하는게 아냐, 걔도 그걸 알아.

It's just not my thing, and she knows it.

▶

이렇게 말한다!

A: Would you like to do some camping with us?

B: No, that's not my thing.

A: 우리랑 캠핑 좀 할래?

B: 아니, 그런 건 질색이야.

I know that much

135

그 정도는 나도 알아

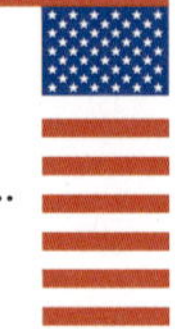

that much는 eat, mean, talk, study, love 등 다양한 동사와 어울리는 부사구로 현지영어에서는 무지무지 많이 쓰이는 표현이다. 우리말로 하자면 '그렇게까지,' '그 정도,' '그렇게'란 의미를 갖는다.

✏️ 이렇게 쓰고!

1. 난 시험공부를 그렇게 많이 하진 않았어.

I didn't study that much for the test.

▶

2. 너 정말 그렇게까지 이걸 신경쓰는거야?

Do you really care about this that much?

▶

💬 이렇게 말한다!

A: I don't like spicy food that much.

B: Really? You used to love it!

A: 매운 음식 그렇게 좋아하진 않아.

B: 진짜? 예전엔 엄청 좋아했잖아!

No worries

괜찮아, 걱정마

136

상대방이 뭔가 잘못하고 미안하다고 할 때, 혹은 뭔가 부탁을 할 때 쓸 수 있는 표현으로 "괜찮아," "걱정하지마" 정도의 느낌을 주는 문장이다. 영어로 쉽게 설명하자면 "Not to worry or not to apologize"이며 비슷한 표현으로는 It's okay = No problem.

✏️ 이렇게 쓰고!

1. 걱정마, 우리는 나중에 다시 할거야.

No worries, we'll try again later.

▶

2. 괜찮아. 도울 수 있어서 좋았어.

No worries, I'm happy to help you.

▶

💬 이렇게 말한다!

A: I spilled my coffee on the kitchen floor.

B: No worries. I can clean it up.

A: 부엌 바닥에 커피를 쏟았어.

B: 괜찮아. 내가 치울게.

137 We'll see about that

두고보자고

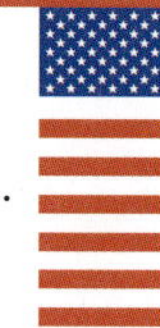

We'll see about that은 굳어진 표현으로 "두고봐야 알지"라는 말. "어디 그렇게 되는지 두고보자," "그래봤자 별일 없을 것이다. 두고봐라" 정도로 생각하면 된다. see about sb은 '알아보다,' see about sth은 '결정하기 전에 고려해보다'라는 의미이다.

✎ 이렇게 쓰고!

1. 그럴까? 걔한테 짐 전화해볼게.

We'll see about that. I'm calling her right now.

▶

2. 두고봐야지. 전화기 써도 돼?

We'll see about that. Can I use your phone?

▶

💬 이렇게 말한다!

A: You won't make it to the party on time.

B: We'll see about that.

A: 넌 제시간에 파티에 제시간에 가지 못할걸.

B: 두고 보자고.

현지에서 많이 애용되는 진짜 미국영어표현

LEVEL 02 001-136

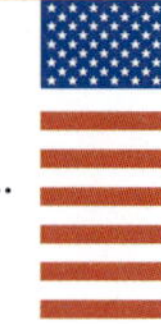

Deal with it

할 수 없지

001

deal with는 '…를 다루다,' '처리하다'라는 뜻으로 deal with it하게 되면 '정신차리다'라는 의미. 명령문 형태로 Deal with it!하면 "어렵고 힘든 상황을 받아들여라!"라는 뉘앙스를 준다. 비슷한 표현으로 Get with it!하면(정신바짝차려!)가 있다. 참고로 I can't deal with+음식하면 "난 …을 못먹어"라는 뜻.

 이렇게 쓰고!

1. 선택여지가 없어. 받아들여.

You don't have a choice. Deal with it.

▶

2. 그 상황에 맞서라고. 정면으로 대처하라고.

Confront the situation. Deal with it head-on.

▶

 이렇게 말한다!

A: This stove is not working correctly.

B: Deal with it. I have other problems to worry about.

A: 이 난로는 제대로 작동하지 않아.

B: 할 수 없지. 다른 문제들이 걱정야.

002

Give me a break

좀 봐줘, 그만 좀 해, 작작 좀 해

Give me a break는 네이티브들이 아주 많이 즐겨 쓰는 표현으로 '좀 봐줘요'(Please let me try again) 또는 지겹거나 재미가 없으니 '그만 좀 하지 그래'(That doesn't make any sense)라는 뜻. Give it a break, Cut me a break도 같은 의미의 표현이다.

✏️ 이렇게 쓰고!

1. 좀 봐주라. 나 이런 적 없었잖아.

Give me a break. I haven't done this before.

▶

2. 그만 좀 해. 이건 목숨을 살리는 일과는 전혀 상관없는 일이야.

Give me a break. This has nothing to do with saving a life.

▶

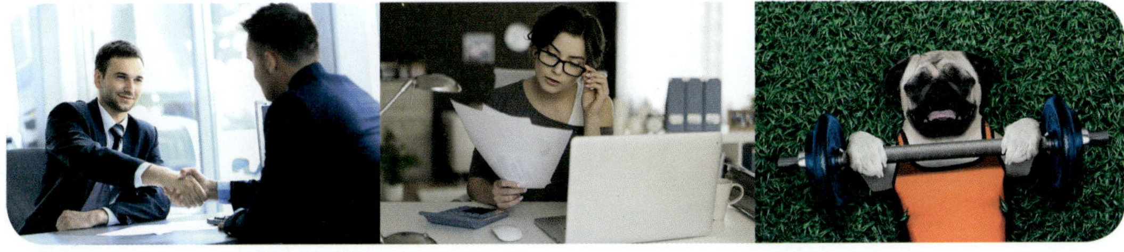

💬 이렇게 말한다!

A: We need you to stay here for a few days.

B: Give me a break. I'm not going to stay here.

A: 며칠간 여기에 머물러줘.

B: 그만 좀 해. 난 여기 머물지 않을거야.

Don't pass up your chance

003

기회를 놓치지 마라

pass up one's[a] chance는 pass up an opportunity 또는 miss the chance와 같은 의미로 '기회를 놓치다'라는 의미. 그리고 한편 He missed out on a chance to+V면 '걔는 …할 기회를 놓쳐버렸어'라는 표현이 된다. 또한 pass up 대신에 screw라는 동사를 대신 써도 된다.

이렇게 쓰고!

1. 네 아버지를 만날 기회를 내가 망쳤어.

   I screwed up your chance to see your father.

   ▶

2. 아무도 좋은 기회를 놓치고 싶어하지 않아.

   No one wants to pass up a chance for good luck.

   ▶

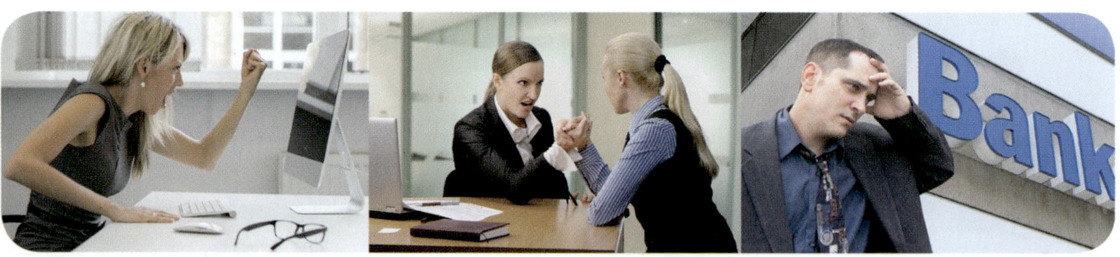

이렇게 말한다!

A: Do you think I should go to study in France?

B: Sure I do. Don't pass up your chance to see the world.

   A: 내가 공부하러 프랑스에 가야 한다고 생각해?

   B: 물론 그렇지. 견문을 넓힐 수 있는 기회를 놓치지마.

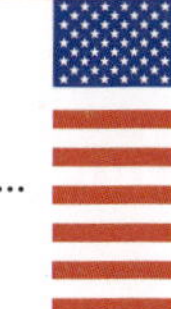

004 He's being prepped for surgery

걔는 수술 준비를 하고 있어

prep은 자주 쓰이는 구어체 단어로 '…을 준비하다,' '수술 준비를 시키다,' 그리고 prep for는 '…을 준비하다,' be prepped for는 '…할 준비가 되다'라는 의미가 된다. 따라서 위 문장을 영어로 풀어 쓰면 "They are getting her ready for the operation"가 된다. 꼭 수술에 국한되어 쓰이지는 않는다.

 **이렇게 쓰고!**

1. 걔가 이것을 준비했을 리가 없어.

No way he's prepped for this.

▶

2. 수술 준비를 시켜드릴게요.

Let's get you prepped for surgery.

▶

이렇게 말한다!

A: Where are the nurses taking my wife?

B: She's being prepped for surgery.

A: 간호사들이 내 아내를 어디로 데려가는거예요?

B: 수술할 준비를 하고 있어요.

How would that be?

005

그러면 어떨까?, 그러면 좋겠어?

여기서 would는 가정법 단어이다. 따라서 가정의 상황이나 제안에 대한 상대방의 반응이나 느낌을 물어보는 문장으로, "그럼 어떨 것 같아?," "그게 괜찮을까?," "그렇게 하면 어때?" 정도의 뉘앙스를 갖는 물음이다.

 이렇게 쓰고!

1. 내가 노트북을 사줄게. 그러면 어떨까?
I'll get you a notebook. How would that be?

▶

2. 내가 커피를 좀 타줄게. 그러면 좋겠어?
I'll make some coffee for you. How would that be?

▶

 이렇게 말한다!

A: I didn't get an e-mail from you.
B: I'll send you one tonight. How would that be?

A: 이메일을 못받았어.
B: 저녁에 보낼게. 그럼 어떻겠어?

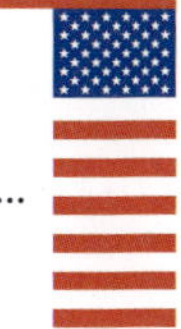

006 · I don't blame you

그럴 만도 해, 너도 어쩔 수 없었잖아

I don't blame you에서 'blame=비난'으로 공식화되어 경직되어 생각하면 정확히 이해가 되지 않는다. 이 표현은 '비난하지 않는다'가 아니라 상대방의 입장이 충분히 이해되니 "그럴 수도 있다," "괜찮다"(I'm not angry at you)라는 위로의 표현이다.

✏️ 이렇게 쓰고!

1. 네가 화낼 만도 해.

I don't blame you for being angry.

▶

2. 그럴 수도 있지. 실수였는데.

I don't blame you. It was an accident.

▶

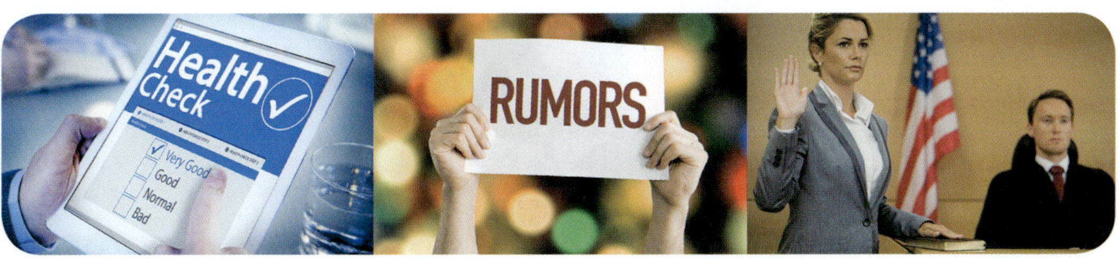

💬 이렇게 말한다!

A: I'm going to stay inside tonight.

B: I don't blame you. It's cold outside.

A: 오늘밤엔 안에 있을래요.

B: 어쩔 수 없죠. 바깥 날씨가 추우니까.

007

I don't buy it

못 믿어

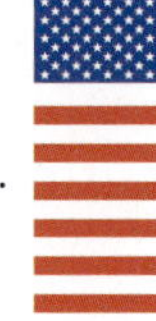

buy가 '사다'라는 뜻외에 '믿다'라는 뜻으로 쓰인 경우. 상대의 말을 "못믿겠어"(I don't believe it)라고 할 때 구어체에서 자주 쓰이는 표현이 바로 I don't buy it. 여기서 buy는 believe or accept. 주로 buy it 혹은 buy one's story의 형태로 쓰인다.

 **이렇게 쓰고!**

1. 안 속아. 넌 순거짓말쟁이니까.
I don't buy it. You're a big liar.

▶

2. 네 얘기 믿을 수 없어
We aren't buying your story.

▶

 **이렇게 말한다!**

A: At the nightclub, all of the girls wanted to dance with me.
B: Oh no, I'm not buying your story.

A: 나이트클럽에서 모든 여자들이 나랑 춤출려고 했어.
B: 어 그러지마, 네 얘기는 못 믿겠어.

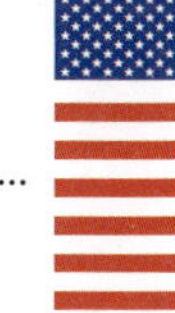

008   I have a lot on my plate

신경쓸게 많아, 할 일이 많아

역시 네이티브들이 일, 책임 등으로 아주 바쁠 때 자주 애용하는 표현이다. 원래 plate는 '접시'라는 의미로 '일이 너무 많다'라는 상황을 '접시에 음식이 너무 많아'라고 비유적으로 표현하고 있다. = I'm swamped = I overloaded = I'm slammed 등과 같은 의미이다.

✏️ 이렇게 쓰고!

1. 너 그만 가라. 지금 할 일이 너무 많아.

I think you should go. I got a lot on my plate right now.

▶

2. 지금 신경쓸게 넘 많아 집중해야 돼.

I've got a lot on my plate right now that I need to focus on.

▶

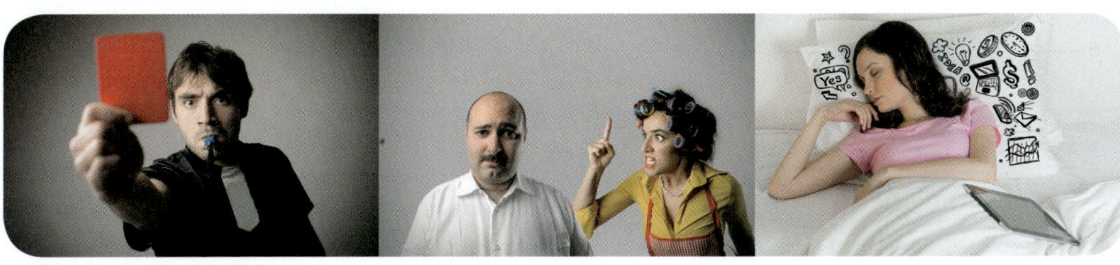

💬 이렇게 말한다!

A: I see you started another project.

B: I have a lot on my plate these days.

    A: 또 다른 프로젝트를 시작했구나.

    B: 요즘 할 일이 너무 많아.

009 I just had time to pop in

짬내서 잠깐 들렀어

pop in은 구어체 표현으로 주로 예고없이 '짧은 시간동안 방문하다, 들르다'(I can stop for a short time but I must go soon)라는 뜻이다. 일반적으로 잘 알려진 동의표현으로는 drop in, drop by, stop by 그리고 swing by 등이 있다.

✏️ 이렇게 쓰고!

1. 갑자기 들러서 미안해, 내가 들어가도 될까?

I'm sorry to just pop in. Is it okay if I come in?

▶

2. 잠깐 들러서 제시카가 괜찮은지 확인하고 싶어.

I just want to pop in and make sure Jessica's okay.

▶

💬 이렇게 말한다!

A: Hi Randy. I'm surprised to see you here.

B: I just had to pop in for a visit.

A: 야 랜디. 여기서 널 보게 되네.

B: 그냥 잠깐 짬내서 들른거야.

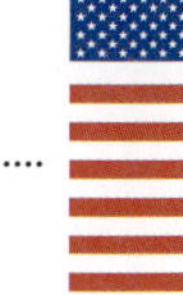

010   I want to have a fling

번개 좀 해야겠어

have a fling에서 fling은 심각한 관계가 아닌 부담없이 가볍게 만나 성적관계를 맺는 것(I want to have a relationship that is not serious)을 말한다. 물론 one-night stand보다는 길게 가는 형태이며 주로 스트레스나 걱정 등을 성적으로 해소하기 위해 그러는 경우가 많다.

 **이렇게 쓰고!**

1. 학생하고 불장난하고 있다는거야.

You're just having a fling with a student.

▶

2. 걔한테는 이게 단지 불장난이었는지 확실히 몰랐었어.

I wasn't sure if it was just a fling for him.

▶

이렇게 말한다!

A: Why are you going alone to Hawaii?

B: I want to have a fling with a romantic man.

A: 하와이에는 왜 혼자 가?

B: 로맨틱한 남자와 즐기고 싶어서.

I'm stuffed

011

배가 불러

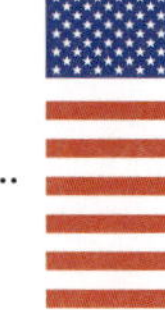

stuff가 '…를 채우다'로 그래서 be stuff하면 구어체에서 '배가 고프지 않다'(I'm so full that I can't eat more food)라는 의미로 많이 쓰인다. 그리고 stuff oneself는 '과식하다,' stuff one's face 역시 '과식하다,' stuff one's belly는 '배를 채우다'라는 의미.

이렇게 쓰고!

1. 너 정말 배고파? 난 배부른데.

Are you really hungry? I'm stuffed.

▶

2. 나 배불러. 음식을 더는 못먹겠어.

I'm stuffed. I couldn't eat any more food.

▶

이렇게 말한다!

A: How would you like some ice cream?

B: No, thank you. I am stuffed from dinner.

A: 아이스크림 좀 먹을테야?

B: 고맙지만 됐어. 저녁먹어서 배불러.

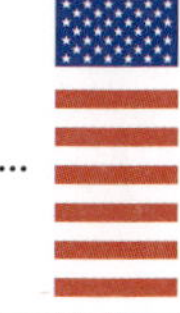

012 — It didn't pay off

성과가 없었어

pay off는 다양한 의미로 쓰이는데 '빌린 돈을 갚다,' 즉 빚을 갚다 혹은 '성과가 있다[성공하다]'라는 뜻으로 주로 쓰인다. 따라서 위 문장은 "열심히 했는데 아무 소득도 없었다"라는 말이 된다.

✏️ 이렇게 쓰고!

1. 우리 계획은 결국 성과가 없었어.

Our plan didn't pay off in the end.

▶

2. 난 정말 열심히 했는데 보람이 없었어.

I tried really hard, but it didn't pay off.

▶

💬 이렇게 말한다!

A: How was the new strategy?

B: It didn't pay off at all.

    A: 새로운 전략은 어땠어?

    B: 전혀 효과가 없었어.

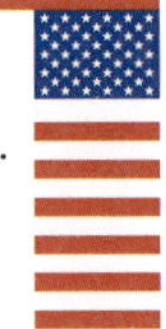

013 I've been there
무슨 말인지 충분히 알겠어, 정말 그 심정 이해해, 가본 적 있어

have been there는 상대방이 겪은 좋지 않은 경험에 대해서 "나도 그런 적이 있다"며 상대의 처지에 대한 동감을 표할 때 흔히 쓰는 표현이다. 물론 상대방이 말하는 물리적 장소에 "가본 적이 있다"는 뜻으로도 사용된다. "뻔할 뻔자지"라는 Been there, done that을 기억해둔다.

✎ 이렇게 쓰고!

1. 우리도 다 그런 적 있잖아.
We have all been there.

▶

2. 별소릴 다하네. 그 심정 충분히 이해한다구.
No problem. I've been there myself.

▶

💬 이렇게 말한다!

A: Let's go see the new Angelina Jolie movie tonight.
B: Been there, done that. The movie isn't very good.

A: 오늘밤에 새로 개봉한 안젤리나 졸리 영화 보러 가자.
B: 뻔할 뻔자지. 그 영화 그리 재미없다구.

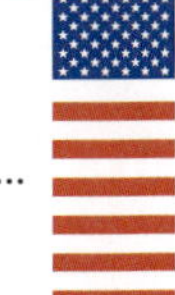

014 Look me up when you're in town

시내에 오면 한번 들러

look sb up하면 '방문하다'(visit)라는 의미가 된다. 하지만 look up 앞에 상황이 오면 '상황이 나아지다'(get better)라는 뜻이 되고, look (sth) up하면 사전에서 단어를 찾듯 뭔가 '정보를 찾는다'는 말이 된다.

이렇게 쓰고!

1. 시내에 오면 한번 들를게.

I'll look you up when I'm in town.

▶

2. 내가 담에 뉴욕가면 들를게.

I'll look you up next time I'm in New York.

▶

이렇게 말한다!

A: When will you be able to see me again?

B: I'll look you up when I'm in town.

A: 다시 언제 날 만나러 올 수 있어?

B: 시내오면 들를게.

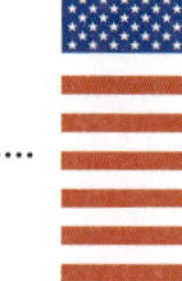

015 Right back at ya
너도 그래, 너와 동감이야

Right back at ya[you]는 상대방의 말에 '나도 그래'(Yeah, I have the same feelings you just expressed)라고 전적으로 동의하는 표현으로 'Same to you!,' 'You too!'라는 말이다. 채팅용어로도 사용되는데 약어로는 RBAY라 한다.

 **이렇게 쓰고!**

1. 너와 동감이야! 좋은 시간 보내!
Right back at ya! Enjoy your time!

▶

2. 나도 그래. 너한테 핸드폰 번호를 알려줄게.
Right back at ya. I got a cell phone number for you.

▶

이렇게 말한다!

A: I have really enjoyed spending time together.
B: Right back at you. It's been fun.

  A: 함께 정말 즐거운 시간 보냈어.
  B: 너와 동감이야. 재미있었어.

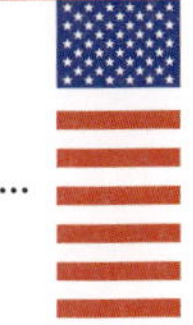

016 That reminds me

그러고 보니 생각나네, 그 말을 듣고 보니

That reminds me는 "그러고 보니 생각이 난다," "저걸 보니 …가 생각난다"(I just remembered something)라는 말로 생각이 나는 것을 말하려면 That reminds of~라고 쓰면 된다. 뒤에 of를 붙여서 That reminds me of~(그 말을 듣고 보니 …가 생각나네)라고 쓸 수도 있다.

✏️ 이렇게 쓰고!

1. 그러고 보니 생각나네. 나 가야 돼.
   That reminds me. I have to go.

   ▶

2. 어, 그러고 보니 생각나네. 네 아빠가 전화했었어.
   Oh, that reminds me. Your father called.

   ▶

💬 이렇게 말한다!

A: How is your grandmother doing these days?
B: She's OK. That reminds me. I haven't called her in a while.

A: 요즘 네 할머니 어떻게 지내셔?
B: 잘 지내셔. 그러고 보니 한동안 전화 못 드렸네.

017 What's in it for me?

내가 얻는게 뭔데?, 내게 무슨 득이 되는데?

What's in it for sb?는 "sb에게 무슨 이득이 되는데?," "sb가 얻는게 뭔데?"(What benefit do I get?)라는 말. 아주 비슷하지만 엉뚱한 뜻인 have it in for sb(원한을 품다)와 구분해야 한다. What do I get?, What have I got?와 비슷한 표현이다.

✏️ 이렇게 쓰고!

1. 너한테는 잘 된 일인데 내가 얻는 건 뭔데?

That's good for you. But what's in it for me?

▶

2. 내가 어쩌다 이렇게 됐을까? 내게 무슨 득이 된다고?

How did I become a part of this? What's in it for me?

▶

💬 이렇게 말한다!

A: Can you help me mow my lawn?

B: What's in it for me? I don't work for free.

A: 내 잔디 깎는거 도와줄래?

B: 내가 얻는게 뭔데? 난 무료봉사는 안 한다고.

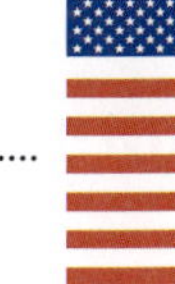

018

You do that

그렇게 해

You do that은 '그렇게 해'라는 표현. 억양에 따라 상대방 행동에 긍정적이거나 혹은 격려할(Go ahead and try it) 때 사용하거나, 혹은 비꼬는 말투로 "그러든가" 정도의 뉘앙스를 갖는다. 너무 간단해서 배워야 할 필요가 있을까 생각이 들 정도이지만 실제 일상에서 정말 많이 쓰이는 미국영어이다.

 **이렇게 쓰고!**

1. 그래, 그렇게 해. 걔도 고마워할거야.

You do that, she'll appreciate it.

▶

2. 그러든가. 어찌되나 두고 보자고

You do that. Let's see how it goes.

▶

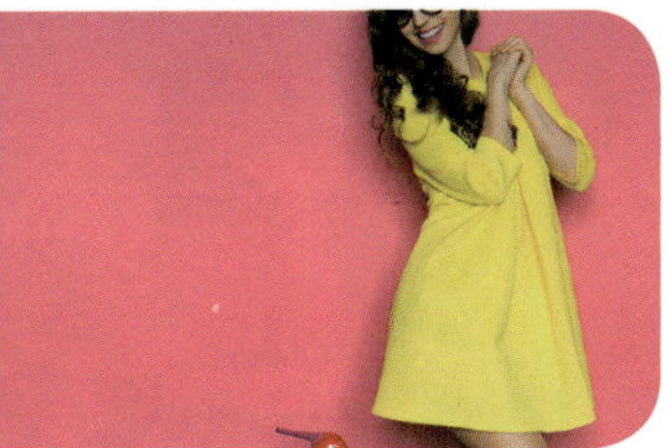

이렇게 말한다!

A: I think I'm going to try snowboarding this year.

B: You do that. It should be a lot of fun.

A: 금년에 스노우보딩 해볼려고 해.

B: 그렇게 해. 정말 재미있을거야.

I am off

나 간다

019

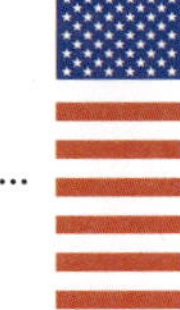

be동사와 부사 off가 만난 be off는 '떠나다'(leave),' '출발하다'(start)라는 뜻의 동사구. 집을 나서며 "나 간다"는 뜻으로 하는 말로, off 뒤에 to를 연결해 to~ 다음에는 목적지를 언급해주거나(be off to an audition), 이동의 목적을 나타내는 동사(be off to see her)를 이끌 수 있다. = take off (to).

✏️ 이렇게 쓰고!

1. 이제 아내 보러 가야겠어.

And now I'm off to see my wife.

▶

2. 자, 여러분, 저 가요. 행운을 빌어주세요.

OK, everyone, I am off. Wish me luck.

▶

💬 이렇게 말한다!

A: Look how late it is! Well, I am off.

B: Have a good night and a safe drive home.

A: 엄청 늦었네! 이제 나 간다.

B: 잘 가고 집까지 운전 조심해.

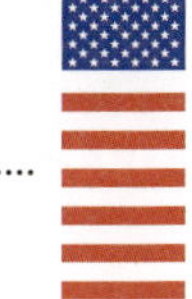

020 — You tell me

(난 몰라) 그거야 네가 알지

You tell me는 "네가 말해봐," 다시말해 "그거야 네가 알지"(I think you know the answer)라는 의미이다. 상대방이 더 잘 알 것 같은 것을 오히려 내게 물어볼 때 쓸 수 있는 말로 네이티브들이 많이 사용하는 미국현지 영어표현이다.

 **이렇게 쓰고!**

1. 난 모르지, 네가 알잖아.
I don't know, you tell me.

▶

2. 네가 변호사니까 네가 더 잘 알지.
You're the lawyer. You tell me.

▶

이렇게 말한다!

A: Is it interesting to live in California?
B: You tell me. You're from L.A.

A: 캘리포니아에서 사는게 재미있지?
B: LA 출신이잖아.

021

Just so we're clear

분명히 하겠는데

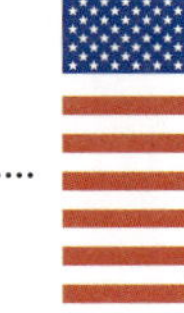

just so we're clear는 상대방이 자기 말을 정확히 이해했는지 확인하는 문장으로 "분명히 말해두는데"(I want to make sure you understand me)라는 뜻이다. = Just to be clear.

 **이렇게 쓰고!**

1. 분명히 하겠는데. 우린 끝이야.

Just so we're clear. We're over.

▶

2. 분명히 말해두지만 넌 미쳤어.

Just so we're clear, you're insane.

▶

이렇게 말한다!

A: Just so we're clear, we'll meet tomorrow at 7 am.

B: Do we have to be here so early?

A: 분명히 하겠는데, 우리 내일 오전 7시에 만나자.

B: 여길 그렇게 일찍 와야 돼?

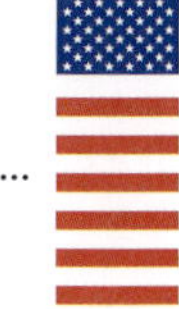

Could be better

022

별로야, 그냥 그래

직역하면 "더 좋을 수도 있다"라는 가정의 말투로 결국 "별로야," "그냥 그래"라는 예상 외의 뜻이 된다. 안부인사에 대한 대답 중 하나로 부정적 뉘앙스가 담겨져 있다. "아주 좋아"라는 Couldn't be better와 헷갈리면 안된다.

 **이렇게 쓰고!**

1. 그 가격치고는 서비스가 별로야.

The service could be better for that price.

▶

2. 그냥 그래, 하지만 좋아지겠지, 그렇지?

It could be better, but it's gonna be okay, right?

▶

이렇게 말한다!

A: How's the weather there?

B: Could be better. It's been raining all week.

A: 거기 날씨 어때?

B: 별로야. 일주일 내내 비가 내리고 있어.

Could be worse

그럭저럭 잘 지내지

023

역시 안부인사에 대한 답으로 "더 나쁠 수도 있는데 최악은 아니다," 즉 "그다지 못지내는 편은 아니다," "잘 지내"라는 긍정적인 표현이다. worse란 단어 때문에 부정적인 표현으로 생각하면 안된다.

 이렇게 쓰고!

1. 지금도 괜찮아. 적어도 여긴 따뜻하잖아.

It could be worse. At least we are warm here.

▶

2. 우리 회사는 돈을 까먹고 있는데 그나마 다행인 상황이야.

Our company is losing money, but it could be worse.

▶

이렇게 말한다!

A: I heard you were in the hospital for a while.

B: Yeah, but I'm OK now. Things could be worse.

A: 한동안 병원에 있었다며.

B: 어, 하지만 지금은 좋아. 그나마 다행이지.

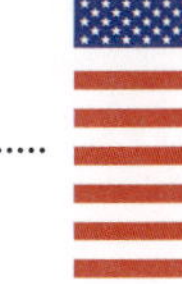

024

He got lucky with Julie

걔, 줄리랑 잤대

get lucky with sb는 네이티브들끼리 통하는 은밀한 의미를 담고 있다. 원래 with~ 이하에 '운이 좋다'라는 일반적 의미에서 아주 속어적으로 급발전하여 '…와 섹스했다'라는 의미로 많이 쓰인다.

이렇게 쓰고!

1. 지난 밤 데이트한 여자와 성공했어?

Did you get lucky with your date last night?

▶

2. 원한다면 가서 섹시한 여자와 하라고.

You could go get lucky with a hot girl if you want.

▶

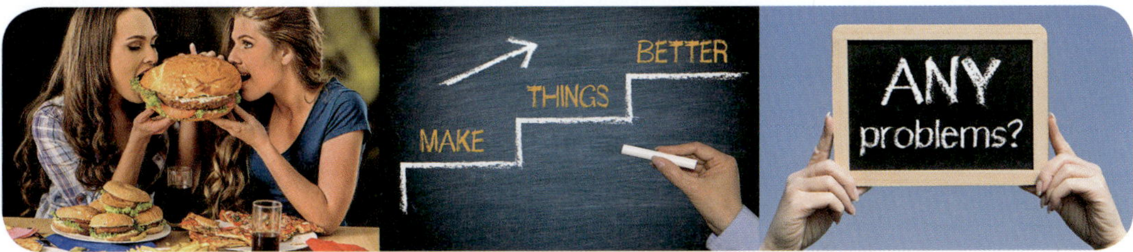

이렇게 말한다!

A: Joe looks really happy. He has been smiling and chuckling all day.

B: He got lucky with Julie last night.

A: 조는 정말 행복해보여. 종일 싱글벙글야.

B: 어젯밤에 줄리랑 했대.

Are you in?

025

너도 할래?

be in은 '···안에 있다,' '끼다'라는 뜻이며 I'm in은 I will do it(내가 할게) 또는 Count me in(나도 껴줘)과 같은 의미가 된다. 물론 반대로 빠진다고 할 때는 be out이라고 한다. 위의 Are you in?을 다른 영어로 쓰자면 "Are you joining us?," "You want in?," 혹은 "Are you game?"이 된다.

 **이렇게 쓰고!**

1. 짐이 그만뒀어. 네가 들어와. 넌 신입멤버가 되는거야.
Jim's out. You're in. You are our new member.

▶

2. 나도 갈게. 장소하고 시간 알려줘. 나도 갈 테니까.
I'll be there. Just let me know when and where. I'm in.

▶

 **이렇게 말한다!**

A: We got some free tickets to the game tonight. Are you in?
B: Sure. Count me in.

A: 오늘 밤 경기를 볼 수 있는 공짜 티켓이 몇 장 있어. 너 갈래?
B: 물론이지. 끼워줘.

026 [It's a, That's a] Deal

그렇게 하자, 좋아, (합의하에) 그래

It's [That's] a deal은 "그러기로 한거야," "내 약속하지," "그렇게 하자"(I agree to your offer)라는 표현이다. 간단히 줄여서 Deal이라고만 해도 된다. 뒤에 물음표만 붙여 [It's a, That's a] Deal?하게 되면 "그럴래?," "좋아?"가 된다.

✏️ 이렇게 쓰고!

1. 좋아. 그럼 학교 파한 후에 보는거다.

Deal. So, am I seeing you after school?

▶

2. 좋아, 50달러 주면 된거야.

Alright you give me $50, and it's a deal.

▶

💬 이렇게 말한다!

A: If you pay me $5,000, I'll sell you the car.

B: It's a deal. I need to go to the bank first.

A: 5천 달러를 주면 너한테 자동차를 팔게.

B: 좋아, 그렇게 하자. 먼저 은행 좀 가야 돼.

027 — I don't give a shit

알게 뭐야

I don't care를 아주 직설적으로 표현한 것. a shit 대신에 a damn, a fuck 을 써도 된다. 신경안쓰는 것도 함께 말하려면 뒤에 about~을 붙이면 된다. "알바아냐," "신경안써"라는 의미. 좀 얌전하게 말하려면 I don't care at all 혹은 I couldn't care less라고 하면 된다.

 **이렇게 쓰고!**

1. 걘 너에 대해 신경도 안써.

She doesn't give a shit about you.

▶

2. 난 돈이 다 떨어져서 신경도 안써.

I don't give a shit, because I'm broke.

▶

이렇게 말한다!

A: The students are having a big party tonight.

B: I don't give a shit. I hate them all.

A: 학생들이 오늘 밤 파티를 크게 열거래.

B: 알게 뭐야. 난 걔네들 다 싫어해.

No can do

028

안 되겠는걸

"I can't do it"란 의미의 문장을 조금 장난스럽게 줄여 쓴 구어체 표현이다. 우리말로는 "안되겠는걸," "그거 어렵겠는데" 정도로 생각하면 된다. 말하는 사람은 상대방의 말에 거절하면서 그렇게 하지 않겠다(the speaker won't do something)는 거절의 의사를 분명히 밝히는 문장이다.

✏️ 이렇게 쓰고!

1. 그럴 순 없어. 안되겠는 걸.

I can't go for that. No can do.

▶

2. 걔에 대해서 나한테 말하지마. 안 되겠어.

Don't tell me about the girl. No can do.

▶

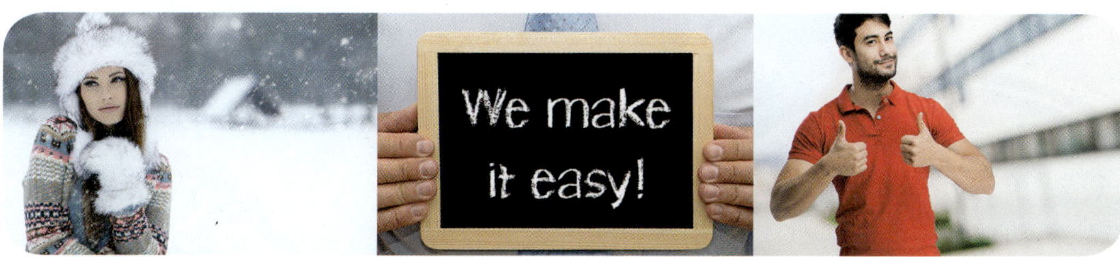

💬 이렇게 말한다!

A: Can you take care of my dog while I'm away?

B: No can do. My husband doesn't like to be around dogs.

A: 내가 없는 동안 내 개 좀 봐줄테야?

B: 안 되겠어. 남편이 개하고 있는 걸 싫어해.

Please keep me company

029

같이 있어줘, 말[길]동무 해줘

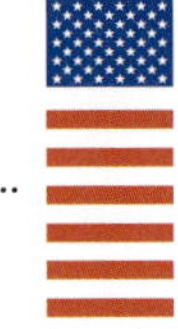

company를 무조건 회사로만 생각하면 안된다. 여기서는 관사없이 '동행,' '함께 있음'이란 의미로 쓰인 경우이다. 그래서 keep sb company는 '…와 말동무하다,' expect company는 '누가 오기로 되어 있다,' 그리고 have company는 '일행이 있다'라는 뜻을 각각 갖는다.

✏️ 이렇게 쓰고!

1. 잠깐 같이 있어도 돼?

Mind if I keep you company for a bit?

▶

2. 오늘밤 같이 있을 사람있어?

Do you have someone to keep you company tonight?

▶

💬 이렇게 말한다!

A: Please keep me company tonight.

B: I can only stay for a few hours.

A: 오늘밤 말동무 해줘.

B: 몇 시간밖에 못 있어.

030   I'll get right on it

당장 그렇게 할게

get right on~은 '뭔가 바로 시작하다,' '착수하다,' '바로 진행하다'라는 표현으로 I'll get right on it의 문장으로 많이 쓰인다. 다시말해 어떤 일을 당장 실행에 옮기겠다는 말로 주로 직장에서 상사의 지시에 따라 "바로 일을 착수하겠다"는 의미의 표현이다.

✏️ 이렇게 쓰고!

1. 알았어요. 바로 시작할게요.

I understand. I'll get right on it.

▶

2. 문제 있으면 알려줘. 바로 처리할게.

If there's a problem, let me know. I'll get right on it.

▶

💬 이렇게 말한다!

A: This paperwork is urgent. We need to submit it soon.

B: All right, I'll get right on it.

A: 이 서류업무가 급해요. 곧 제출해야 합니다.

B: 좋습니다, 바로 착수하죠.

I'm all over it

내가 할게요

031

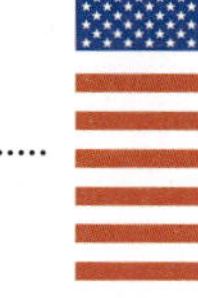

be all over sth은 '…가 …의 도처에 있다,' '…가 널려있다'라는 의미의 표현. 적극적으로 이미 처리중이거나 처리할거("I'm going to do it)라는 뉘앙스를 갖는다. 참고로 be all over sb하게 되면 '신체적으로 …에게 들이대는' 것을 뜻한다.

✏️ 이렇게 쓰고!

1. 보고서를 걱정하지마. 내가 잘 파악하고 있어.
   Don't worry about the report. I'm all over it.

   ▶

2. 소프트웨어를 설치해야 한다며. 내가 잘 알고 있어.
   I heard you need software installed. I'm all over it.

   ▶

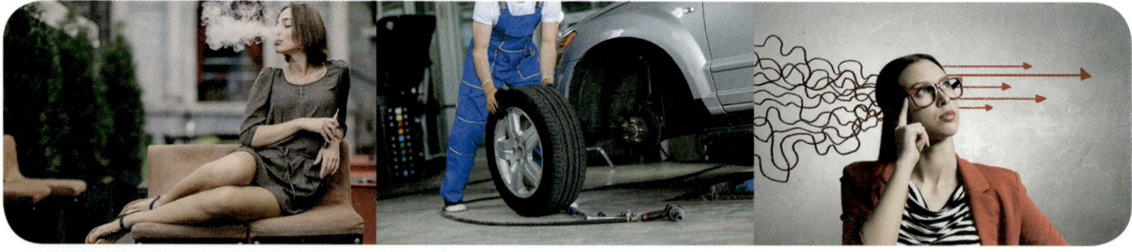

💬 이렇게 말한다!

A: Can you move these boxes outside?

B: Of course. I'm all over it.

A: 이 박스들 좀 밖으로 내다줄래?

B: 물론. 할게요.

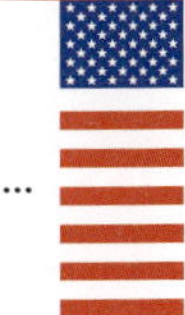

032 What's the deal?

도대체 어떻게 된거야?, 문제가 뭐야?

What's the[one's] deal?은 "…의 문제가 뭐야?," "무슨 일이야?," "왜 그래?"라는 의미. 현재 무슨 일이 벌어지는지 그 이유를 물어보는 단순 표현이다. 참고로 What's the big deal?은 "별거 아니네?," "무슨 큰일이라도 있는거야?"라는 의미.

✏️ 이렇게 쓰고!

1. 도대체 어떻게 된거야? 오늘밤에 너 오는거야?

What's the deal? Are you coming over tonight?

▶

2. 도대체 뭐야? 내가 오늘밤 운이 좋다는거야?

What's the deal here? Am I getting lucky tonight?

▶

💬 이렇게 말한다!

A: I thought we were leaving. What's the deal?

B: I decided to stay a while longer.

A: 우리가 출발하는 줄 알았는데. 도대체 어떻게 된거야?

B: 좀 더 머무르기로 했어.

033 Don't play games with me

날 갖고 놀 생각마, 나한테 수작부리지마

play games with sb는 원하는 걸 얻기 위해 부정직한 방법으로 '(…을) 속이다,' '가지고 놀다'라는 뜻으로 쓰인다. 따라서 위 문장은 "내게 거짓말하지 말고 솔직히 말하라(It is telling someone to be honest and give all of the information)는 의미이다.

✎ 이렇게 쓰고!

1. 날 갖고 놀 생각은 하지마.

Don't you play games with me.

▶

2. 크리스, 나한테 수작부리지마.

Chris, you do not want to play games with me.

▶

💬 이렇게 말한다!

A: I might tell you the gossip if you're nice to me.

B: Don't play games with me. Tell me right now.

A: 나한테 잘해주면 소문이야기 해줄게.

B: 날 갖고 놀 생각마. 지금 당장 말해.

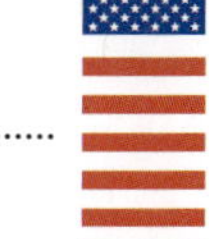

034 I'm just flirting

좀 추근거린 것뿐이야, 작업 좀 들어간 것뿐인데

남녀간에 가볍게 작업걸거나, 장난치거나 농짓거리하는(I'm just talking with this person for fun. It indicates the speaker isn't trying to start a relationship with someone) 것을 말하는 flirt는 요즘 거의 우리 말화되어 쓰이고 있는 단어이다.

✏️ 이렇게 쓰고!

1. 걔가 네 남친에게 작업걸고 있어.
She's flirting with your boyfriend.

2. 걘 아마도 내가 자기한테 추근거리는 줄 아나 봐.
He probably thought I was flirting with him.

💬 이렇게 말한다!

A: Do you really want to date Dan?
B: No, I'm just flirting with him.

A: 정말 너 댄과 데이트하고 싶어?
B: 아니, 그냥 시시덕거려보는거야.

I'm fucking with you

널 놀리는거야, 너한테 장난치는거야

035

fuck with sb는 'sb를 가지고 놀다' 혹은 '놀리다,'(mess with sb) '장난치다'(bother or tease sb)라는 의미. 상당히 무례한 표현으로 친한 사이 아니면 사용하면 안된다. Stop fucking with her(그만 괴롭혀), Are you fucking with me?(나 놀리는거야) 등으로 자주 쓰인다.

✏️ 이렇게 쓰고!

1. 크리스, 날 갖고 놀지마.

Don't fuck with me, Chris.

2. 샘은 날 아주 혼란스럽게 하고 있어.

Sam is fucking with my head.

💬 이렇게 말한다!

A: You mean, he seems like my type? Are you kidding? He's gross!

B: I'm just fucking with you.

A: 그러니까 네 말은, 걔가 내 타입같단 말이야? 농담하냐? 걘 밥맛이야!

B: 그냥 널 놀려먹어본거야.

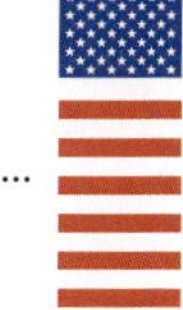

He went overboard

036

그 사람이 좀 너무했어

원래 overboard는 '배밖으로'라는 의미의 단어로 go overboard하게 되면 '지나치다,' '선을 넘어서다'(He got a little crazy with this)라는 뜻이 된다. 비슷한 계열의 표현으로는 Don't overdo it(너무 심하게 하지마), You've gone too far(네가 너무 심했다) 등이 있다.

✏️ 이렇게 쓰고!

1. 걔가 좀 심했다고 생각하지 않아?

Don't you think she went a little overboard?

▶

2. 네가 너무했어. 아버지를 모욕하면 안돼!

You have gone too far. You can't insult your father!

▶

💬 이렇게 말한다!

A: Gosh, Sam spent a lot of money for his wedding.

B: He went overboard. This is going to be hard to pay for.

A: 아이고, 샘이 결혼식 비용으로 돈을 너무 많이 썼어.

B: 걔가 좀 너무했어. 갚기가 쉽지 않을걸.

Don't bitch about it

037

그거 가지고 징징대지마

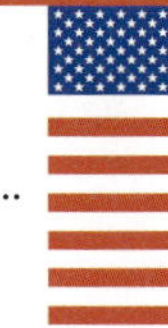

bitch about은 '…에 대해 불평하다,' '…에 짜증내다'라는 뜻으로 한 단어로 하자면 complain. 하지만 bitch에서 알 수 있듯이 많이 쓰이는 표현이긴 하지만 좀 비속한 표현으로 사용해 주의해야 한다. 위 문장은 Don't complain about it로 바꿔 말할 수 있다.

✏️ 이렇게 쓰고!

1. 저 부자집 애들은 자신들의 완벽한 삶에 대해 투덜대고 있어.

Those rich kids bitch about their perfect lives.

▶

2. 그거 속수무책이야. 그러니까 더 이상 불평하지마.

There's nothing you can do about it. So stop bitching.

▶

💬 이렇게 말한다!

A: It's really cold and wet in this campground.

B: You chose to come camping. Don't bitch about it.

A: 이 캠프장은 정말 춥고 축축하네.

B: 네가 캠핑오자고 했잖아. 투덜대지마.

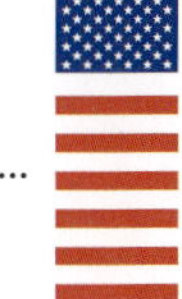

038 Beats me

잘 모르겠는데, 내가 어떻게 알아?

앞서 이야기한 내용을 가리키는 대명사 'It'이 생략된 형태로, (It) Beats me는 어떤 말이 전혀 이해가 안 되거나 상대방의 질문에 대한 답을 모를 때, "내가 그걸 어떻게 알겠냐"(I don't know; I have no idea)는 의미로 사용되는 구어체 표현이다. Search me라고도 한다.

 **이렇게 쓰고!**

1. 몰라, 걔한테 물어봐.

Beats me, why don't you ask her?

▶

2. 왜 걘 아직도 크리스를 좋아하는지 이해가 안 돼.

Beats me why she still likes Chris.

▶

 **이렇게 말한다!**

A: Is your sister coming to the party tonight?

B: Beats me. I haven't talked to her.

A: 오늘 밤 네 누이 파티에 와?

B: 몰라. 얘기 안해봤어.

039 Come off it!

집어쳐!, 건방떨지마!

Come off it!은 "집어쳐," "건방떨지마!"라는 표현. 상대방 말이 어처구니없는 새빨간 거짓말인 명백한 상황 하에서 쓰는 표현이다. 네가 하는 말을 못 믿겠다 (Stop saying something that isn't true, exaggerated, or silly)며 던지는 말이다.

 **이렇게 쓰고!**

1. 그만해둬. 고작 몇분이었어

Come off it. It was only for a few minutes.

▶

2. 그만해! 넌 걔한테 집적되고 있었잖아!

Come off it! You were hitting on him!

▶

이렇게 말한다!

A: Chris likes me, I can tell.

B: Come off it. He barely knows your name.

A: 크리스가 나 좋아하는 것 같아.

B: 그만 좀 해. 걔 네 이름도 잘 몰라.

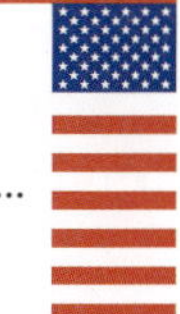

040 I couldn't ask you to do that

(고맙지만) 그러지 않아도 돼

I couldn't ask you to do that은 직역하면 "그렇게 해달라고는 차마 부탁하지 못하겠어요"라는 것으로 풀어 말하면 "고맙지만 그러지 않으셔도 돼요"(That is very kind offer, but I would not ask you to do), "그렇게까지 부탁드리긴 미안해요"라는 정중한 사양의 표현이 된다.

 **이렇게 쓰고!**

1. 고맙지만, 그렇게까진 부탁드리지 못하죠.
   That's kind, but I couldn't ask you to do that.

   ▶
   ....

2. 그러지 않아도 돼. 그럼 공평하지가 않을거야.
   I couldn't ask you to do that. I wouldn't be fair.

   ▶
   ....

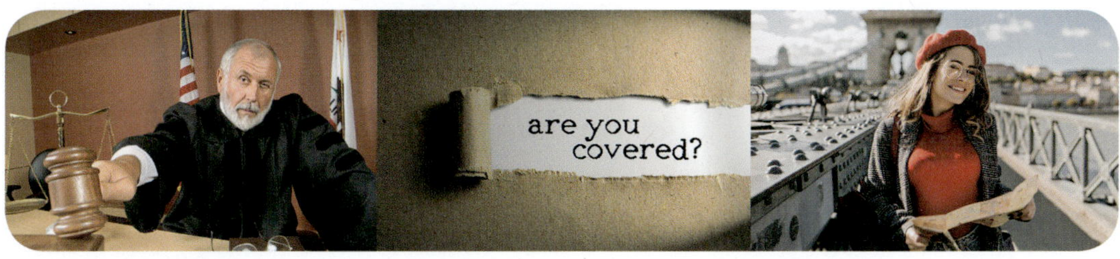

이렇게 말한다!

A: I can loan you some money until you've paid.

B: I couldn't ask you to do that.

   A: 갚을 때까지 돈 좀 빌려줄게.

   B: 고맙지만 그러지 않아도 돼.

041 Keep it up

계속해, 계속 열심히 해

keep it up은 계속 유지하다라는 말로 지금처럼 그렇게 '계속 열심히 하다'(You should continue doing it that way)라는 표현. 지금 현재 잘하고 있으니 그 페이스 그대로 유지해라라는 칭찬과 격려의 문장이다. Keep up the good work도 함께 외워두면 좋다.

 **이렇게 쓰고!**

1. 아주 좋아. 계속 그렇게 해.
That's great. Keep it up.

▶

2. 어, 계속 열심히 해. 운이 따를 수도 있으니 말야.
Well, keep it up. You might get lucky.

▶

이렇게 말한다!

A: Do you like the way the food was cooked?
B: It was delicious. Keep it up.

A: 음식 요리한게 마음에 들어?
B: 맛있어. 계속 그렇게 해.

042 I'm gonna hold you to that

그 약속 꼭 지켜야 돼

hold sb to sth는 'sb가 한 약속이나 결정인 sth를 지키도록 하다'(You must do what you said you would do)라는 의미. 특히 데이트나 초대를 우호적으로 승낙할 때 혹은 sb가 어떤 믿음이나 기준에 따라 계속 행동하게 한다는 뜻을 갖는다.

 **이렇게 쓰고!**

1. 너 나 도와준다고 했잖아. 그 약속 지켜야 돼.
   You promised to help me. I'm holding you to it.

   ▶

2. 나하고 결혼한다고 약속했어. 그 약속 꼭 지켜야 돼.
   You promised to marry me. I'm gonna hold you to that.

   ▶

이렇게 말한다!

A: I promise I'll give you the money tomorrow.

B: I'm going to hold you to that.

A: 내일 너에게 돈을 꼭 줄게.

B: 그 약속 꼭 지켜야 돼.

Knock it off

그만해, 귀찮게 굴지마

043

knock it off는 상대방보고 짜증나게 하는 행동을 그만하라(this means "Stop it." It is usually said when the speaker wants something to stop right away)고 하는 표현으로 주로 명령형태로 쓰인다.

 **이렇게 쓰고!**

1. 그래, 얘들아, 그만해.

All right, guys, knock it off.

▶

2. 그만 좀 하라고! 내가 하는 말 안들려?

Knock it off! Do you hear what I'm saying?

▶

이렇게 말한다!

A: You are bothering me. Knock it off.

B: Can't I play with my friends?

A: 참 귀찮네. 그만해라.

B: 내 친구들과 놀지도 못해?

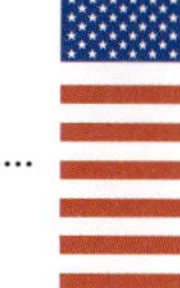

Show me what you got

네 실력을 보여줘

044

직역하면 "네가 가진 것을 보여달라"는 말로 바꿔 말하면 "네 실력이나 능력을 보여달라"는 말이 된다. 또한 Let me see what you got은 '네 능력을 보여달라' 혹은 문맥에 따라서는 쌈질하면서 "어디 한번 덤벼봐라"는 뜻으로도 사용된다.

이렇게 쓰고!

1. 네 실력을 보여줘 봐.

Why don't you show me what you got.

2. 얘야, 특별한 것을 써봐. 네가 가진 실력을 보여줘.

Use your something special, kid. Show me what you got.

이렇게 말한다!

A: I am the best baseball player on this team.

B: Really? Show me what you've got.

A: 난 이 팀에서 가장 뛰어난 야구 선수야.

B: 정말? 네 실력을 보여줘.

That's what you think

045

그건 네 생각이야, 속단하지마

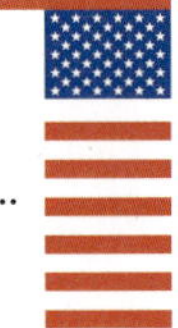

상대방이 잘못 오해하고 있는 경우 이를 정정해주기 위해서 하는 말. 그건 단지 너의 생각일 뿐 실제는 그렇지 않다는 의미가 포함되어 있다. 의문문으로 Is that what you think?하면 "네 생각이 이거야?" 그리고 부정형태인 That's not what you think는 "네 생각과 달라"라는 뜻이 된다.

✏️ 이렇게 쓰고!

1. 내가 바보같아? 너 그렇게 생각하는거야?

You think I'm an idiot? Is that what you think?

▶

2. 그게 아니야. 날 믿어야 돼.

This is not what you think. You have to believe me.

▶

💬 이렇게 말한다!

A: I heard you were at Joe's house all night on Friday.

B: It's not what you think. We were studying.

A: 금요일 밤새 조의 집에 있었다며.

B: 네 생각과 달라. 우린 공부했어.

046

How should I put it?

뭐랄까?

대화시 갑자기 말문이 막히거나 생각이 머리 속에서만 맴돌고 나오지 않을 때 우리말로 "어떻게 얘기해야 할까?"라고 하는데, 이에 대한 영어표현이 바로 How should I put it?이다. 여기서 put은 '표현하다'(express)라는 의미이다. 그래서 Put it another way하면 "달리 표현하자면"이라는 뜻이 된다.

✎ 이렇게 쓰고!

1. 뭐랄까? 모두 감탄하더군요.

How should I put it? He's impressing everyone.

▶

2. 뭐랄까…. 회의는 완전 엉망이었어.

How should I put it...? The meeting was a disaster.

▶

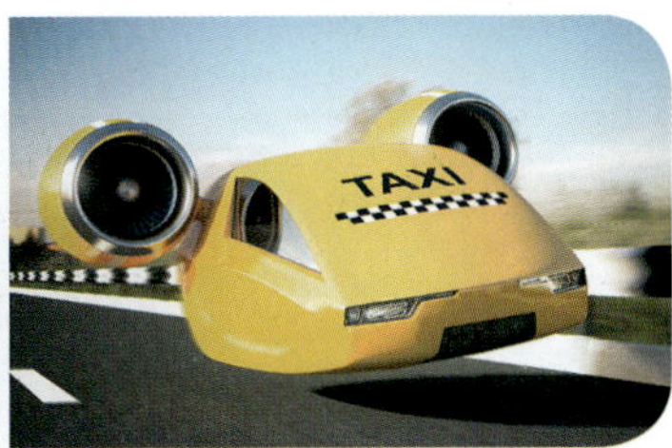

💬 이렇게 말한다!

A: I must decline his invitation politely. How should I put it?

B: Tell him you're sorry but you have other plans.

A: 난 그 사람 초대를 정중하게 거절해야 해. 어떻게 말해야 하지?

B: 미안하지만 다른 일이 있다고 얘기해.

047   I called dibs on her at that party

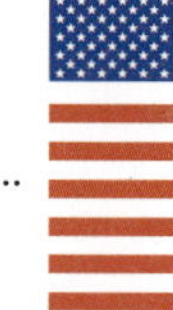

내가 파티에서 걔를 찍었어

call dibs on은 '…을 찜해두다,' '찍어두다'(to casually reserve the right to do something first)라는 뜻으로 call 대신에 get을 써서 have got dibs on하게 되면 '…을 먼저 차지하다,' '…을 찜하다'라는 뜻이 된다.

✏️ 이렇게 쓰고!

1. 넌 이제 모든 걸 다 찍어뒀다고 하는구나.
You've now called dibs on everything.

▶

2. 디자이너 제품은 내가 먼저 찜해놓는거 너 알잖아.
You know I have first dibs on designer everything.

▶

💬 이렇게 말한다!

A: Why do you get to ask Andrea out?
B: Because I called dibs on her at that party.

A: 왜 네가 앤드리아에게 데이트를 신청해야 되는데?
B: 내가 파티에서 걔를 찍었거든.

048 Cut the crap!

바보 같은 소리마!, 쓸데없는 이야기 좀 그만둬!

crap은 비속어로 원래는 '배설물'을 뜻하지만 비유적으로 '엉망,' '허튼소리'라는 뜻으로 쓰인다. 그래서 Cut the crap하면 "바보 같은 소리마," "쓸데없는 이야기 좀 그만둬"라는 표현이 된다. 좀 더 비속표현을 찾자면 Cut the shit!(쓸데없는 소리 그만해!)가 있다.

✏️ 이렇게 쓰고!

1. 쓰잘데 없는 소리 집어치우고 내 질문에 답해.

Cut the crap and answer my questions.

▶

2. 헛소리 그만하고 프로처럼 행동해라.

Cut the crap and start acting professional.

▶

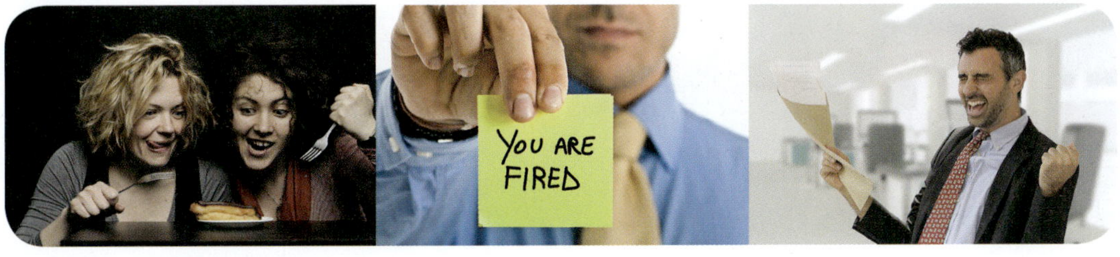

💬 이렇게 말한다!

A: Boss, I feel sick and think that I should go home now.

B: Cut the crap and get back to work, Gary.

A: 사장님, 아파서 지금 퇴근해야겠습니다.

B: 헛소리 그만하고 가서 일해, 게리.

049 — All right, get this

알겠어, 이거 들어봐봐

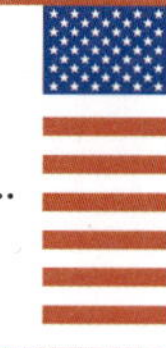

Get this는 말을 꺼내기 앞서 상대방의 관심을 유도하는 문구이다. "이것 좀 들어봐," "내 말 좀 들어봐"(Listen up everyone, you will be interested in what I have to say)에 해당한다. 만능동사 get의 다양한 쓰임새를 알 수 있는 표현이다.

✎ 이렇게 쓰고!

1. 좋아, 이거 들어봐봐. 우리는 5분 후에 출발해야 돼.

All right, get this. We have to leave in five minutes.

▶

2. 그래, 이거 들어봐봐. 새라와 샘이 이혼한대.

All right, get this. Sarah and Sam are divorcing.

▶

 이렇게 말한다!

A: All right, get this. Taxes are going up again.

B: I can't believe it. Everything costs so much.

A: 알겠어, 이것 좀 들어봐. 세금이 또 올라가고 있어.

B: 이럴 수가. 돈이 안들어가는데가 없구만.

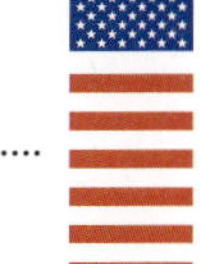

050 Going my way?

혹시 같은 방향으로 가니?, 같은 방향이면 태워줄래?

sb go one's way하게 되면 '물리적으로 같은 방향으로 가다,' '생각이 같다'라는 뜻으로 쓰이는 표현이다. 앞에 (Are) You~를 붙여도 된다. 다만 sth go one's way처럼 주어자리에 sth이 오면 '…가 원하는 대로 되다,"…의 뜻대로 되다'라는 다른 뜻이 된다.

 **이렇게 쓰고!**

1. 이 프로젝트 내 의견에 동의하는거지?

Are you going my way on this project?

▶

2. 일이 내 뜻대로 되고 있어

Things are going my way.

▶

 **이렇게 말한다!**

A: Where are you going?

B: Down to the park. Are you going my way?

A: 어디 가?

B: 공원에. 나랑 같은 방향으로 가니?

051   I think things are picking up

(사정·상황이) 나아질거야

(things) pick up처럼 주어에 things 등 어떤 상황을 뜻하는 단어가 위치하면 이 때의 pick up은 '좋아지다,' '나아지다'(get better)라는 의미가 된다. 영어로 얘기하자면 "Things are getting better"란 말씀.

✏️ 이렇게 쓰고!

1. 상황이 좋아지는 것 같아. 점점 나아질거야.

I think things are picking up. It's getting better.

---

2. 경제가 좀 둔화되었지만 사정이 좋아질거야.

Business was slow for a while, but I think things are picking up.

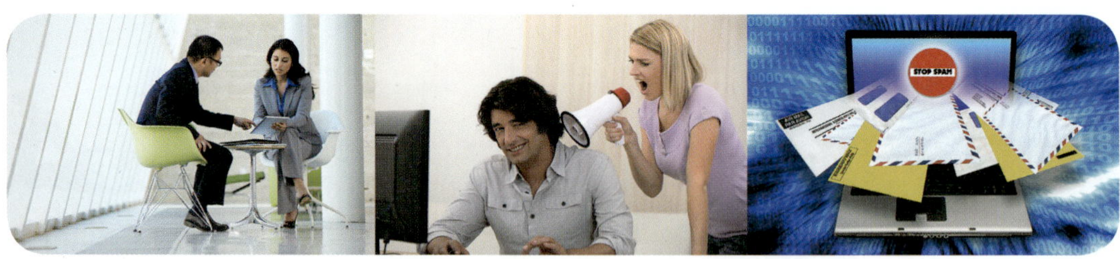

💬 이렇게 말한다!

A: How has business been in your restaurant?

B: It was slow, but I think things are picking up.

A: 식당사업 어때?

B: 더디지만 나아질거라고 생각해.

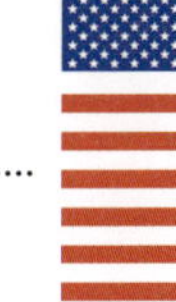

052   Just suck it up

좀 참아라

suck it up은 힘들고 어렵운 상황을 다 빨아들이듯 '참고 견디어내다,' '이겨내다,' '받아들이다,' 그래서 더 의역하면 '참고 힘내다,' '분발하다'라는 의미로도 쓰인다. suck up to sb(아부하다)와 헷갈리지 말 것.

✏️ 이렇게 쓰고!

1. 참고 하라고. 일이잖아, 돈이라고.
So suck it up, man. It's a job, it's money.

▶

2. 넌 남자야, 내 말은 힘내서 하라고.
You're a man, I say you just suck it up and do it.

▶

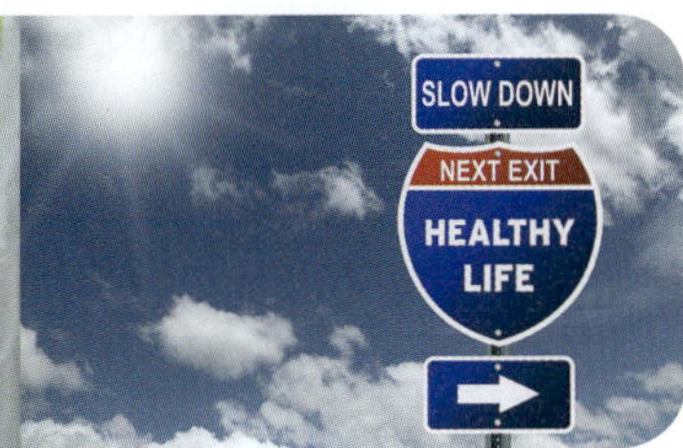

💬 이렇게 말한다!

A: Being a new employee is very hard.
B: Just suck it up. You'll have a chance for promotion soon.

    A: 신입사원이 되는 건 무척 힘들어.
    B: 참고해야지. 곧 승진기회가 올거야.

053   It's just a phase

그냥 한때 저러는거야

> 여기서 phase는 '단계,' '과정,' '국면'이라는 의미로 be a phase하면 근심거리가 있는 사람에게 위로하는 표현으로 '지나가는 과정이다,' '한 때 저러는거다'라는 뜻이 된다. It's just a phase S+V라고 해서 지나가는 과정이 뭔지 구체적으로 말할 수도 있다.

 **이렇게 쓰고!**

1. 저건 일시적으로 저러는게 아닌 것 같아.
   That does not sound like a phase to me.

   ▶

2. 스캇이 여자애들하고 말하는 걸 싫어하는데 한때 저러는 걸거야.
   Scott hates talking with girls. I'm sure it's just a phase.

   ▶

이렇게 말한다!

A: **I'm worried that my son plays too many computer games.**
B: **It's just a phase. He'll get interested in other things soon.**

A: 아들이 컴퓨터 게임을 너무 많이 해서 걱정야.
B: 한때 그러는거지. 곧 다른거에 관심을 가질거야.

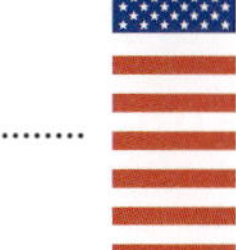

054

Keep me posted

계속 알려줘, 소식을 알려줘

keep sb posted (on)는 최신 소식이나 정보를 '계속 지속적으로 알려주다'(Let me know what is happening)라는 의미로 알려달라는 내용을 구체적 말할 때는 on~이하에 연결해 쓰면 된다. Keep sb in the loop나 Keep sb updated[informed]라고 해도 된다.

✏️ 이렇게 쓰고!

1. 걔가 어떻게 지내는지 계속 알려줘, 알았지?

Keep me posted on how he's doing, OK?

▶

2. 나 가야 돼. 계속 알려줘.

I got to go. Keep me posted.

▶

💬 이렇게 말한다!

A: Chris is still in the hospital after his accident.

B: Keep me posted on how he is doing.

A: 크리스는 사고 후 아직 병원에 있어.

B: 걔가 어떤지 계속 알려줘.

055

Nice going!

참 잘했어!

"잘했다!"라고 칭찬할 때는 물론, "잘해봐!"라고 격려(encouragement)하거나, 혹은 잘 안됐을 경우 위로할 때도 사용할 수 있다. 특히 이 표현은 경솔한 행동으로 무슨 일을 망쳐놨을 경우 비꼬는 어투로 "잘~ 한다, 잘해"라는 반어적 의미로도 많이 쓰인다.

이렇게 쓰고!

1. 너 시험을 잘 봤다고. 잘했어!

You aced the exam. Nice going!

2. 레드 참 잘도 했다. 이제 교회전체가 우리를 싫어해.

Nice going, Red. The whole church hates us now.

이렇게 말한다!

A: I was hired at the new GM factory.

B: Nice going. A lot of people want to work there.

A: 새 GM 공장에 취직했어.

B: 잘했어. 많은 사람이 거기서 일하길 원해.

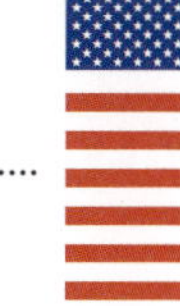

056 This can't be happening

이건 있을 수가 없는 일이야, 이럴 수가

can be happening은 주로 부정이나 의문형태로 놀람과 당황함(I can't believe this is happening)을 나타내는 표현이고 can believe (that) this is happening 또한 부정[의문] 형태로 놀라운 감정을 표현할 수 있다.

 **이렇게 쓰고!**

1. 이럴 리가 없어. 오해야.

This can't be happening. This is a misunderstanding.

▶

2. 이런 일이 내게 또 생기다니!

I just can't believe this is happening again!

▶

이렇게 말한다!

A: This can't be happening.

B: Calm down. We'll find a way to fix it.

A: 이건 있을 수 없는 일이야.

B: 진정해. 그걸 수리할 방법을 찾을게.

057 You scared the crap out of me

깜짝 놀랐네, 간 떨어질 뻔했네

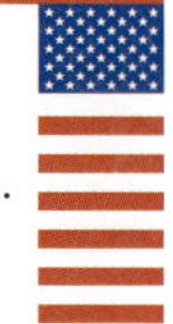

scare the crap[shit; hell] out of sb는 단순히 scare sb라고 생각하면 된다. 다만 강조어 the crap[shit; hell] out of가 삽입된 경우이다. '아주 무섭게, 겁나게 하다'(What you did made me afraid)라는 말. scare the pants off sb도 같은 맥락의 표현.

 **이렇게 쓰고!**

1. 뭐하는거야? 간 떨어질 뻔했잖아!

What are you doing? You scared the crap out of me!

▶

---

2. 이런 젠장, 대니? 너 때문에 간 떨어질 뻔했잖아!

What the hell, Danny? You scared the crap out of me!

▶

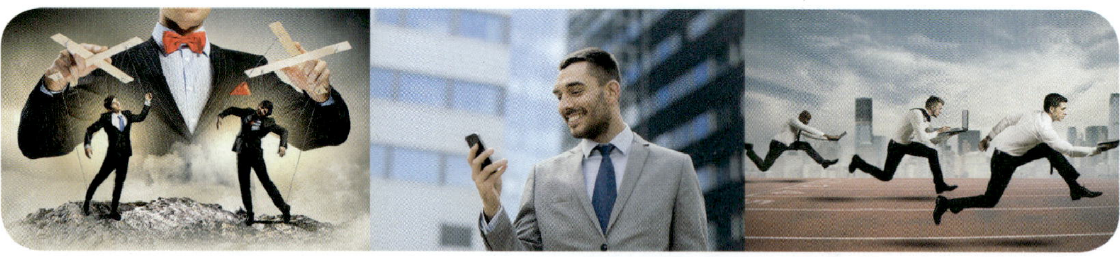

이렇게 말한다!

A: It turns out that I'm not pregnant after all.

B: God, you scared the shit out of me.

A: 임신이 아닌 것으로 판명됐어.

B: 휴, 간 떨어질 뻔했네.

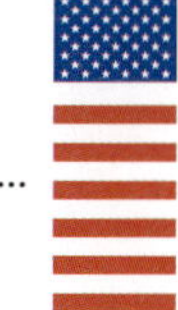

058 Pull yourself together

기운내, 똑바로 잘해

pull oneself together는 기본적으로 control your feelings, 즉 '감정을 잘 조절하다'라는 뜻. 특히 아주 힘겨운 상황에 처해 어찌할 바를 몰라하거나 시름에 빠져있는 사람에게 위로·충고용으로 자주 쓰인다. '정신차리다,' '기운차리다'라는 의미.

이렇게 쓰고!

1. 제발, 정신 좀 차려, 응?

I'm begging you, pull yourself together, okay?

▶

2. 넌 기운 좀 내! 걔가 이런 네 모습을 볼 수는 없잖아!

You've got to pull yourself together! She can't see you like this!

▶

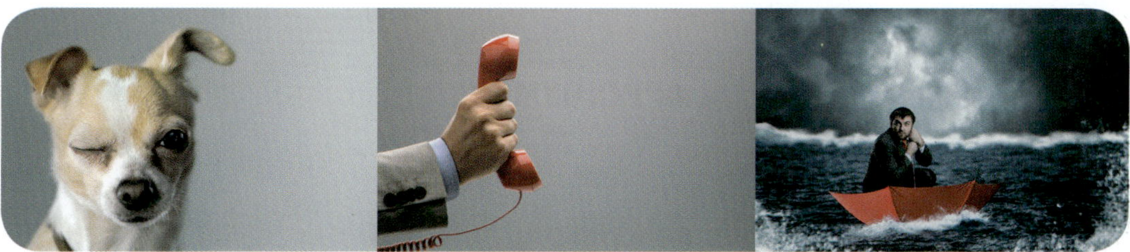

이렇게 말한다!

A: My life is a mess. I don't know what to do.

B: Pull yourself together. Things will get better.

A: 사는게 엉망이야. 뭘 해야 할지 모르겠어.

B: 기운내. 좋아질거야.

059 That has a nice ring to it

말이 그럴 듯해, 그말 참 그럴 듯하다

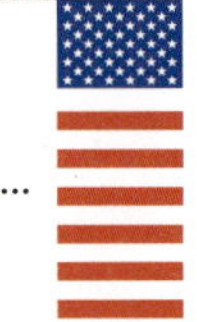

have (got) a nice ring to it은 요즘에도 자주 쓰이는 표현으로 '멋지다,' '어울리다'라는 의미이다. 상대방이 언급한 뭔가가 '잘 어울린다'라는 것으로 영어로는 "I like the way it sounds" 정도로 생각하면 된다.

✏️ 이렇게 쓰고!

1. 멋진 이름이네. 다들 좋아하게 될거야.
   That has a nice ring to it. It will be a hit with everyone.

   ▶

2. 내 이름을 따서 회사명을 지었어. 말이 그럴 듯해.
   I named my company after myself. That has a nice ring to it.

   ▶

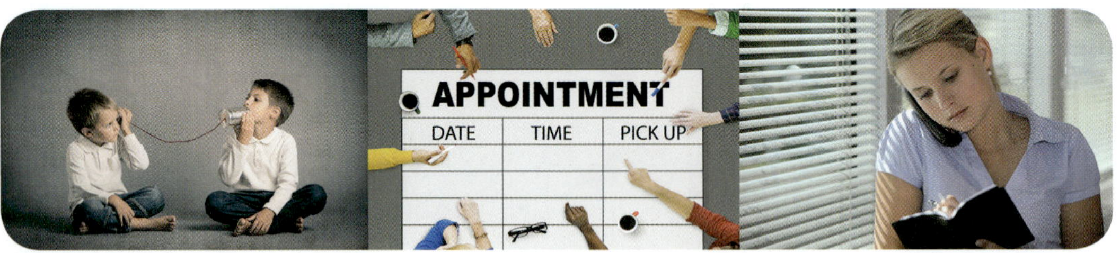

💬 이렇게 말한다!

A: Someday you will be the manager of this office.

B: I'll be a manager? That has a nice ring to it.

   A: 언젠가 이 사무실의 매니저가 될거야.
   B: 내가 매니저가 된다고? 그럴 듯하네.

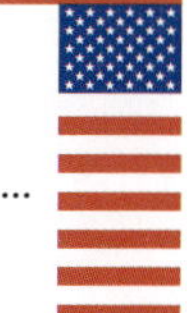

Keep up the good work!

060

(예전처럼, 지금처럼) 계속 열심히 해!, 계속 수고해!

keep up the good work는 'good work'을 계속 유지하라는 말로, keep it up과 같은 의미이다. "지금까지 하던대로 계속 열심히 해라"(Great, continue doing that)는 격려용 멘트. 

✏️ 이렇게 쓰고!

1. 아주 잘했어. 계속 수고하라고.

You did great. Keep up the good work.

▶

2. 잘했어. 계속 그렇게 해.

Good job. Keep up the good work.

▶

💬 이렇게 말한다!

A: You did a wonderful job. Keep up the good work.

B: I'm really happy to hear you say that.

A: 너 참 일 잘했어. 계속 수고해.

B: 그렇게 말씀해 주셔서 정말 고마워요.

061 — Level with me

솔직히 말해봐

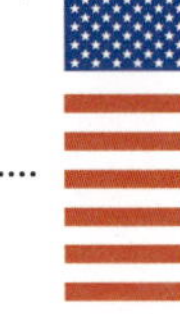

level의 동사용법을 활용한 표현. level은 보통 level with sb의 형태로 쓰여 speak truly and honestly with sb(…에게 거짓없이, 솔직하게 다 털어 놓다)라는 의미로 쓰인다. '솔직한'이란 뜻의 숙어 on the level도 함께 알아둔 다.

 **이렇게 쓰고!**

1. 우린 친구야. 내게 솔직히 말해.
We're friends. Level with me.

▶

2. 이 점에 관해 터놓고 말해주세요. 우리 제안이 맘에 드세요?
Level with me on this; do you like our proposal?

▶

이렇게 말한다!

A: I like you, but I don't think we should date.
B: I want you to level with me. Can we ever be more than friends?

A: 네가 좋지만, 데이트할 생각은 없어.
B: 솔직해줬으면 해. 우린 친구이상 될 수 없는거니?

062 I'm trying to play hard to get

팅기고 있는중야, 일부러 빼고 있어

play hard to get은 특히 남녀 사이에서 주로 여성이 많이 쓰는 표현으로 '잡기 힘든 척 연기하다,' '팅기다,' '비싸게 굴다'라는 말. 우리말 '밀당'을 떠올리면 된다. 영어로 쉽게 풀어 써보면 "I acted like I didn't want to go out with him"으로 생각하면 된다.

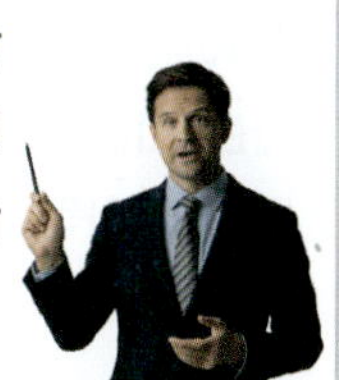

✏️ 이렇게 쓰고!

1. 이렇게 팅기는게 잘 먹히지 않아.

This playing hard to get thing is not working.

▶

2. 새 전략을 쓸거야. 싫은 척 팅길거야.

I'm trying a new strategy. I'm playing hard to get.

▶

💬 이렇게 말한다!

A: Has Chris asked you to have dinner with him?

B: Yes, but I'm still playing hard to get.

A: 크리스가 너랑 식사하자고 그랬어?

B: 어, 하지만 아직 팅기고 있는 중야.

I got a crush on you

063

난 네가 맘에 들어

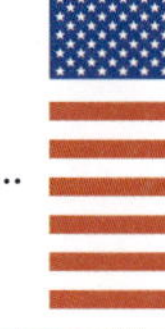

have[get] a crush on sb는 '…에게 푹 빠지다'(I'm attracted to you) 라는 의미. 주로 상대방이 아직 모르는 상태에서 좋아하는 감정에 휩싸이는 걸 말하며 아직 실제 만나는 관계도 아니고 그리고 진지한 사랑이 싹트지도 않은 걸 말한다.

✏️ 이렇게 쓰고!

1. 나 걔한테 완전히 홀딱 반했거든.

I've got a really major crush on him.

▶

2. 내가 널 처음 봤을 때 너한테 반했어!

I had a crush on you when I first met you!

▶

💬 이렇게 말한다!

A: Why do you look so embarrassed?

B: I've got a crush on you. It makes me shy.

A: 왜 그렇게 어쩔 줄 몰라해?

B: 너한테 반했어. 그래서 수줍어.

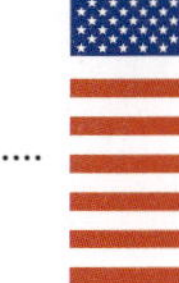

064   Don't drag this out

질질 끌지마

drag sb out은 '…을 끌어내다'가 되지만 drag sth out하게 되면 '꺼내다,' 혹은 비유적으로 '…을 질질 끌다'라는 의미로 필요이상으로 시간끄는(Don't take up extra time to do it) 것을 말한다. 주로 부정명령문 형태로 짜증섞여서 말을 하게 된다.

✏️ 이렇게 쓰고!

1. 오래 끌지 말고 결정해.

Don't drag it out. Make a decision.

▶

2. 질질 끌지마. 시간 없어.

Don't drag it out. We're running out of time.

▶

  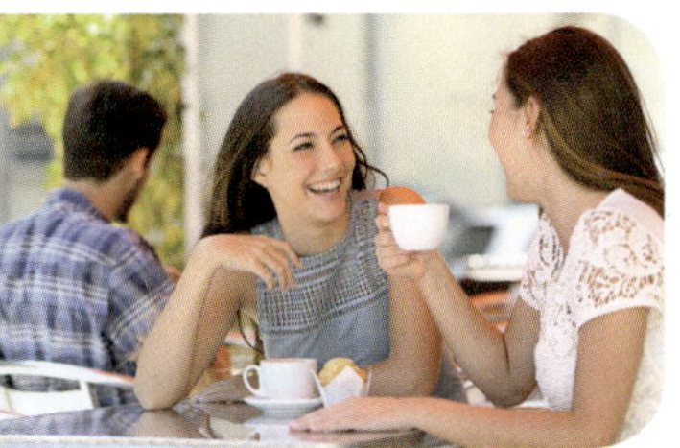

💬 이렇게 말한다!

A: I'm going to present the facts of the case to you.

B: I don't have much time. Don't drag this out.

A: 네게 이 사건의 진상을 보여줄게.

B: 시간이 별로 없어. 질질 끌지말라고.

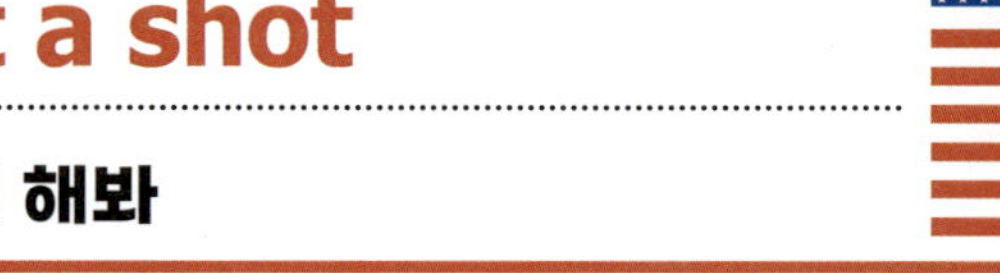

065

Give it a shot

한번 해봐

give it a shot은 '한번 해보다,' '시도해보다,' '최선을 다하다'(do one's best)라는 의미로 주로 뭔가 해보라고 충고나 격려하는 표현으로 쓰인다. 또한 give sth one's best shot하게 되면 '어렵고 힘든 목적달성을 위해 최선을 다하다'라는 문장이 된다.

 **이렇게 쓰고!**

1. 그래, 한번 해보자.

All right, let's give it a shot.

▶

2. 한번 해볼까 생각중이었어.

I thought I'd give it a shot.

▶

이렇게 말한다!

A: I don't think I can get my driver's license.

B: Give it a shot. It's useful to be able to drive.

　A: 운전 면허증을 못 딸 것 같아.

　B: 한번 해봐. 운전할 수 있으면 편리해.

I'm really ticked off

정말 열받았어, 화났어

066

tick sb off는 아주 많이 쓰이는 표현으로 '…을 화나게 하다'라는 의미로 be ticked off at sb하게 되면 '주어가 …에게 화난다,' '열받다'(I feel very angry)라는 뜻이 된다. 비슷한 표현으로 That burns me up(정말 열받네, 정말 화나네)이 있다.

 **이렇게 쓰고!**

1. 수지한테 화났어.

I'm ticked off at Susie.

▶

2. 넌 정말 날 열받게 하기 시작하네.

You're really starting to tick me off.

▶

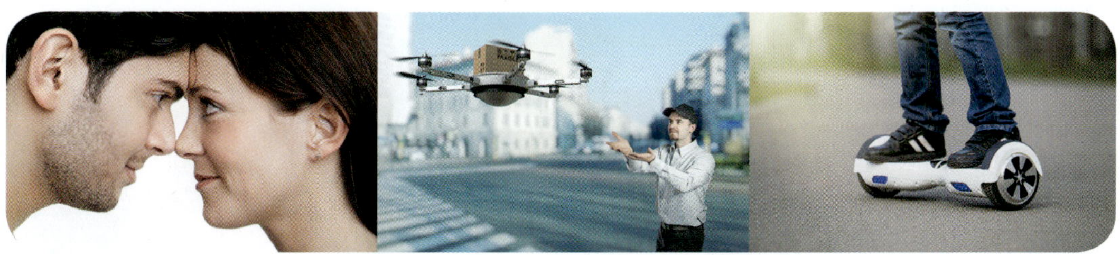

이렇게 말한다!

A: I'm really ticked off. I didn't get a vacation this year.

B: Maybe you can go on one next year.

A: 정말 화났어. 금년에 휴가를 못 갔어.

B: 내년엔 갈 수 있겠지.

067 Is he still dating up a storm?

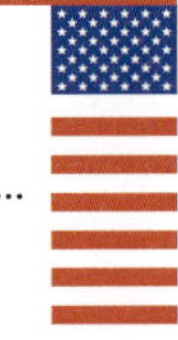

걔 아직 여러 여자와 데이트하고 다녀?

up a storm은 '멋지게,' '대단하게'라는 부사구로 dance, sing, date, cook 등의 동사와 어울려 '많은 …을 하다,' '엄청나게 …을 하다,' '미친듯이 …을 하다'라는 의미로 쓰인다. 좀 오래된 슬랭이지만 여전히 아직도 쓰이고 있는 표현이다.

✏️ 이렇게 쓰고!

1. 걔는 아주 신나게 파티를 했다고 들었는데.
We hear she was partying up a storm.

2. 너 우리들 봤어? 우리 신나게 춤을 추고 있었어.
Did you see us? We've been dancing up a storm.

💬 이렇게 말한다!

A: Chris has been single for a year now.
B: Is he still dating up a storm?

   A: 크리스가 일년간 독신으로 지냈어.
   B: 걔 아직도 여러 여자와 데이트하고 다녀?

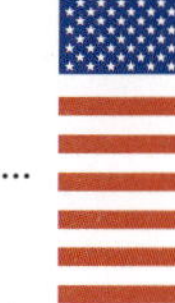

068 It's stuff like that

그거와 비슷한거야

stuff like that은 뭔가 구체적으로 말하기 곤란하거나 떠오르지 않을 경우, 아니면 반복하기 싫을 때 쓰는 표현으로 '뭐 그런 비슷한 것들,' '뭐 그런 것들'(It's similar to those things)이라고 생각하면 된다.

✏️ 이렇게 쓰고!

1. 그 비슷한거지, 그렇지 않아?

It's stuff like that, isn't it?

▶ ....

2. 걘 항상 그런 것들만 얘기해!

She is always saying stuff like that!

▶ ....

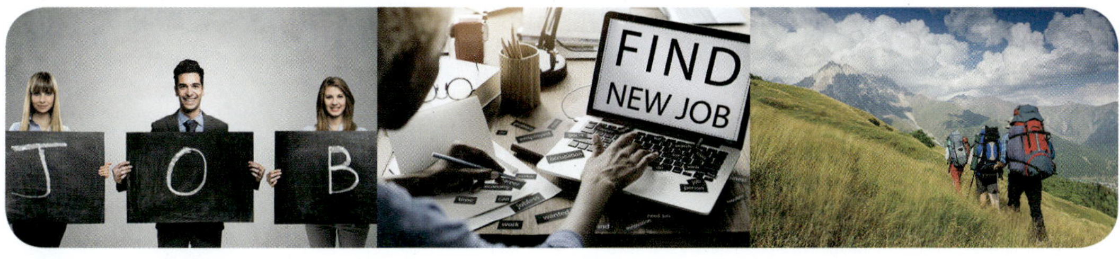

💬 이렇게 말한다!

A: The children are always making a lot of noise.

B: It's stuff like that which makes it hard to study here.

    A: 얘들은 항상 무척 시끄럽게 해.

    B: 그런 것들 때문에 여기서 공부하기가 어려워.

069 Knock on wood

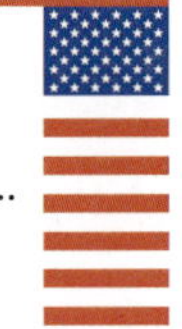

(행운이) 계속되길 빌어, (불행이) 그만 되길 빌어

knock on wood는 미국 미신에서 유래된 표현으로 자신의 행복이 계속되길 그리고 불행이 그만되길 바라는 맘에서 악마의 훼방을 받지 않도록 나무를 세 번 두드리는데서(I'll knock on wood so my good luck continues) 시작된 표현이다.

✏️ 이렇게 쓰고!

1. 우리는 카지노에서 운이 좋았어, 행운이 계속되길 빌어.
We were lucky at the casino, knock on wood.

▶

2. 난 해외에서 일자리를 얻기를 바래, 그렇게 되기를 빌어.
I hope to get a job overseas, knock on wood.

▶

💬 이렇게 말한다!

A: I heard you've been making a lot of money.
B: Yeah, business has been great, knock on wood.

A: 돈을 많이 벌었다고 들었어.
B: 그래, 사업이 잘 되었어, 계속 잘 되길 빌어.

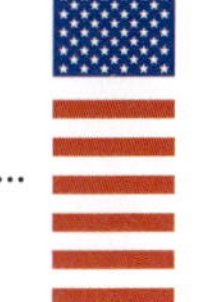

What was he thinking?

070

걔는 무슨 생각을 했던 걸까?, 무슨 생각으로 그랬을까?

직역하면 "걔는 무슨 생각을 했던걸까?"지만 의역하면 "생각을 어떻게 했길래 그런 실수를 했을까?"라는 뉘앙스가 담겨져 있다. "걘 대체 무슨 생각으로 그렇게 했대?"라고 답답해 하면서 하는 말.

✏️ 이렇게 쓰고!

1. 걔가 무슨 생각으로 그랬을까. 이건 진짜 금도 아닌데.
What was he thinking? This is not even real gold.

▶

2. 샘이 이랬다는게 믿기지가 않아. 내 말은 걔가 무슨 생각으로 그랬을까?
I can't believe Sam did this. I mean, what was he thinking?

▶

 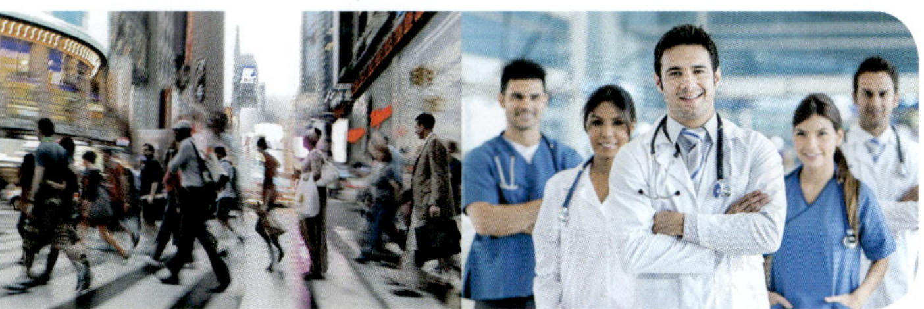

💬 이렇게 말한다!

A: Jack ate garlic before he went out on a date.
B: What was he thinking? His breath must have smelled terrible.

A: 잭은 데이트가기 전에 마늘을 먹었어.
B: 걘 무슨 생각을 했을까? 냄새가 끔찍했을거야.

Not by a long shot

071

어떠한 일이 있어도 아냐, 어림도 없지

not by a long shot은 '어떠한 일이 있어도 아냐,' '절대로 싫어,' '절대로 안 돼'라는 말로 사람이나 사물의 평가를 내릴 때 부정적으로 강하게 단정지어 대답할 때 사용한다. 한편 It was a long shot이라고 하면 "승산이 희박했어," "가능성이 없었어"라는 표현.

 **이렇게 쓰고!**

1. 우리 아직 안 끝났어, 한참 멀었어.
We're not done, not by a long shot.

▶ ____

2. 가능성이 없을지도 모르겠지만, 누가 알겠어!
It's probably be a long shot, but you never know!

▶ ____

이렇게 말한다!

A: I always thought that you were in love with Kate.
B: Not by a long shot. She and I were only friends.

　A: 난 네가 케이트를 사랑하는 줄 알았어.
　B: 전혀 아니야. 걔하고 난 그냥 친구야.

072	# Say when ## 됐으면 말해

Say when you think you have enough라는 의미로, 특히 술자리에서 술을 따라주면서 상대방이 원하는 충분한 양이 되었을 경우 말해달라는 것으로 대답할 때는 "When," "Stop," 혹은 "That's enough, thanks(그 정도면 됐어, 고마워)"이라고 하면 된다.

 **이렇게 쓰고!**

1. 와인 좀 따라줄게. 그만 원할 때 말해.
   I'm going to pour some wine. Just say when.

   ▶

2. 후추 좀 뿌릴게. 그만하고 싶을 때 말해.
   I'll add some pepper. Say when.

   ▶

이렇게 말한다!

A: Let me pour that for you. Say when.

B: OK, stop! I don't want to get drunk tonight.

A: 내가 따라줄게. 됐으면 말해.

B: 좋아, 그만! 오늘 밤엔 고주망태가 되면 안되거든.

073 That's music to my ears
듣던 중 정말 반가운 말이네

정확히 몰라도 '귀에 음악'이라니 좋은 뜻인 걸 가볍게 추측할 수 있는 표현이다. 칭찬이나, 희소식 등을 들었을 때 하는 말로 "좋은 소식이네," "듣기만 해도 기분 좋다"(It's really good news) 정도로 생각하면 된다.

이렇게 쓰고!

1. 너 걔랑 결혼한다고? 듣던 중 반가운 소리네.

You're going to marry her? That's music to my ears.

2. 듣던 중 반가운 소리네. 이렇게 좋은 얘기를 듣는 건 처음이야.

That's music to my ears. It's the best thing I ever heard.

이렇게 말한다!

A: School has been canceled because of the storm.

B: Great. That's music to my ears.

A: 폭풍 때문에 수업이 취소됐어.

B: 좋아. 듣던 중 반가운 말이네.

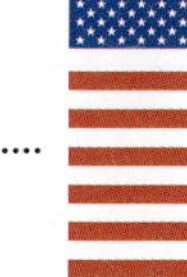

074 We're going in

우리가 맡을게

go in는 글자그대로 어디에 들어간다는 말에서 발전하여 '어떤 임무나 일을 맡는다'라는 의미로 쓰인다. 단순히 물리적으로 '들어가다'에서 나아가 '본격적으로 시작하다,' '돌입하다'처럼 비유적으로 사용된다. 뭔가 '결단'의 순간에서 많이 쓰인다.

✏️ 이렇게 쓰고!

1. 자, 얘들아, 준비해. 우리가 들어간다.

OK, guys, get ready. We're going in.

▶

2. 20초간 교신없으면 우리가 들어간다.

No contact in 20 seconds, we're going in.

▶

💬 이렇게 말한다!

A: Will you be able to fix the broken gas pipe?

B: Sure we will. We're going in.

A: 부서진 가스관을 고칠 수 있겠어?

B: 당근이지. 우리가 맡을게.

You are on

075

그래 좋았어

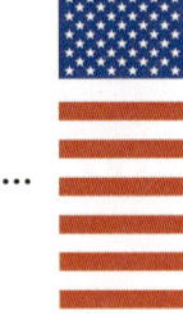

You are on은 상대방의 내기 제안 혹은 도전을 받아들이면서 "그래 해보자," "그래, 하자!," "딜이야!," "네말 받아들이지!"라는 의미로 쓰인다. 참고로 "I'm on"은 상대방 제의에 찬성할 때 쓰는 표현이 된다.

✏️ 이렇게 쓰고!

1. 날 이길 수 있다고 생각하면, 좋아, 해보자!

If you think you can beat me, you're on!

▶

2. 좋아, 해보자. 100달러 걸자.

You're on. Let's make it $100.

▶

💬 이렇게 말한다!

A: I'll race you to the end of the track.

B: You are on. The loser will have to buy lunch next week.

A: 이 트랙 끝까지 경주하는거다.

B: 좋을대로. 지는 사람이 다음주에 점심사는거다.

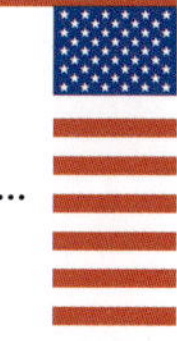

076 What's it to you?

그게 너랑 무슨 상관이지?

What's it to you?는 What's it got to you? 혹은 What's it got to do with you?와 같은 말로 "대체 왜 이래?," "그게 너랑 무슨 상관이지?"(Why does it matter to you personally?)라는 의미의 문장으로 사용된다.

이렇게 쓰고!

1. 그게 너랑 무슨 상관이야? 아무도 신경쓰지 않는데!

What's it to you? No one else cares!

▶

2. 물론 걔는 결혼했어. 그게 너랑 무슨 상관이야?

Of course, she's married. What's it to you?

▶

이렇게 말한다!

A: Didn't I see you out drinking late last night?

B: What's it to you? That is my own business.

A: 지난 밤에 늦게까지 너 술먹는거 내가 보지 않았나?

B: 그게 너랑 무슨 상관야? 그건 내 일이라고.

You're right on!

077

좋아!, 맞아!

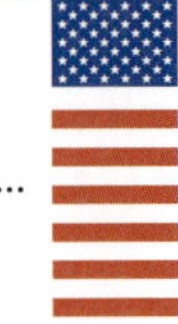

be right on은 '상대방의 의견에 찬성이나 지지를 나타낼 때,' 그리고 You're on은 상대방의 내기를 받아들이며 "그래 좋았어," 그리고 You're right on the money는 "바로 맞혔어," "바로 그거야"(Exactly correct)라는 말.

이렇게 쓰고!

1. 네가 항상 맞을 수는 없어.
You can't be right on all the time.

▶

2. 네 말이 맞아. 바이러스 예방 프로그램이 필요다니까.
You're right on. We need software to protect against viruses.

▶

이렇게 말한다!

A: I think Chris likes you.
B: You're right on! I was thinking the same thing.

A: 크리스가 너를 좋아하는 것 같아.
B: 바로 맞았어! 나도 그렇게 생각했었거든.

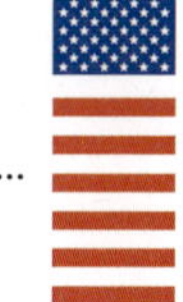

Don't fall for it

078

(속아) 넘어가지마, 사랑에 빠지면 안돼

fall for sth하게 되면 교묘한 속임수나 거짓말에 멍청하게 '속아 넘어'(get fooled)가지 말라'는 경고성 표현이 되고, fall for sb하게 되면 '…와 사랑에 빠지다'라는 의미로도 사용된다.

✏️ 이렇게 쓰고!

1. 속지마. 그건 아주 싸구려 시계라구.

Don't fall for it. That is a very cheap watch.

▶

2. 걘 환자야. 난 환자를 사랑할 수 없어.

He's a patient. I can't fall for my patients.

▶

💬 이렇게 말한다!

A: He says I can get a lot of money even if I invest a little.

B: Don't fall for it. He'll only steal your money.

A: 걔말이 돈을 조금 투자해도 많이 벌 수 있다고 해.

B: 혹하지마. 네 돈을 훔치려는거야.

079

Where was I?

내가 무슨 얘길 했어?, 내가 어디까지 이야기했지?

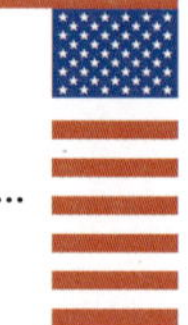

Where am I?처럼 현재시제로 쓰면 현재 위치를 묻는 표현이지만, 과거형 Where was I?는 전화를 받고 나서 자기가 무슨 말을 했는지 잊어버렸을 때 혹은 지난주 수업을 어디까지 했는지 등을 물을 때 사용하는 것으로 "내가 무슨 얘길 했더라?," "내가 어디까지 이야기했더라?"는 의미가 된다.

이렇게 쓰고!

1. 우리 어디까지 이야기했지?

Where were we?

▶

2. 내가 무슨 얘길 하고 있었지? 어 그래. 레인, 나와 결혼해줄래?

Where was I? Oh, yeah. Lane. Will you marry me?

▶

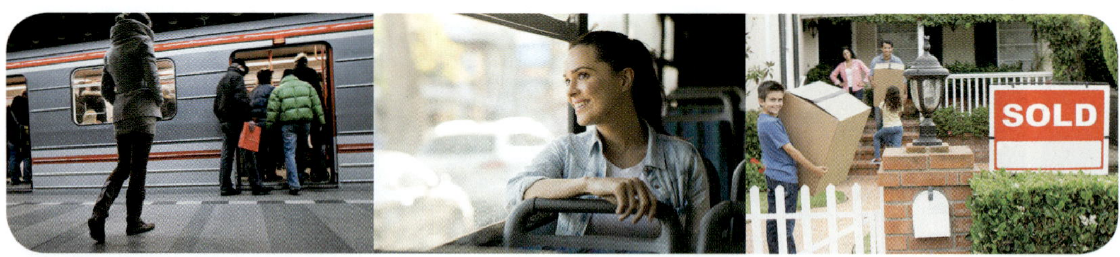

이렇게 말한다!

A: Where was I?

B: You were talking about American history, professor.

A: 내가 어디까지 얘기했지?

B: 미국 역사에 대해 말씀하셨어요, 교수님.

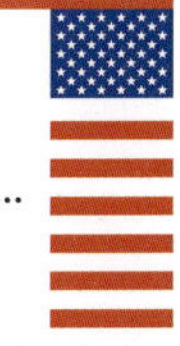

You up for it?

080

하고 싶어?, 같이 할래?

be up for sth은 단어 그대로 하나하나 풀어보면 의미가 이해되는 표현. 그것 (it)을 할려고(for) 준비태세를 갖추고 있냐(up)는 말로 상대방에게 무엇을 "할 마음이 있냐?"고 물어보는 표현이다. 다시 말해 sth을 '하고 싶은 관심이나 의향이 있는지' 물어보는 문장.

이렇게 쓰고!

1. 난 별로 생각이 없어.

I don't think I'm up for it.

2. 난 안가. 별 생각이 없어.

I'm not going. I'm not up for it.

이렇게 말한다!

A: It's about ten more miles to the end of the trail. Are you up for it?

B: I don't know if my legs can make it!

A: 코스 끝까지는 10마일 정도야. 할 수 있겠니?

B: 내 다리가 버텨낼 수 있을지 모르겠네!

231

081

It was meant to be

운명이었어, 하늘이 정해준거야

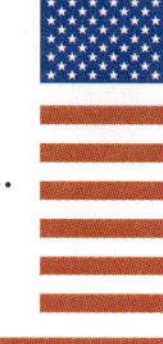

'…할 작정이다'라는 뜻인 mean to+V의 수동형으로 피할 수 없는 '운명이었다'라는 의미. 다시 말해 '천생연분'이라는 말씀. 비슷한 표현으로는 = be meant for each other = be made for each other = be a match made in heaven = mate for life 등이 있다.

 **이렇게 쓰고!**

1. 그럴 운명이라면 그렇게 되겠지.

If it is meant to be, I'll get it.

▶

2. 너희 둘은 정말 천생연분야, 다들 그렇게 생각해.

You two are so meant to be together, everybody thinks so.

▶

 **이렇게 말한다!**

A: I can't believe our dog died. He looked so healthy.

B: Well, it was just meant to be.

A: 우리 개가 죽다니. 아주 건강해보였는데.

B: 음, 언젠가 겪을 일이었는걸.

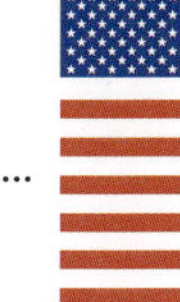

082   I won't let it happen again

다신 그런 일 없을거야

땡땡이치다 들켰을 때, 술 마시고 늦게 귀가했을 때 엄마나 아내에게 "다신 안 그럴게," "한 번만 봐줘요"(I won't do it again, I promise!)라고 두 손 싹싹 빌며 용서를 구할 때 쓸 수 있는 표현. 문두에 I swear(맹세할게)를 덧붙이면 의미를 더욱 강조할 수 있다.

✏️ **이렇게 쓰고!**

1. 다신 그러지마

Don't let it happen again.

2. 미안해, 다신 그런 일 없을거야.

I'm sorry. I won't let it happen again.

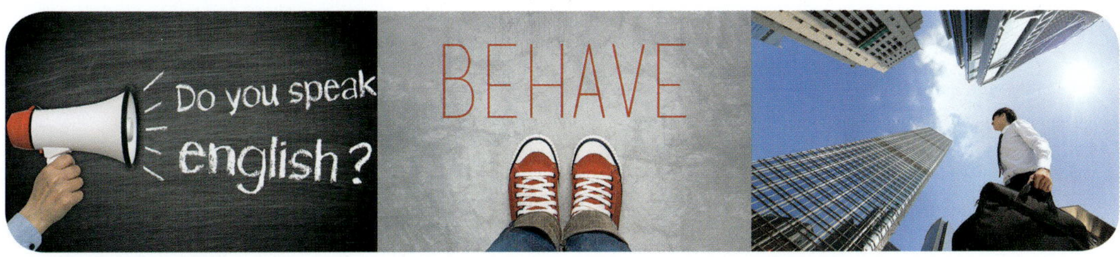

💬 **이렇게 말한다!**

A: If I ever see you with another girl, we are finished!

B: I'm sorry honey. I won't let it happen again.

A: 네가 또 다시 딴 여자랑 있는게 눈에 띄기만 하면 우린 끝이야!

B: 미안해 자기야. 다시는 안그럴게.

Don't get me started

난 빠질래, 그 얘긴 꺼내지도마

083

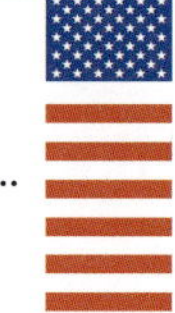

get sb started는 'sb가 …를 하게 하다'라는 말로, Don't get me started (on)~하게 되면 "…는 말도 마," "…얘기는 꺼내지도마," "…하게 하지 마"(It's better not to talk about that subject)라는 의미가 된다.

이렇게 쓰고!

1. 그건 난 빠질래.

Don't get me started on that.

▶

2. 그 여자 얘기는 다시 꺼내지도마.

Don't even get me started about that bitch.

▶

이렇게 말한다!

A: I hear that you're angry about the new rules.

B: Don't get me started. They are so stupid.

A: 새로운 규칙에 화났다고 들었어.

B: 그 얘긴 꺼내지도마. 걔네들 정말 멍청해.

Break a leg!

084

행운을 빌어!

break one's+신체부위하면 '…가 부러지다'라는 뜻이지만, 관용적으로 Break a leg!하게 되면 "행운을 빌어!"라는 표현이 된다. 공연계에서 행운을 직접 말하면 불운이 찾아온다는 미신 때문에 반대로 "다리야 부러져라!"라고 말한거에서 유래하였다. 요즘도 많이 쓰는 표현이다.

 **이렇게 쓰고!**

1. 프레젠테이션 잘하고 와!

Break a leg on your presentation!

▶

2. 행운을 빌어! 다들 네가 성공하기를 바래.

Break a leg! Everyone wants you to succeed.

▶

 **이렇게 말한다!**

A: I will be acting in the school play.

B: That's terrific. Break a leg!

A: 학교 연극에서 역할을 맡았어.

B: 멋져라. 행운을 빌어!

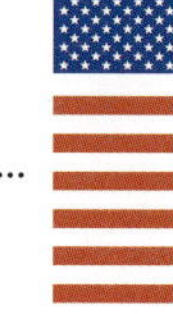

All right already!

좋아, 알았다구!

085

"좋아 알았다구!," "이제 그만해라!," '됐어, 그만해!"라는 뜻으로 상대방의 의견에 이미 동의했음을 다소 성급하게 말할 때 사용하면 된다. 또한 All right, then은 "좋아, 그럼"이란 의미이다.

✏️ 이렇게 쓰고!

1. 알았어 좀! 한다고 했잖아.

All right already! I said I'll do it.

▶

2. 좋아 그럼. 진정해. 다 괜찮아질거야.

All right then. Relax. Everything will be fine.

▶

💬 이렇게 말한다!

A: You're such a bum. When are you going to get a job?

B: All right already!

A: 이런 놈팽이가 있나. 취직은 언제 할거야?

B: 이제 그만 좀 하세요.

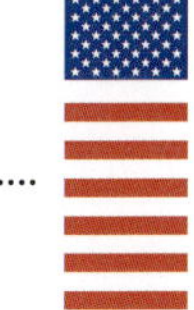

086 I have my hands full!

너무 바빠서 다른 일을 할 겨를이 없어요!

have one's hands full은 '바빠서 다른 일을 못하다'(I'm really busy)로 무척 바쁜 상태를 말할 때 사용하는 표현이다. 바쁜 일을 함께 말하려면 have one's hands full ~ing [with~]라고 쓰면 된다.

✏️ 이렇게 쓰고!

1. 질은 애를 5명이나 키우기 때문에 바빠.

Jill's got her hands full caring for her five kids.

▶

2. 너무 바빴지만 걔에게서 눈을 떼지는 않았어.

I had my hands full. I don't take my eyes off him ever.

▶

💬 이렇게 말한다!

A: I can't help you. I have my hands full.

B: Is there someone else who might give us a little help?

A: 못 도와줘. 내가 너무 바빠서.

B: 좀 우릴 도와줄 다른 사람 있어?

087

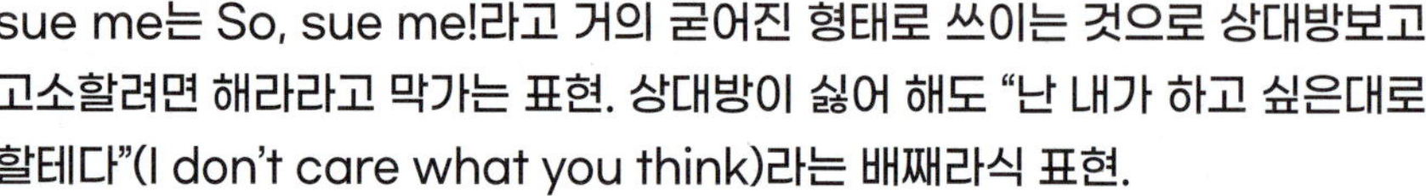

So, sue me

그럼 고소해 봐, 맘대로 해

sue me는 So, sue me!라고 거의 굳어진 형태로 쓰이는 것으로 상대방보고 고소할려면 해라라고 막가는 표현. 상대방이 싫어 해도 "난 내가 하고 싶은대로 할테다"(I don't care what you think)라는 배째라식 표현.

 **이렇게 쓰고!**

1. 어쩔 건데? 고소할거야?

What are you going to do? Sue me?

---

2. 난 규칙에 그렇게 빡빡하지 않아. 그럼 맘대로 해.

I'm loose with the rules. So, sue me.

이렇게 말한다!

A: You always park in my parking space.

B: So, sue me. You can park somewhere else.

A: 넌 항상 내 주차공간에 주차하더라.

B: 그럼, 고소해. 다른 곳에 주차하면 되잖아.

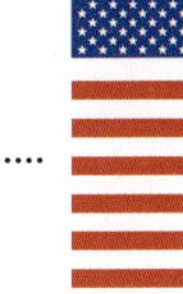

I'm calling the shots

088 ··

내가 결정할래, 내가 지시할게

call the shots는 '내가 책임자이니까 내가 결정한다'(I'm the boss)라는 표현. 또한 be one's shot하면 '…가 결정해야 할 일이다'라는 뜻이 된다. 그래서 "여기 책임자가 누구야?"라고 하려면 "Who's calling the shots here?"라고 하면 된다.

✏️ 이렇게 쓰고!

1. 내 말 좀 들어! 이제 내가 결정내릴거야!
   You listen to me! Now, I'm calling the shots!

   ▶ ··

2. 아무도 혼자 결정내리지 않아. 제이슨과 내가 함께 결정내리지.
   No one calls the shots. Jason and I make decisions together.

   ▶ ··

💬 이렇게 말한다!

A: John says you were wrong about the merger.
B: I'm calling the shots. He doesn't understand anything.

A: 존이 네가 합병에 관해 틀렸다고 말해.
B: 내가 결정하는거야. 갠 아무것도 몰라.

Not a thing

전혀, 아무것도

nothing을 강조한 말로, not a+명사 형태는 강한 부정을 나타낸다. '하나도 없다'라는 표현. 예로 Don't worry about a thing은 "걱정 꽉 붙들어 매"라는 의미가 된다. 또한 Not a thing이 대답으로 쓰이기도 하는데 이 역시 강한 부정으로 "전혀," "아무것도"라는 의미.

 **이렇게 쓰고!**

1. 전혀. 난 정말 건강이 너무 좋아.

Not a thing. I'm in fantastic shape.

▶

2. 걔는 이거에 대해 아무것도 몰라.

She knows not a thing about this.

▶

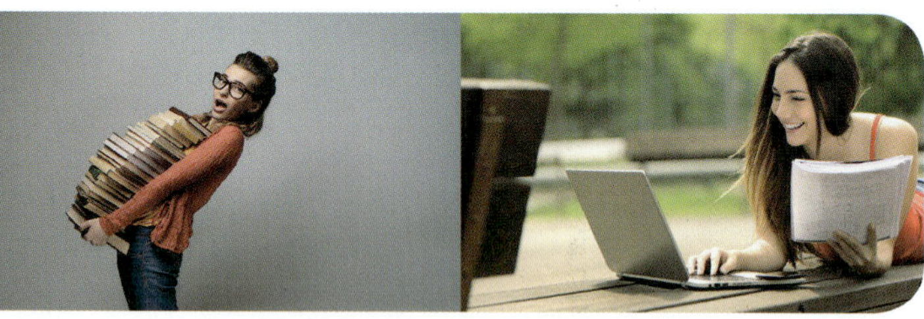

이렇게 말한다!

A: What did you do during your vacation?

B: Not a thing. I stayed home every day.

A: 휴가 동안 뭐했어?

B: 아무것도 안했어. 맨날 집에 있었어.

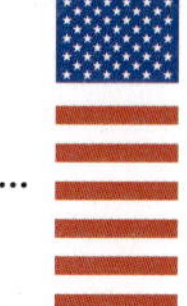

090 There will be hell to pay

나중에 몹시 성가시게 될거야, 뒤탈이 생길텐데

There will be hell to pay는 호되게 대가를 치를거라는 의미로 "나중에 몹시 성가시게 될거야," "뒤탈이 생길텐데'(Someone is going to be very angry)라는 뜻. 어리석은 짓을 하려는 상대방에게 충고나 경고할 때 사용한다.

✏️ 이렇게 쓰고!

1. 걔 근처에 다시 얼씬하기만 하면 각오해.

If you ever come near again, there will be hell to pay.

▶

2. 너 안 오면 뒤탈이 생길거야.

If you're not going to show up, there will be hell to pay.

▶

💬 이렇게 말한다!

A: There will be hell to pay when my mom comes home.

B: Yeah, she'll find out you broke the TV!

A: 엄마가 집에 오시면 엄청 화나실텐데.

B: 그래, 네가 TV를 망가트린 걸 아시게 될거야!

091 There's more to it than that

다른 뭔가가 있어, 숨은 사정이 있어

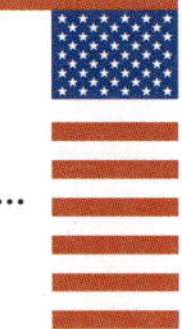

There's more to it than that은 굳어진 표현으로 "그거에는 저것보다 더한 것이 있다," 즉 "뭔가 그보다는 다른 뜻이 있다"(You don't know everything yet)라는 뜻이 된다. 상대방의 틀린 판단을 가볍게 지적하고 뭔가 더 있음을 암시하는 문장이다.

✏️ 이렇게 쓰고!

1. 다른 뭔가가 더 있어. 날 믿어, 내가 안다고.

There's more to it than that. Trust me. I know.

▶

2. 내가 모든 걸 설명할게. 그것보다는 더 깊은 뜻이 있어.

I'll explain everything. There's more to it than that.

▶

💬 이렇게 말한다!

A: I heard you quit your job because you were unhappy.

B: There's more to it than that. I'll tell you about it later.

A: 불행해서 직장을 그만뒀다며.

B: 다른 뭔가가 있지. 나중에 얘기해줄게.

092 What took you so long?

뭣 때문에 이렇게 오래 걸렸어?, 뭣 때문에 그렇게 시간을 끌었니?

What makes[brings]~?와 더불어 What~으로 시작하는 '이유'의 의문문이다. What took you so long?은 예정보다 늦는 사람에게 "뭣 때문에 그렇게 시간을 끌었니?," "왜 이렇게 오래 걸렸어?"라고 물어보는 말. I don't know what's keeping him(걔가 뭣 때문에 늦어졌는지 모르겠어)도 함께 알아둔다.

✏️ 이렇게 쓰고!

1. 내게 데이트 신청하는데 왜 이렇게 오래 걸렸어?

How come it took you so long to ask me out?

▶

2. 걔 무슨 문제가 있어? 너 왜 이렇게 오래 걸린거야?

What's wrong with her? What took you so long?

▶

💬 이렇게 말한다!

A: On our date tonight, I asked Mindy to marry me.

B: What took you so long? You guys have been going out for years.

A: 오늘밤 데이트하면서 민디에게 청혼했어.

B: 뭣 때문에 그렇게 시간을 끌었어? 둘이 사귄 지 한참 됐잖아.

093

You wouldn't do that!

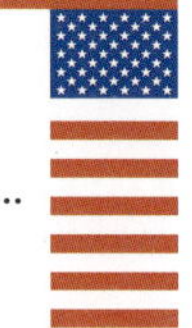

그렇게 못할거면서!, 절대 못할걸!, 이럴 수는 없지!

가정법 조동사가 일단 들어가 있으면 해석에 주의를 해야 한다. 여기서는 상대방이 뭔가 놀라운 일을 하려고 할 때, "설마, 네가 그렇게 하겠어!"라는 의미로 놀람이나 실망을 나타낸다. 영어로 쉽게 말하자면 "I can't believe you'll do that"으로 생각하면 된다.

 **이렇게 쓰고!**

1. 네가 진정으로 걔친구라면, 이럴 수 없을거야.

If you were really his friend, you wouldn't do this.

▶

2. 네가 찬성할게 아니라면 그렇게는 할 수 없지.

You wouldn't do that if you weren't gonna say yes.

▶

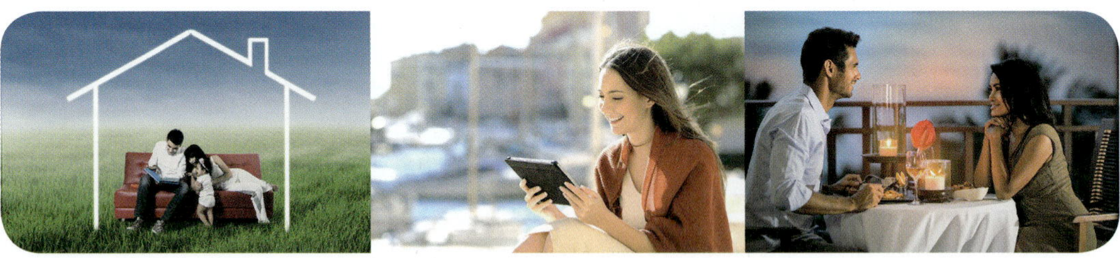

이렇게 말한다!

A: I might join the Marines next year.

B: You wouldn't do that! You aren't tough enough.

　A: 내년에 해병대에 입대할까 해.

　B: 그렇게 못할거면서! 그렇게 강인하지도 않잖아.

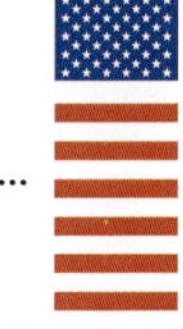

094 Now you're talking!

그래 바로 그거야!, 그렇지!

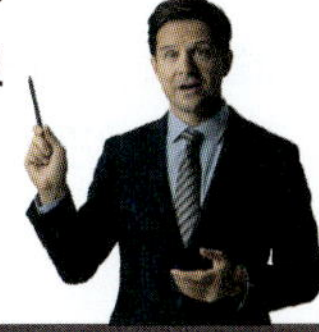

직역해서 대화 도중에 상대방이 "이제 너 이야기하는구나!"라고 한다면 좀…. 이는 상대방이 말귀를 이해못하다 알아들었을 때 "이제 말이 통하는구나!," "그래 바로 그거야!," "그렇지!"라는 말. Now we're interfacing이라고도 한다.

✏️ 이렇게 쓰고!

1. 술한잔 하고 싶다고? 이제 말이 통하는구만!

You want to get a drink? Now you're talking!

▶

2. 바로 그거야. 그건 통할 수도 있겠네.

Now you're talking. That could actually work.

▶

💬 이렇게 말한다!

A: Let's go out and drink some beer.

B: Now you're talking. I haven't had a chance to relax all week.

A: 나가서 맥주나 좀 마시자.

B: 좋은 생각이야. 일주일 내내 기분전환할 기회가 없었는데.

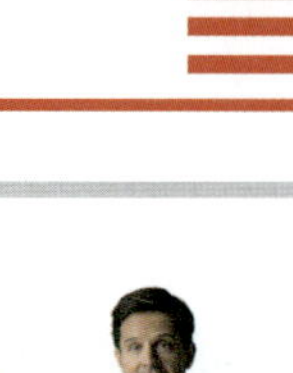

095 — I just had a physical

건강검진을 받았어

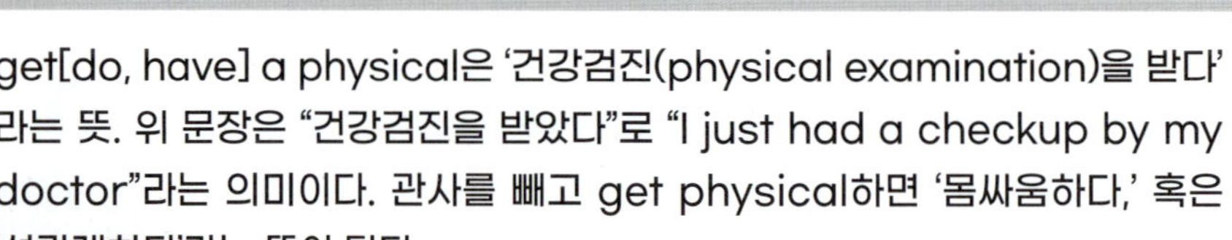

get[do, have] a physical은 '건강검진(physical examination)을 받다'라는 뜻. 위 문장은 "건강검진을 받았다"로 "I just had a checkup by my doctor"라는 의미이다. 관사를 빼고 get physical하면 '몸싸움하다,' 혹은 '성관계하다'라는 뜻이 된다.

✏️ 이렇게 쓰고!

1. 올해 건강검진 받았어?

Did you get your physical this year?

▶

2. 몸이 좀 이상하면 건강검진 받아보는게 좋겠어.

You should get a physical if you're feeling off.

▶

💬 이렇게 말한다!

A: Have you been to a doctor recently?

B: I just had a physical. Everything is fine.

A: 너 최근에 병원에 간 적 있어?

B: 건강검진을 받았는데 다 괜찮대.

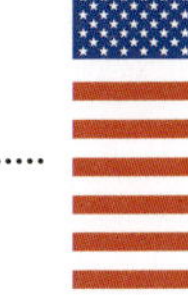

096 Does it work for you?

네 생각은 어때?, 너도 좋아?

여기서 it은 앞서 말한 자기가 한 제안이나 의견의 내용 전체를 지칭하는 대명사로, Does it work for you?는 상대방이 그것을 받아들이거나 동의할 수 있는지 물어보는 표현이 된다. 주어자리에 사람이 아닌 sth이 온다는 점을 눈여겨둔다.

 **이렇게 쓰고!**

1. 이걸로 해 너한테 괜찮을거야.

Go along with this and it'll work for you.

▶

2. 어, 난 진실이 통해. 진실이 좋아.

Well, the truth works for me. I like the truth.

▶

이렇게 말한다!

A: Could you stop by at 3 o'clock today?

B: Sure, that time works for me.

A: 오늘 3시에 들릴 수 있어?

B: 물론. 난 괜찮아.

097 · I just want to get it over with

그냥 빨리 끝냈으면 해

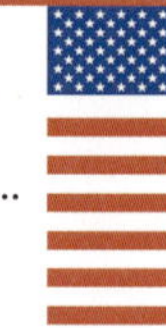

get it over (with)는 뭔가 기분 안좋은 일을 피하기 위해 일을 빨리 끝내다라는 말로 "빨리 해치우다"(I want it to end) 정도로 해석하면 된다. 보통 it은 불쾌한 일을 말하게 된다. 위 문장 혹은 "Let's get it over with"(빨리 해치워 버리자구) 형태로 많이 쓰인다.

✏️ 이렇게 쓰고!

1. 그냥 걔한테 얘기하고 끝내버려.
Just tell him and get it over with.

▶

2. 자정 전에 이거 빨리 처리해야 해.
I need to get it over with before midnight.

▶

💬 이렇게 말한다!

A: Most of us don't want to join the army.
B: I know. I just want to get it over with.

A: 우리들 대부분은 군대에 가기 싫어해.
B: 알아. 그냥 빨리 끝냈으면 해.

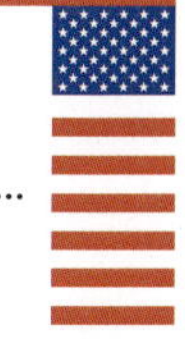

098

That's big of you

친절하기도 하지, 맘이 넓기도 하지, 정말 자상해

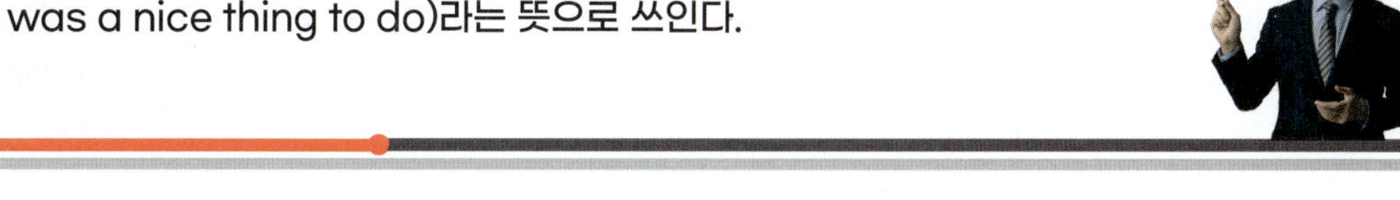

네이티브들은 쉬운 단어로 어려운 문장을 만드는 재주가 있다. 'big'도 그 중의 하나. It's big of sb to do~는 '…하다니 통이 크네,' '…하다니 친절하네'("It was a nice thing to do)라는 뜻으로 쓰인다.

 **이렇게 쓰고!**

1. 걜 용서한 건 정말 맘이 넓은거였어.

It was big of you to forgive him.

▶

---

2. 전화해줘서 감동했어. 친절하기도 하지.

I was really touched by your call. It was so big of you.

▶

 **이렇게 말한다!**

A: I gave my date some money for a taxi home.

B: That's big of you. Why didn't you drive her home?

A: 택시타고 집에 가라고 데이트상대에게 돈을 좀 줬어.

B: 친절하기도 해라. 왜 집에 데려다주지 않았어?

099 Speak for yourself

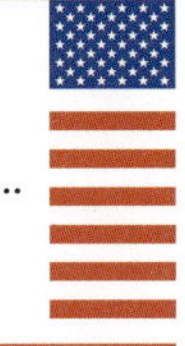

그건 그쪽 얘기죠, 너나 그렇지

상대방의 말에 동의하지 않는다는 것을 전제로 네 입장에서 하는 이야기이다, 즉 "그건 네 이야기이다," "너나 그렇지"라는 의미. 단 the facts speak for themselves처럼 사물주어가 나오면 "스스로 명백해지다," "자명해지다"라는 말이 된다.

✏️ 이렇게 쓰고!

1. 너나 그렇지. 난 공감하지 않아.

Speak for yourself. I don't feel the same way.

▶

2. 그쪽 얘기지. 내게 이 아파트는 멋져.

Speak for yourself. To me, this apartment is fine.

▶

💬 이렇게 말한다!

A: I don't agree with this plan.

B: Speak for yourself. I think it's a good idea.

A: 이 계획에는 찬성할 수 없어.

B: 너나 그렇겠지. 난 괜찮은 생각인 것 같은데.

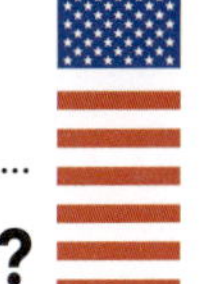

100 What do you see in her?

그 여자 뭐가 좋아?, 어디가 좋은거야?, 걔 어떤 점이 마음에 드는거야?

What do you see in sb?는 'sb에서 뭘 보냐'는 말로, 말하는 사람은 좀 이해가 안되고 화가 나서 하는 말로 "걔가 뭐가 좋다고 그러는거야?," "걔 어디가 좋은거야?'(Why are you attracted to sb?)라는 볼멘 문장. 자연 남녀관계 문맥에서 많이 쓰인다.

✏️ 이렇게 쓰고!

1. 모르겠네. 저 자식 어디가 좋은거야?

I don't get it. What do you see in this guy?

▶

2. 걔 정말 멍청하잖아. 어디가 좋은거야?

That guy's like a stupid. What do you see in him anyway?

▶

💬 이렇게 말한다!

A: My girlfriend is always yelling at me.

B: What do you see in her? I don't understand it.

A: 내 여친은 맨날 내게 소리쳐.

B: 걔 뭐가 좋은거야? 난 이해가 안돼.

101 — Talk about selfish!

이기적이라면 그 사람 따라갈 수가 없어!

Talk about~은 좀 어려운 표현. "…얘기는 말도 마!," "…치고 최고군!," "정말 …하네!"라는 뜻으로 주로 감탄하거나 비꼴 때 사용한다. Talk about~ 다음에 명사나 형용사를 넣으면 된다.

✏️ 이렇게 쓰고!

1. 걔 모든 과목에서 낙제했어. 멍청한 건 누가 따라갈 수가 없어!
She failed every class. Talk about stupid!

▶

2. 정말이지 진짜 이상하네. 팀은 절대로 누구와도 얘기를 하지 않아.
Talk about strange. Tim never talks to anyone.

▶

💬 이렇게 말한다!

A: John ate all of the spaghetti I made for the party.
B: That's awful. Talk about selfish!

A: 존은 파티용으로 만든 스파게티를 다 먹어버렸어.
B: 굉장하네. 정말 이기적이라니까!

102

That should do it

그 정도면 됐어

That should do it은 "이 정도면 됐어"라는 말로 뭔가 일이 마무리 됐음(It's finished)을 표현하고자 할 때 사용한다. 더 큰 확신을 갖고 말하려면 That will do it(이걸로 충분해), 그리고 반대로 "그건 안돼[부족해]"라고 하려면 That won't do라고 하면 된다.

이렇게 쓰고!

1. 난 보고서를 프린트했고 그렇게 일을 끝냈어.

I printed the report, so that should do it.

2. 저기 그 정도면 됐어. 시간 내줘서 고마워.

Well, that should do it. Thanks for your time.

이렇게 말한다!

A: Have you finished painting the living room?

B: Yes, I have. That should do it.

A: 거실 칠하는거 끝냈어요?

B: 네, 끝냈어요. 그 정도면 됐죠.

What's the story?

103

어떻게 된거야?

What's the story는 상황이 어떻게 진행되는지 물어보는(Tell me what is going on) 것이고, What's your story?하면 "너 왜 그런거야?," 그리고 What's her story?하면 "쟤는 왜 저래?"라는 의미가 된다.

 **이렇게 쓰고!**

1. 돈이 한 푼도 없다고, 어떻게 된거야?

You don't have any money, so what's the story?

▶

---

2. 뭐라는거야? 넌 크리스하고 자?

What's the story? Are you sleeping with Chris?

▶

이렇게 말한다!

A: You look exhausted. What's the story?

B: My boss is making me work a lot of overtime.

A: 너 무척 지쳐 보여. 어떻게 된거야?

B: 사장이 야근을 엄청 시켜.

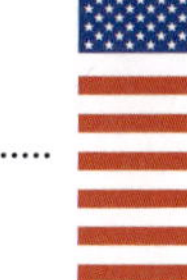

Wrap it up!

104

결론을 내자!, 이만 끝내자!

wrap up은 선물을 포장해 마무리하듯 비유적으로 '뭔가 마무리하다,' '결론내다'라는 의미로 많이 쓰인다. 그래서 위처럼 명령문으로 Wrap it up!하게 되면 "Finish it!"이라는 문장이 된다. 참고로 wrap-up은 명사로 '요약,' '결론'을 뜻한다.

 이렇게 쓰고!

1. 여기까지만 하고 마무리하자.
Let's wrap it up here.

▶

2. 우리 곧 마무리해야겠다.
We should wrap it up soon.

▶

이렇게 말한다!

A: The store is closing. Wrap it up.
B: But I haven't finished shopping yet.

A: 가게 문닫습니다. 이만 끝내시죠.
B: 하지만 아직 쇼핑을 다 하지 못했는데요.

Be careful what you wish for

뭘 원하는지 신중히 생각해

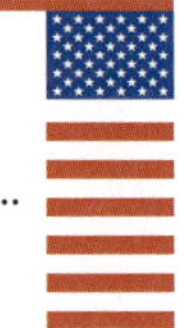

Be careful what you wish for는 "소원을 빌 때 조심해라"(Consider what you want carefully)는 말로 함부로 빌었다가는 더 불행해질 수도 있으니 신중하라는 충고. 그래서 의역하면 "바랄 걸 바래야지," 혹은 "신중하게 소원을 말해"가 된다.

✏️ 이렇게 쓰고!

1. 뭘 원하든지 신중히 생각해, 문제가 생길 수도 있으니까.

Be careful what you wish for, it might cause trouble.

▶

2. 뭘 원하든지 신중히 생각해, 네가 원하지 않는 것일 수도 있어.

Be careful what you wish for because you might not want it.

▶

💬 이렇게 말한다!

A: Many rich people I know seem unhappy.

B: Be careful what you wish for. Money can cause problems.

A: 내가 아는 많은 부자들은 불행해보여.

B: 신중하게 생각해. 돈은 많은 문제를 낳을 수 있어.

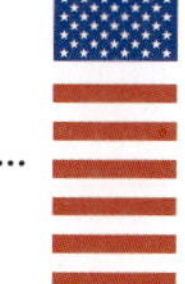

What's with you?

106

뭐 땜에 그래?, 무슨 일이야?

What's with sb[sth]~?는 어떤 사람이나 사물이 처해있는 특정 상태에 대해 물을 때 쓰는 표현으로 "…가 무슨 일이야?" 혹은 "…에게 무슨 일이야?"(Why are you acting strangely?)라는 뜻의 문장이다.

✏️ 이렇게 쓰고!

1. 왜 그래? 애처럼 굴고 말야.

What's with you? You're acting like a kid.

▶

---

2. 무슨 일이야? 열받았어?

What's with you? Are you pissed off?

▶

💬 이렇게 말한다!

A: You are acting strangely. What's with you?

B: I feel kind of nervous tonight.

A: 너 행동이 이상해. 무슨 일이야?

B: 오늘 밤 좀 긴장이 돼서.

You're telling me!

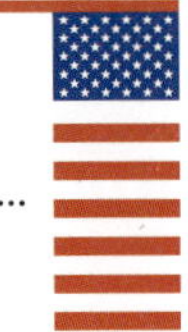

누가 아니래!, 정말 그래!, 나도 알아!

상대방의 말에 전적으로 동의할(showing very strong agreement) 때 맞장구치는 표현. 또한 이미 다 알고 있는 안좋은 이야기를 새삼 다시 거론하는 사람에게 "나도 안다!"고 라고 하면서 짜증낼 때도 사용된다.

✏️ 이렇게 쓰고!

1. 정말 그래. 떠나고 싶어 죽겠어.

You're telling me. I can't wait to leave.

▶

2. 넌 걔를 치려고 하지 않았다는 말야?

You're telling me you didn't try to hit him?

▶

💬 이렇게 말한다!

A: I can't believe the prices at this restaurant.

B: You're telling me.

    A: 이 식당은 비싸도 너무 비싸.

    B: 그래 맞아.

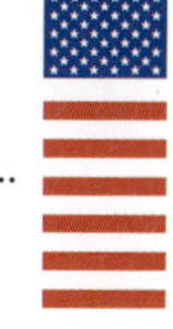

108 — That rings a bell

얼핏 기억이 나네요

> ring a bell은 예전에 봤던 혹은 들었던 것이 '문득 떠오르다'라는 말로 Does that ring a bell?하면 상대방에게 과거의 일을 물어볼 때, "뭐 기억나는거 없어?"라고 하는 빈출문장. 주어가 "(…에게) 뭔가 생각나게끔 한다'(remind of sth)라는 의미이다.

✎ 이렇게 쓰고!

1. 그랬던 듯도 한데 잘 모르겠어. 어디서 열렸지?

That rings a bell but I'm not sure. Where was it?

▶

2. 이름을 들어본 것 같은데. 우리보다 상급생이었지?

That name rings a bell. Was he in our senior class?

▶

💬 이렇게 말한다!

A: Have you seen the movie "Good Will Hunting?"

B: That rings a bell, but I'm not sure.

   A: "굿윌헌팅"이란 영화 봤어?

   B: 얼핏 기억은 나는데 잘 모르겠어.

You do the math

109

계산해봐, 잘 생각해봐, 답은 뻔하잖아

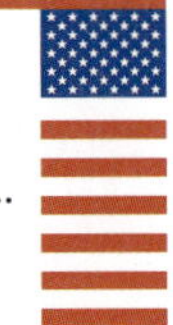

do the math는 '계산하다'에서 출발하여 '생각해봐,' 혹은 '뒷말은 안해도 되겠지'(Look at this and you will understand it clearly)라는 비유적 의미로 많이 쓰인다. 앞에 'You'는 명령문 강조형이다.

✏️ 이렇게 쓰고!

1. 생각해봐. 뻔하잖아.

Do the math. It's so obvious.

▶

2. 5개월동안 5백만 달러 벌었어. 계산해 봐.

5 million in five months. You do the math.

▶

💬 이렇게 말한다!

A: Why is Steve being so nice to his grandmother?

B: She's rich and very old. You do the math.

A: 스티브가 왜 할머니에게 그렇게 잘하는거야?

B: 할머니가 부자시면서 늙으셨거든. 잘 생각해봐.

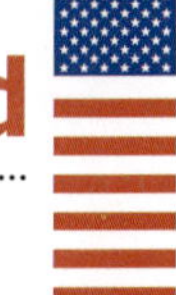

110 I wanna make out with my girlfriend

애인하고 애무하고 싶어

make out (with sb)은 주로 남녀가 강렬한 키스를 하면서 약간의 육체를 가볍게 탐험하는(I want to spend time kissing and touching my girlfriend) 상황을 의미하는 표현이다. 상관계를 말하는 hook up보다는 가벼운 의미의 문장이다.

🖊 이렇게 쓰고!

1. 한번은 엘리베이터에서 모르는 사람과 애무한 적 있어.

I once made out with a stranger in an elevator.

▶

2. 걔가 내 누이랑 애무했을 때 난 엄청 열받았어.

When he made out with my sister, I was so angry at him.

▶

💬 이렇게 말한다!

A: I want to make out with my girlfriend.

B: You should just try to be nice to her instead.

A: 여친과 애무하고 싶어.

B: 대신 걔한테 착하게 대하도록 해.

111 You're driving me up the wall!

너 때문에 미치겠다!

drive sb up the wall은 '…을 화나게 하다,' '짜증나게 하다'라는 의미. "You're driving me up the wall"의 형태로 약간 유머스럽게 짜증을 낼 때 자주 사용된다. 너무 심하게 화난게 아니라 "짜증 나 죽겠어!" "너 때문에 미치겠어!" 같은 가벼운 불평에 어울린다.

 이렇게 쓰고!

1. 그만 좀 흥얼거려! 너 때문에 짜증나 죽겠어.

Stop humming! You're driving me up the wall.

▶

2. 오늘 아내 때문에 미치겠어.

My wife is driving me up the wall today.

▶

💬 이렇게 말한다!

A: Stop pacing around the room. You're driving me crazy.

B: I can't help it. I'm so nervous.

A: 방에서 서성거리지 좀 마. 너 때문에 돌아버리겠어.

B: 어쩔 수가 없어. 너무 걱정돼서 말야.

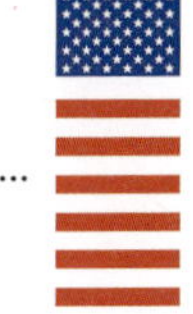

That's the last straw

112

해도해도 너무 하는군, 더 이상 못참겠어

That's the last straw는 해야 하는 일이지만 불쾌하거나 바람직하지 않은 일로 어떤 일에 대해서 도저히 더 견디지 못해서 하는 말로 "해도해도 너무 하는군," "더 이상 못참겠어"라는 말이다. 영어로 하자면 "Now you are in big trouble"에 해당된다.

 **이렇게 쓰고!**

1. 더 이상 못참아. 걔를 끌어내라고!
That's the last straw. Get him out of here!

▶

2. 참을 만큼 참았어! 더 이상 너랑 방 같이 쓰기 싫어.
That's the last straw! I don't want to be your roomie anymore.

▶

이렇게 말한다!

A: I can hear the neighbors making noise again.
B: That's the last straw. It's after 3 am!

A: 이웃들이 다시 시끄럽게 하네.
B: 더 이상 못 참아. 새벽 3시가 지났는데!

Care to tag along?

따라올테야?

113

> tag along (with sb)은 '(…을) 따라가다'라는 의미인데 특히 상대방이 요청하지 않았는데도 자발적으로 따라다니는 것을 말한다. 위 문장으로 영어로 풀어 써보면 "Would you like to join me when I go?"가 된다.

✏️ 이렇게 쓰고!

1. 좋아요. 선생님, 따라오세요.
Good. Doc, why don't you tag along?

▶ ________________________________

2. 네가 괜찮다면, 따라가고 싶어.
If it's okay with you, I'd like to tag along.

▶ ________________________________

💬 이렇게 말한다!

A: I'm going out to eat. Care to tag along?
B: Sure, I have some time to head to a restaurant.

A: 나 외식할거야. 따라올테야?
B: 물론, 식당에 갈 시간이 좀 있어.

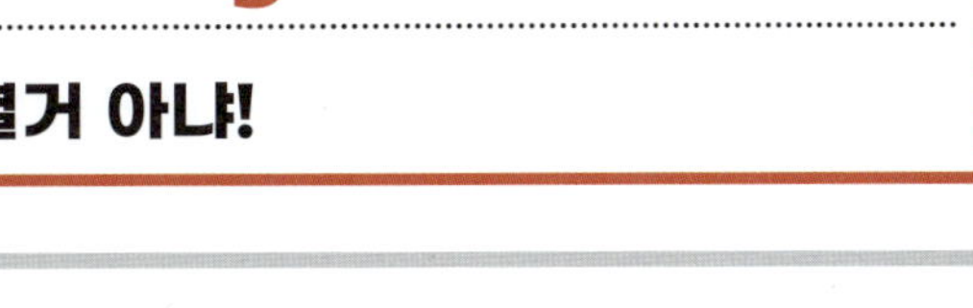

114 That's no big deal!

별거 아냐!

뭔가 좋지 않은 상황을 만나 지나치게 걱정 혹은 당황하고 있는 상대방을 진정시키기 위한 표현으로, deal은 여기선 '해결해야 할 문제'(problem to be treated)란 의미이다. 잘못을 사과하는 사람에게 Don't worry. That's no big deal이라고 하면 매우 퍼펙트한 영어!

 **이렇게 쓰고!**

1. 걱정 마! 별거 아냐.

Don't worry! It's no big deal.

▶

2. 웬 야단? 급여인상해 달래?

What's the big deal? Do they want a higher salary?

▶

 **이렇게 말한다!**

A: I'm sorry for being late to work today.

B: That's no big deal. But make sure not to be late again.

A: 오늘 지각해서 죄송합니다.

B: 별거 아니니 신경쓰지 말게. 하지만 다시는 지각하지 말라구.

115 When did you pick up on that?

언제 알아차렸어?

pick up on sth하게 되면 빨리 뭔가를 '알아차리다,' '이해하다,' 좀 더 직설적으로 말하자면 어떤 상황의 미묘한 감정이나 기류를 '알아채다,' '눈치채다'라는 뜻이 된다. 비슷한 표현으로는 catch on, take[get] the hint 등이 있다.

 **이렇게 쓰고!**

1. 아빠, 나 바보 아냐. 상황을 이해한다고.
   Dad, I'm not an idiot. I pick up on things.

   ▶

2. 걘 내가 거짓말하는거 바로 눈치챘어.
   He picked up on the fact that I was lying.

   ▶

이렇게 말한다!

A: I am pretty sure the suspect has been lying to us.
B: Really? When did you pick up on that?

   A: 용의자가 우리에게 거짓말하고 있다는게 확실해.
   B: 정말? 언제 알아차렸는데?

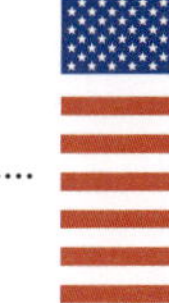

116 You really go all out for this?

너 정말 전력을 다할거야?

go all out for~는 '…에 최선을 다하다,' '전력투구를 하다'라는 의미. 다시 말해 뭔가를 향해서 go all out하겠다면 모든 에너지를 퍼붓다(When someone goes all out, he puts all of his energy into it. It is like saying "I'll do everything that I can do")라는 뜻이 된다.

✏️ 이렇게 쓰고!

1. 넌 정말 이번 휴일에 맘껏 놀거지, 그지 않아?

You really go all out for this holiday, don't you?

▶

2. 린다는 결혼식을 위해 최선을 다할거라고 내게 말했어.

Linda told me she's going all out for her wedding.

▶

💬 이렇게 말한다!

A: You've been training for weeks to run this marathon.

B: I'm really gonna go all out to come in first place.

A: 넌 이 마라톤을 뛰기 위해 수주간 연습을 했어.

B: 난 정말 일등하기 위해 전력투구를 할거야.

Been super busy

엄청 바빴어

117

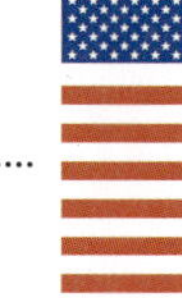

앞서 easy를 강조할 때 super easy라고 했듯, 바쁘다라는 busy를 강조할 때도 이 super를 이용해서 엄청 많이 구어체에서 사용하고 있다. 문장을 제대로 쓰자면 I've been super busy가 된다. 강조하려면 I've been swamped라고 하면 된다.

✏️ 이렇게 쓰고!

1. 여자들 데이트하느라 엄청 바빴어.

Been super busy dating girls.

▶

2. 일 때문에 엄청 바빴어!

Been super busy with work!

▶

💬 이렇게 말한다!

A: What have you been up to?

B: Been super busy planning the new project.

A: 요즘 뭐 하고 지냈어?

B: 새 프로젝트 준비하느라 너무 바빴어.

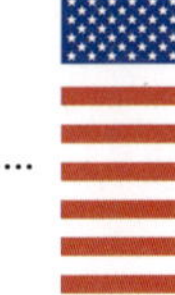

118

I'm good

난 괜찮아

쉬운 단어들로만 구성되어 있다고 무시하면 안된다. 여기서 good은 '좋다'라는 의미로도 쓰이지만 특히 '괜찮아,' '됐다'라는 뜻으로도 사용된다는 것을 알아두어야 한다. 그래서 You good?하면 "너 괜찮아?," 그리고 Are we good? 하면 "우리 괜찮은거지?"라는 의미로 진짜 많이 사용된다.

 **이렇게 쓰고!**

1. 괜찮아, 충분히 먹었어.

I'm good. I've had enough.

▶

---

2. 크리스, 잘 지내? 한동안 안 보이더라.

Chris, you good? Haven't seen you in a while.

▶

이렇게 말한다!

A: Are you okay, honey?

B: I'm good! Just slipped a little.

A: 자기야, 괜찮아?

B: 괜찮아! 그냥 좀 미끄러졌어.

119 I'm good to go

난 준비됐어, 다 됐어

good은 '괜찮다,' '준비되다'라는 뜻이고 go는 '출발하다,' '시작하다'라는 의미이다. 이 둘이 합쳐진 I'm good to go는 "나 준비 다 됐어," "이제 출발해도 돼"라는 뜻을 갖게 된다. 역시 쉬운 단어들로 구성된 단어들이지만 쉽게 의미가 와닿지 않을 수도 있는 표현이다.

 **이렇게 쓰고!**

1. 난 준비 다 됐지! 행운 빌어줘!

I'm good to go! Wish me luck!

▶

2. 난 준비됐어. 출발하자!

I'm good to go. Let's hit the road!

▶

이렇게 말한다!

A: Need anything else before we start?

B: Nope, I'm good to go.

A: 시작하기 전에 더 필요한거 있어?

B: 아니, 이제 시작해도 돼.

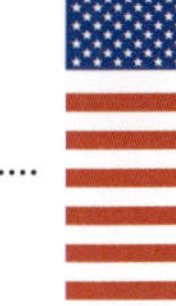

You saved my ass, Chris

120

네가 날 구했어, 크리스

ass는 four-letter words중에서 덜 비속어적이다. 특히 '사람'을 구어적으로 사용할 때 자주 사용된다. save one's ass는 결국 save sb라는 뜻, 즉 '…의 생명을 구하다,' '체면을 살려주다'라는 뜻이 된다. 이렇게 목숨을 구해준 사람에게는 You're a lifesaver라 한다.

✎ 이렇게 쓰고!

1. 아까 거기서 날 구해줘서 고마워.

Thanks for saving my ass back there.

▶

2. 네가 경고 안 해줬으면 큰일 날 뻔했어. 진짜 나 구했어!

If you hadn't warned me, I'd be in trouble. You saved my ass!

▶

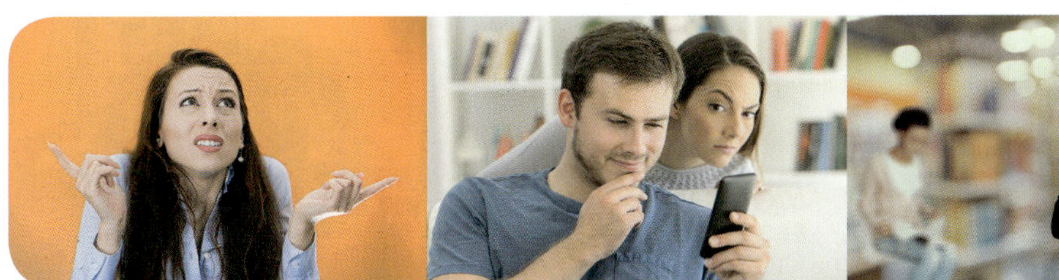

💬 이렇게 말한다!

A: Thanks for saving my ass in front of Sam.

B: Dude, you owe me big time.

A: 샘 앞에서 나 살려줘서 고마워.

B: 야, 너 나한테 큰 빚졌다.

<table><tr><td>121</td><td>

Thanks for the heads-up
미리 알려줘서 고마워
</td><td>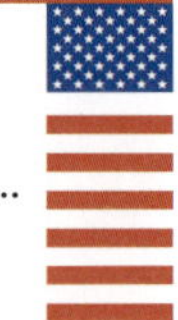</td></tr></table>

> heads(-)up은 명사로 '(미리 알려주는) 경고,' '경계'를 뜻한다. 그래서 give sb a heads-up하게 되면 '…에게 미리 알려주다,' Thanks for the heads-up은 "미리 알려줘서 고마워"라는 표현이 된다.

✏️ 이렇게 쓰고!

1. 내 말은 내게 미리 알려달라는 것뿐이야.
All I'm saying is give me a heads-up.

2. 그건 예의상 미리 알려준거구, 더는 없어.
It was a courtesy heads-up, nothing more.

💬 이렇게 말한다!

A: Just a heads up, there's traffic on Times Square.
B: Thanks for the heads up!

A: 참고로 말하지만, 타임스퀘어에 교통체증이 있어.
B: 알려줘서 고마워!

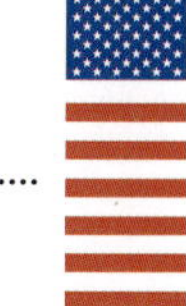

You should hit the sack

122

너 이제 자라

hit the road(출발하다), hit the book(공부하다)처럼 hit the sack하게 되면 '잠들다'라는 뜻이 된다. 우리도 속어로 '…때리다'라는 말이 '…하다'라는 동사를 대신하는 경우를 떠올리면 된다. go to bed의 슬랭표현.

이렇게 쓰고!

1. 난 이제 자러 갈게. 다들 잘 자.

I think I'll hit the sack. Good night, everyone.

▶

2. 너 이제 자라. 오늘 힘들었잖아.

You should hit the sack. You've had a long day.

▶

이렇게 말한다!

A: I'll hit the sack early tonight. Big day tomorrow.

B: Alright, sleep tight.

A: 오늘밤 일찍 자야겠어. 내일이 중요한 날이어서.

B: 그래 푹자.

That makes two of us

123

나도 그렇게 생각해

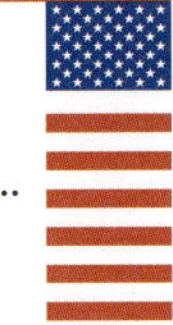

That makes two of us는 상대방의 말에 찬성할 때 쓰는 표현으로 "나도 그래," "나도 마찬가지야," "나도 그렇게 생각해"라는 의미로 미국현지에서 무척 많이 쓰이는 표현 중의 하나이다.

 **이렇게 쓰고!**

1. 휴가 좀 가야겠어. ? 나도 완전 그래!

I really need a vacation. That makes two of us!

▶

2. 주말이 너무 기다려져. ? 나도 완전 그래!

I can't wait for the weekend. That makes two of us!

▶

이렇게 말한다!

A: I just don't like seeing you like that.

B: That makes two of us.

A: 난 네가 그러는 걸 보기 싫어.

B: 나도 그래.

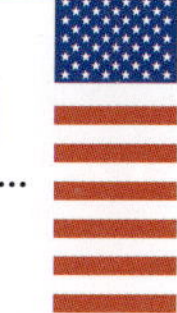

124 I don't know what I was thinking

내가 제정신이 아니었어, 그땐 무슨 생각였는지 몰라

what I was thinking는 '내가 생각하고 있었던거'라는 뜻으로 앞에 I don't know~를 붙여서 I don't know what I was thinking하게 되면 과거를 후회하는 문장으로 "내가 무슨 생각으로 그랬는지 몰라," "내가 미쳤지"라는 표현이 된다.

✏️ 이렇게 쓰고!

1. 이 차를 사다니, 내가 무슨 생각이었을까.

 **I don't know what I was thinking buying this car.**

▶

2. 그런 말을 하다니, 내가 왜 그랬을까.

 **I don't know what I was thinking when I said that.**

▶

💬 이렇게 말한다!

A: You bought another brand new computer?

B: I know, I don't know what I was thinking.

A: 또 새 컴퓨터를 샀다고?

B: 알아, 내가 왜 그랬는지 모르겠어.

Don't push me!

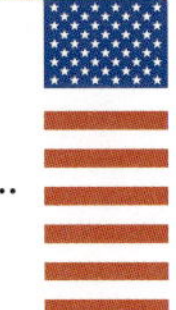

125 나 건드리지마!, 화나게 하지마!

Don't push!는 물리적으로 "밀지마!," 비유적으로 "재촉하지마," Don't push me!하게 되면 경고의 문장으로 "나 건드리지마,' 그리고 Don't push it!은 선을 넘는 상대방에게 "그만해!"라는 의미로 각각 쓰인다.

✏️ 이렇게 쓰고!

1. 재촉하지마. 그러면 안 되지.

 **Don't push. You can't do that.**

▶

2. 그래 다시 말하는데, 선은 넘지마.

 **So I'm going to tell you again, don't push it.**

▶

💬 이렇게 말한다!

A: You don't seem to be in a good mood.

B: Don't push it. I'm pissed off already.

A: 너 기분이 좋지 않은 것 같구나.

B: 그만해. 난 이미 화가 난 상태니까.

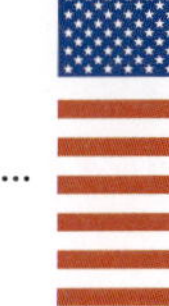

What could it be?

126

그게 대체 뭘까?

could는 모양만 과거형이고 의미는 현재로 '가능성'을 나타내는 추측의 뜻을 갖는다. 그래서 전체를 해석해보면 궁금함과 놀라움을 담은 "그게 대체 뭘까?," "그게 뭘 의미하는걸까?"라는 의미가 된다. 상대방이 이미 알고 있을 땐 "You know what it could be"라 한다.

✏️ 이렇게 쓰고!

1. 요즘 걔 이상하게 행동해. 무슨 일일까?

She's been acting strange lately. What could it be?

▶

2. 2층에서 이상한 소리가 들렸어. 그게 뭐일까?

I heard a weird noise upstairs. What could it be?

▶

💬 이렇게 말한다!

A: I saw her crying in the restroom.

B: What could it be?

A: 화장실에서 그녀가 울고 있었어.

B: 무슨 일일까?

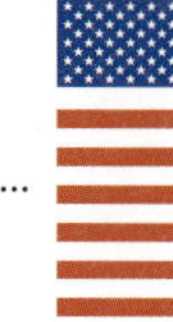

127 · Catch up soon
곧 보자

> catch up은 여러가지 의미로 쓰이는 구동사이지만 가장 기본적인 의미는 '(밀린 것을) 따라잡다'에서 출발한다. 그래서 catch up on~하게 되면 '(늦어진 것을) 만회하다,' 그리고 catch up (with sb)은 "그 동안 만나지 못했으니 만나서 밀린 얘기를 하자"라는 뜻으로 쓰이게 된다.

✏️ **이렇게 쓰고!**

1. 지금 바쁘니까 나중에 시간나면 보자.
I'll try to catch you later.

▶

2. 금요일에 시간되면 만나서 얘기 좀 하자.
Let's catch up this Friday if you're free.

▶

💬 **이렇게 말한다!**

A: It was so nice catching up with you.
B: Same here. Let's do it again soon.

  A: 오랜만에 만나서 너무 반가웠어.
  B: 나도 그래. 곧 또 만나자.

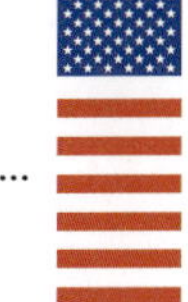

128 You'll figure it out

넌 결국 해낼거야

figure out는 머리를 굴려 '이해하다,' '생각해내다'라는 미국현지 빈출표현으로 달리 get it figured out이라고 해도 된다. 그래서 위 문장은 상대방을 격려하는 것으로 지금 상대방이 답을 몰라 헤매이지만 결국 "알아낼거야," "해결해낼거야"라는 뉘앙스를 갖는다.

✏️ 이렇게 쓰고!

1. 조금만 기다려봐. 결국 답을 알아낼거야.

Give it some time. You'll figure it out.

2. 너무 걱정마. 넌 답을 찾아낼거야.

Don't worry too much. You'll figure it out.

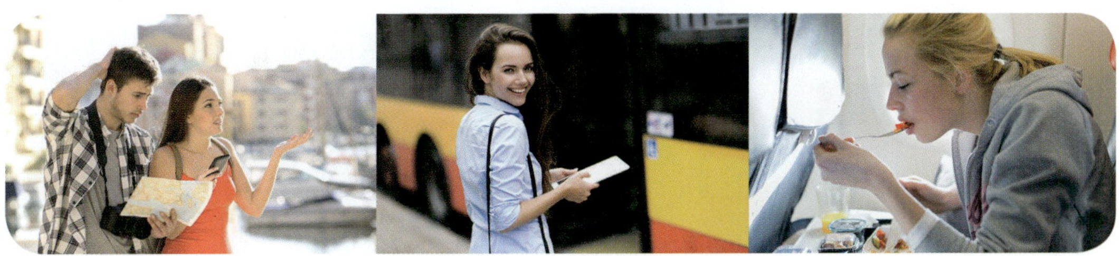

💬 이렇게 말한다!

A: How was someone able to get into the museum?

B: I figured it out. The thief hid in the restroom.

A: 어떻게 박물관에 침투할 수 있었대?

B: 내가 알아냈어. 도둑은 화장실에 숨어있었던거야.

129 You've got to see this

넌 이거 꼭 봐야 돼

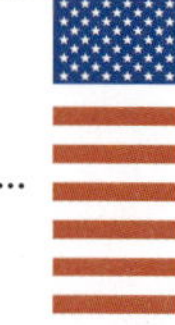

뭔가 일상적이고 평범하지 않은 일이 일어났을 때 쓰는 표현으로 "넌 이거 꼭 봐야 돼," "너 이거 진짜 봐야 돼"라는 의미이다. 상대방에게 자신의 놀람과 감탄의 감정을 같이 느껴보라고 할 때 사용하면 된다.

✏️ 이렇게 쓰고!

1. 너 이거 봐야 돼! 믿기지 않아!

You've got to see this! It's unbelievable!

2. 너 이거 봐야 돼! 무슨 일이 있었는지 믿기 힘들거야.

You've got to see this! You won't believe what happened.

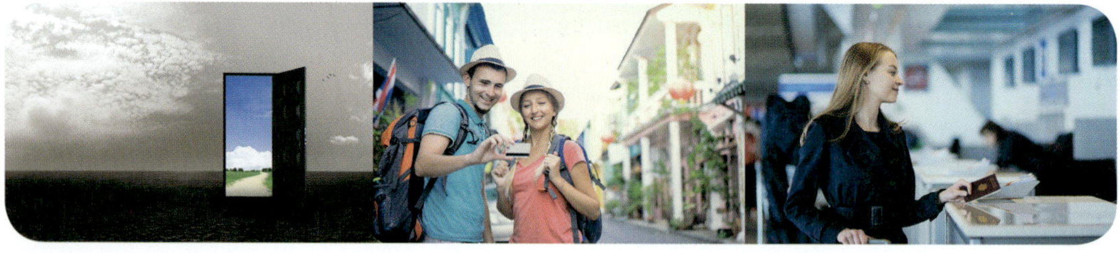

💬 이렇게 말한다!

A: Did you hear about the fire in Hong Kong?

B: Yeah, you've got to see this footage!

A: 홍콩의 화재 소식 들었어?

B: 응, 이 영상 꼭 봐야 돼!

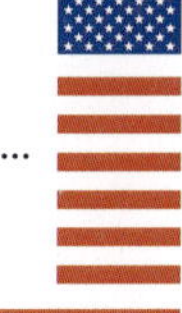

130 · I knew you'd say that

너 그럴 줄 알았어

"내 그럴 줄 알았어!"라는 표현인 I knew it!과 일맥상통하는 문장이다. 'it' 자리에 "네가 그렇게 말할 줄을"이라는 절이 온 점이 다르다. 여기서 'd'는 knew라는 과거시제에 맞게 맞춘 과거형 would로 생각하면 된다.

✏️ 이렇게 쓰고!

1. 네가 그렇게 말할 줄 알았지만 그건 정말 말이 안돼.

I knew you'd say that, but it doesn't make any sense.

▶

2. 그 말 할 줄 알았어! 너 온 종일 스타벅스에서 살잖아!

I knew you'd say that! You're at Starbucks all day!

▶

💬 이렇게 말한다!

A: I'm sorry, but I have to break up with you.

B: I knew you'd say that... but it still hurts.

A: 미안하지만 너와 헤어져야 되겠어.

B: 그 말 할 줄 알았어… 그래도 아파.

131 I don't think much of it

대수롭지 않게 생각해

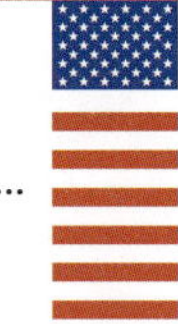

원래 think much of~하면 of 이하를 대단하게 생각한다는 숙어이다. 이를 부정해서 I don't think much of~ 하게 되면 "…을 별로라고 생각해," "대수롭지 않게 생각해"라는 표현이 된다. 역시 자주 쓰이는 과거형 "I didn't think much of it"도 함께 알아둔다.

✏️ 이렇게 쓰고!

1. 걔가 좀 무례하게 말했지만, 대수롭지 않게 넘겼어.
She said something rude, but I didn't think much of it.

▶

2. 어쨌든 걘 말을 잘하는 사람은 아니지만 별로라 생각했어.
He's not a big talker anyway, so I didn't think much of it.

▶

💬 이렇게 말한다!

A: Everyone says Chris is a genius.
B: I don't think much of him, to be honest.

A: 다들 크리스가 천재라고 해.
B: 솔직히 난 별로라고 생각해.

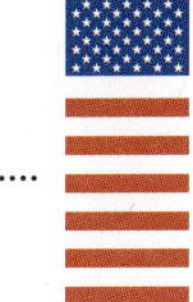

132   Don't get your hopes up

너무 기대하지마

get[build] one's hopes up은 아직 확실하지 않은 상황에서 될거라 '기대를 많이 하다'라는 뜻의 표현이다. 주로 위 문장처럼 부정형태로 쓰여 아직 미래가 어떨지 모르는데 들떠 기대 먼저 하지 말라, 즉 김칫국부터 마시지 말라고 조언할 때 많이 사용된다.

✏️ 이렇게 쓰고!

1. 너무 많은 기대를 하지마, 알았어?

Just don't get your hopes up too high, okay?

▶

2. 난 네가 기대를 너무 많이 안했으면 해.

I just don't want you to get your hopes up too high.

▶

💬 이렇게 말한다!

A: Hopefully I'll be selected to join their club.

B: Don't get your hopes up about that.

A: 난 걔네들 클럽에 가입될거란 기대감을 갖고 있어.

B: 그거 너무 기대하지마.

133 It's stuck in my head

그게 머리속에 박혀있어

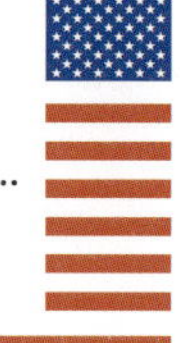

stuck은 ~의 과거형으로 "…에 갇혀 있는," "…에 갇혀 꼼짝 못하는," "빠져나오지 못하는"이란 의미로 쓰이는 단어로 주로 교통체증에 갇혀있을(be stuck in~) 때 많이 사용된다. 주로 "뭔가가 자기 머리'속에 들어와 자리잡고 떠나지 않는다"고 말할 때 사용하면 된다.

✏️ 이렇게 쓰고!

1. 네가 오늘 아침 한 말이 계속 생각나.
What you said this morning is stuck in my head.

▶

2. 조카가 "골든"이라는 노래를 불렀는데, 머릿속에서 안 떠나!
My niece sang Golden, and now it's stuck in my head!

▶

💬 이렇게 말한다!

A: Have you heard "Golden" by Lee Jae?
B: Yeah, it's stuck in my head now!

A: 이재가 부른 "골든"이라는 노래 들어봤어?
B: 응, 이제 머릿속에 쩍 붙었어!

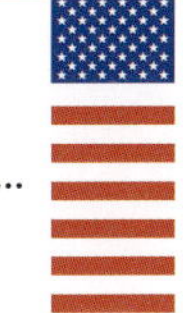

134 Don't get ahead of yourself

너무 앞서가지 마라, 너무 기대하지마

get[keep, stay] ahead (of)는 '…보다 앞서다'라는 표현이고 get ahead of ourselves하게 되면 스스로를 앞서간다는, 즉 '너무 앞서 생각한다,' '너무 기대하다'라는 의미가 된다. Don't count your chickens before they hatch(김칫국부터 마시지마라)와 비슷한 표현이다.

 **이렇게 쓰고!**

1. 너무 앞서서 생각하지 말자.

Let's not get ahead of ourselves.

▶

2. 너무 기대하지마. 아직 결과가 안 나왔잖아.

Don't get ahead of yourself. The results aren't out yet.

▶

이렇게 말한다!

A: Chris smiled at me today. I think he likes me.

B: Don't get ahead of yourself. He always does that.

A: 오늘 크리스가 날보고 웃었어. 나를 좋아하는 것 같아.

B: 너무 앞서가지마. 걔 항상 그래.

135 — What's on your mind?

무슨 생각하고 있어?

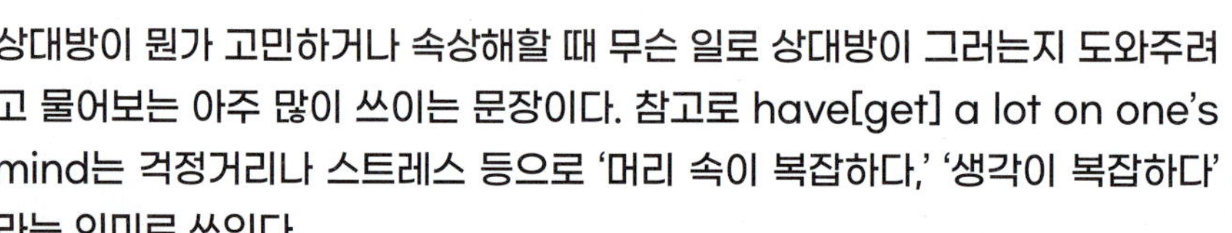

상대방이 뭔가 고민하거나 속상해할 때 무슨 일로 상대방이 그러는지 도와주려고 물어보는 아주 많이 쓰이는 문장이다. 참고로 have[get] a lot on one's mind는 걱정거리나 스트레스 등으로 '머리 속이 복잡하다,' '생각이 복잡하다'라는 의미로 쓰인다.

이렇게 쓰고!

1. 우울해 보이네? 무슨 생각하고 있어?

You seem gloomy. What's on your mind?

2. 너 머리 속이 복잡한 것 같구만.

You must have a lot on your mind.

이렇게 말한다!

A: Got a second? I need to talk to you.

B: Sure. Tell me what's on your mind.

A: 잠깐 시간돼? 너와 얘기 좀 해야 돼.

B: 그래. 뭔 얘기인데.

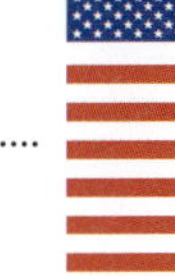

I'm wrecked

136

완전히 지쳤어, 완전히 망가졌어

wreck sth[sb]은 동사로 '뭔가를 파괴하다,' '엉망으로 만들다'라는 의미. 그래서 be wrecked하게 되면 '차량 등이 망가졌다,' '사람이 완전히 녹초가 됐다,' 혹은 문맥에 따라 '술에 엄청 취했다'라는 뜻으로 쓰인다. = I'm drained = I'm beat.

✏️ 이렇게 쓰고!

1. 새벽 6시까지 안잤어. 난 완전 녹초가 됐어.
   We stayed up till 6 a.m. I'm wrecked.

   ▶

2. 오늘 아주 힘든 날이 었어. 난 완전히 망가졌어.
   It's been a tough day. I'm totally wrecked.

   ▶

💬 이렇게 말한다!

A: Honey, this hike was so intense for us.

B: Tell me about it. I'm wrecked.

    A: 자기야, 이 하이킹 우리에게는 너무 빡셌어.
    B: 누가 아니래. 난 완전 녹초 상태야.

memo

무지무지 많이 애용되고 있는
진짜 미국영어표현
LEVEL 03 001-115
STOP
STOP

(Just) Try me

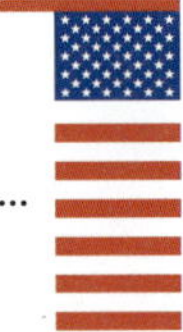

나한테 한번 (얘기)해봐, 기회를 한번 줘봐

Try me는 "나를 시도해보라"는 말로 어떤 기회를 달라고 할 때 혹은 상대방이 내가 이해하지 못할거라고 단정지을 때 내게 기회를 한번 달라, 즉 "한번 얘기해봐"라고 재촉하는 표현이다.

 **이렇게 쓰고!**

1. 한번 얘기해봐. 난 마음이 넓다구.

Try me. I have an open mind.

▶

2. 나 그거 못할 것 같아? 기회를 줘봐.

You think I can't do it? Try me.

▶

 **이렇게 말한다!**

A: He was insane. He didn't even let me explain.

B: He's an asshole! Try me.

A: 걘 미쳤어. 내가 설명을 하지도 못하게 했어.

B: 걘 머저리야. 내게 얘기해봐.

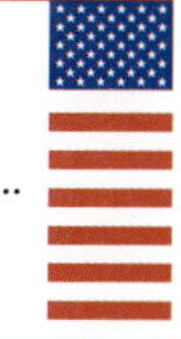

002 Don't blow me off

나 무시하지마, 날 바람맞히지마

blow off하면 불어서 떨어지게 한다는 것으로 '…을 날려버리다,' blow sb off하면 특히 '…를 무시하다,'(Don't ignore me) '…를 바람맞히다'(bail on sb)라는 의미로 무척 많이 쓰인다.

 **이렇게 쓰고!**

1. 날 골탕먹여서 화가 나.
I'm mad that you blew me off.

▶

2. 날 골탕먹이다니! 도대체 어디 있었어?
I can't believe you blew me off! Where the hell were you?

▶

 **이렇게 말한다!**

A: There isn't time on my schedule to meet with you.
B: Don't blow me off. I want to talk to you in person.

A: 일정에 널 만날 시간이 없는데.
B: 날 무시하지마. 개인적으로 얘기하고 싶어.

Nice try

003

(비록 실패했지만) 잘했어, 잘 한거야

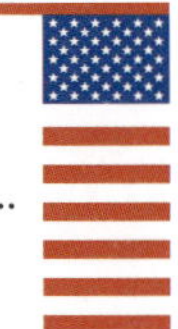

Nice try와 Good job(잘했어)의 차이는, Good job은 결과까지 좋은데 반해, Nice try는 상대방이 원하는 것을 얻지 못했지만, 시도 자체는 꽤 괜찮을 경우에 쓰인다(I know you did your best, even if you don't like the result)는 점이다.

✏️ 이렇게 쓰고!

1. 시도는 좋았어. 2주간 외출금지야.

Nice try. You're grounded for two weeks.

▶

2. 시도는 좋았지만, 더 이상 그 자리는 네 거가 아니야!

Nice try, but you don't get that position anymore!

▶

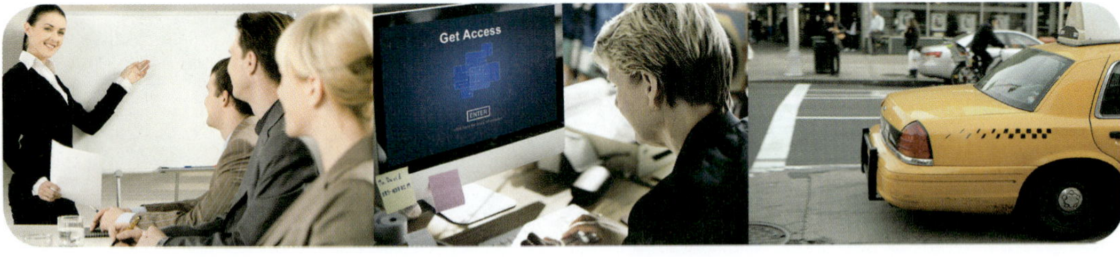

💬 이렇게 말한다!

A: I just wasn't strong enough to lift that weight.

B: Nice try. Maybe you can make yourself stronger.

A: 저 무게를 들어올릴 만큼 강하지 않아.

B: 그래도 잘했어. 더 강해질 수도 있어.

Spare me!

집어치워!, 그만둬!

004

Spare me는 상대방이 뻔한 얘기 혹은 귀찮은 얘기를 할 때 신경질적으로 "집어치워!," "그만둬!," "그만해라," "설마 그럴라구!"라는 뜻이다. 그리고 spare me the details는 "쓸데없는 소리 말고 요점만 말하다," "자세하게 이야기하지 않다'라는 뜻이 된다.

 이렇게 쓰고!

1. 네 감정을 상하지 않게 하려고 했어.

I was trying to spare your feelings.

▶

2. 헛소리 그만해, 크리스, 제발.

Oh, spare me the speech, Chris, would you please?

▶

이렇게 말한다!

A: I only stayed out late because of my boss.

B: Spare me. I know you didn't want to come home early.

A: 우리 사장님때문에 늦게까지 밖에 있었어.

B: 변명 그만둬라. 집에 일찍 들어가고 싶어하지도 않았으면서.

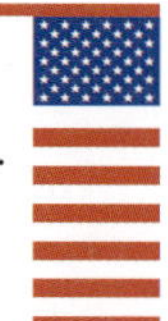

005 Tell me about it!

그 얘기 좀 해봐(Explain it to me), (앞쪽에 액센트) 그게 맞아!, 그렇고 말고!

평범하게 발음하면 단순히 그거에 대해 얘기해달라는 의미이고 앞쪽에 액센트를 강하게 줘서 발음하면 "네가 무슨 말 하려는지 다 알아!"(I know just what you mean! You don't have to explain it to me!), "그게 맞아!," "그렇고 말고!"라는 뜻으로 쓰는 표현이 된다.

✏️ 이렇게 쓰고!

1. 누가 아니래! 걔 때문에 다들 어리둥절했어.

Tell me about it! He made everyone upset.

▶

2. 물론이야! 우리는 이 빌딩을 나가는게 금지됐어.

Tell me about it! We weren't allowed to leave the building.

▶

💬 이렇게 말한다!

A: The prices in this store are really expensive.

B: Tell me about it. I don't want to buy anything here.

A: 이 가게는 정말이지 비싸.

B: 내 말이 그 말이야. 여기선 아무것도 안 살래.

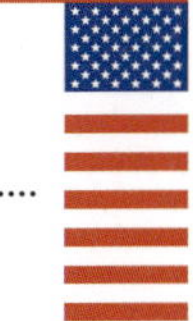

We've been over this

006

그건 이미 끝난 일이야, 이미 얘기한 일이잖아

시제가 현재완료임을 주의한다. 과거에 이미 얘기가 되었고 마무리된(be over) 것임을 말하는 것으로, 우리말로는 "이미 얘기한 일이잖아," "이미 얘기 끝났잖아"(We did or talked about it before) 정도로 이해하면 된다.

 **이렇게 쓰고!**

1. 그건 다 끝난 이야기잖아.

We have been over this before.

▶

2. 그 얘기 이미 했지. 가서 청소해.

We've been over this. Go clean it.

▶

이렇게 말한다!

A: I need you to give me more money every month.

B: We've been over this. I don't have any extra money to give.

A: 매달 돈을 좀 더 줘.

B: 그건 이미 끝난 일이야. 줄 여분의 돈이 없어.

007   You got Chris

크리스입니다

전화받을 때 네이티브들이 자주 쓰는 표현으로 "…입니다"라는 의미. "You're talking to Chris," "This is Chris."라고 해도 된다. 혹은 그냥 "접니다"라고 할 때는 You got me(= This is me; You've reached me)라고 하면 된다.

 **이렇게 쓰고!**

1. 네, 크리스예요. 누구시죠?

You got Chris. Who's calling, please?

▶

2. 크리스입니다. 아까 전화 못 받아서 죄송해요.

You got Chris. Sorry I missed your call earlier.

▶

 **이렇게 말한다!**

A: Hi, this is Sam. I'm looking for Chris.

B: You got Chris. What's going on?

A: 안녕하세요, 샘예요. 크리스 찾고 있었어요.

B: 네, 제가 크리스예요. 무슨 일이에요?

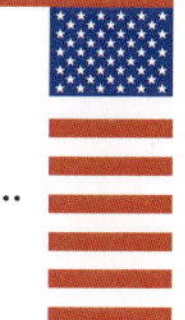

He's off the hook

008

걘 무사히 넘어갔어, 걘 무사해, (상황을) 무사히 넘겼어

be off the hook에서 hook은 '갈고리'로 비유적으로 '곤경,' '어려움'을 말한다. 그래서 off the hook하게 되면 '곤경이나 어려움에서 벗어난' 또는 '해야할 일에서 면제된'이라는 뜻이 된다. 또한 get[take] sb off the hook하면 '…을 어려운 상황에서 구해주다'라는 의미.

✏️ 이렇게 쓰고!

1. 걜 좀 봐줘. 친절을 좀 베풀라고.

Let him off the hook. Show a little kindness.

▶

2. 넌 무사해. 아무도 이것을 모르는 한.

You're off the hook. Just as long as nobody finds out about this.

▶

💬 이렇게 말한다!

A: Did you hear that the governor was arrested again?

B: Yeah, I heard. But he's off the hook now.

A: 주지사가 다시 체포된 것 들었어?

B: 어, 들었어. 하지만 지금은 무사해.

Let me break it down for you

내가 그거 설명해줄게

009

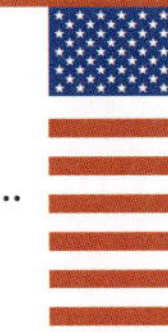

break it down은 '…를 풀어서 설명해주다'라는 표현으로 복잡한 내용을 여러 포인트로 나눈다는 뉘앙스를 가지고 있는 문구이다. break down은 원래 기계 등이 고장나다이지만 break it down으로 고정되면 "Let me tell you all about this"가 된다.

 **이렇게 쓰고!**

1. 그래, 마이키, 내가 설명을 해줄게.
Well, let me break it down for you, Mikey.

▶

2. 너희들 내게 설명해봐, 솔직해지는 걸 두려워말고.
Break it down for me guys, and don't be afraid to be honest.

▶

이렇게 말한다!

A: How are we going to organize the fall festival?
B: Have a seat and let me break it all down for you.

A: 가을 축제를 어떤 식으로 할까?
B: 자리에 앉아봐, 너한테 설명해줄게.

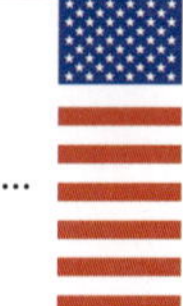

You nailed it!

010

네가 해냈어!, 아주 잘했어!

nail it 혹은 nail sth하게 되면 문맥에 따라 '합격하다,' '성공하다,' '해내다'라는 뜻으로 쓰인다. 그래서 You nailed it!이라고 말하면, 이는 상대방이 "어떤 일을 완벽하게 해냈다" (You did an excellent job)라는 칭찬의 문장이 된다.

이렇게 쓰고!

1. 그래, 내가 해냈어! 내가 성공했어!

Yes, I did it! I nailed it!

▶

2. 걘 수학시험문제를 전부 완벽히 맞췄어.

She nailed every question on the math test.

▶

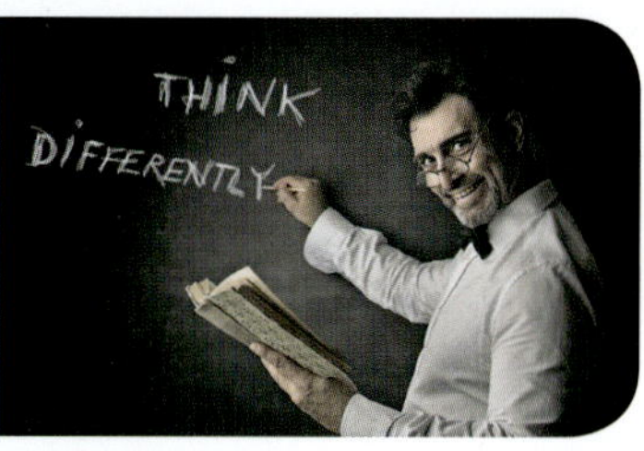

이렇게 말한다!

A: How did I do during the job interview?

B: You nailed it. They want you to work for them.

A: 취업면접 때 내가 어떻게 했대?

B: 아주 잘했어. 네가 일하기를 바란대.

He friended me on Instagram

011

걘 인스타에서 나를 친구로 추가했어

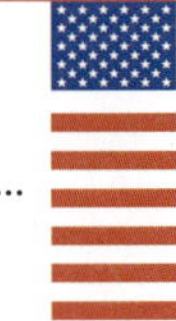

friend는 SNS의 덕으로 '친구로 추천하다'(add sb as a friend on social media)라는 의미로 쓰이게 되었다. '친구 신청을 받아주다'는 friend sb back, 반대로 '친구삭제하다'는 unfriend sb라고 하면 된다.

✏️ 이렇게 쓰고!

1. 어, 너 페이스북하니? 그럼 나 친추해줘.

Oh, you're on Facebook? You should friend me.

▶

2. 네가 인터넷에서 나를 친구로 해놓으면 서로 연락할 수 있어.

If you friend me online, we can keep in touch.

▶

💬 이렇게 말한다!

A: Will we be able to stay in contact?

B: I'll friend you on Facebook.

A: 우리 연락하고 지낼 수 있을까?

B: 페이스북에서 친추할게.

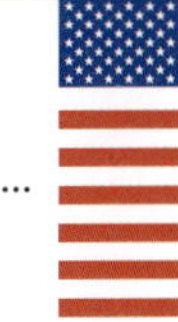

012 · Pack it up

그만둬, 마무리해

pack it up은 '짐을 싸다' 혹은 '하루 일과를 마무리하다'(wrap it up; We're done for today)라는 의미로 쓰인다. 반면 pack it in하게 되면 중도에 '포기하다,' '직장이나 좋아하던 일을 그만두다'라는 느낌을 준다.

 **이렇게 쓰고!**

1. 좋아요, 모두 철수합시다!

Alright, pack it up, everyone!

▶

2. 우리 집에 간다. 그만 끝낼 시간이야.

We're going home. Time to pack it up.

▶

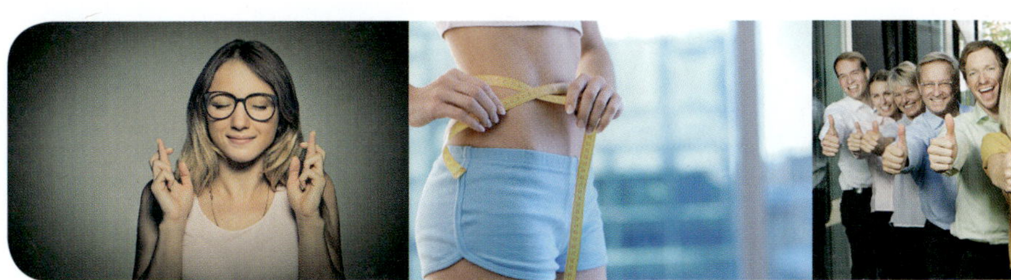

 **이렇게 말한다!**

A: What should I do with this report?

B: Pack it up and we'll send it to our boss.

A: 이 보고서 어떻게 해야 돼?

B: 그만해 사장님께 보낼거야.

013 | What's the catch?
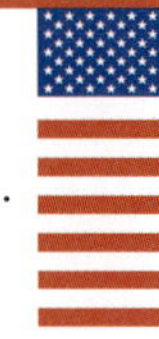

속셈이 뭐야?, 무슨 꿍꿍이야?

catch는 명사로 '함정' 또는 '꿍꿍이'라는 의미. 그래서 What's the catch? 하면 그럴듯해 보이는 계획이나 제안의 이면에 숨겨진 문제나 어려움을 물어볼 때 사용하고, "There's gotta be a catch"하게 되면 "분명 다른 꿍꿍이가 있겠지"라는 의미가 된다.

✏️ 이렇게 쓰고!

1. 100불을 빌려준다고? 조건이 뭔데?

Can you lend me l00 dollars? What's the catch?

▶

2. 무슨 꿍꿍이야? 그보단 돈을 더내야 될 걸.

What's the catch? I think you'll have to pay a lot more than that.

▶

💬 이렇게 말한다!

A: I'm willing to sell you this new BMW for $5,000.

B: That's way too cheap. What's the catch?

A: 이 신형 BMW를 5천 달러에 드릴 작정이에요.

B: 그건 너무 싼데요. 속셈이 뭐예요?

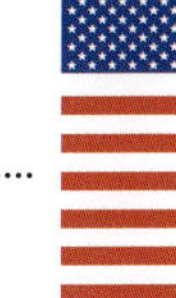

014   They really hit it off

쟤네들은 바로 좋아하더라고

hit it off는 만나자마자 얼마 안 돼 서로 좋아하게(They liked each other after they were introduced) 되는 경우를 말한다. 우리말 '죽이 잘 맞다'에 딱 맞는 표현. 잘 맞는 사람까지 말하려면 hit it off with sb라고 하면 된다. = get along with = click with = bond with.

✏️ 이렇게 쓰고!

1. 정말 서로 죽이 잘 맞는 것 같아.

It looks like they really hit it off.

▶

2. 난 걜 그 크리스마스 파티에서 만났고 우린 정말 잘 통했어.

I met him at that Christmas party. We really hit it off.

▶

💬 이렇게 말한다!

A: I'm looking forward to meeting your sister.

B: I just know that you'll hit it off.

A: 네 여동생 만날 날만 손꼽아 기다리고 있어.

B: 넌 내 동생하고 잘 맞을거야.

015 — You had it coming!

네가 자초한거야!

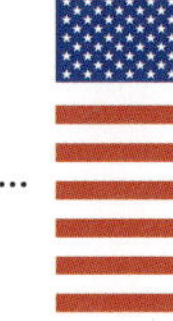

뮤지컬 *Chicago*에서 여죄수가 남편을 죽일 수밖에 없었음을 노래하면서 후렴구로 계속 소리치는게 바로 이 "He[You] had it coming!"이다. "그가 자초한거다,' '자업자득이다'(What happened was your fault)라는 의미이다. = You deserve it = You asked for it.

 **이렇게 쓰고!**

1. 걔가 자초한 일이겠지.

Perhaps, she had it coming.

▶

2. 내 경고하잖아, 이 바보야. 기억안나! 네가 자초한 일이잖아.

I'm warning you, idiot. Don't you remember! You asked for it.

▶

이렇게 말한다!

A: I can't believe I failed that exam.

B: You had it coming. You refused to study.

A: 내가 시험에 떨어지다니.

B: 네가 자초한거야. 공부하기 싫어했잖아.

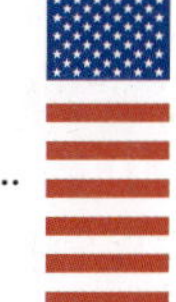

016 It's never gonna happen

절대 그런 일 없을거야

정말 자주 쓰이는 현지표현이다. 특히 남녀간에 사귀는 일을 의미할 때 많이 쓰이는데, 이때 happen 대신 work를 쓰기도 한다. (That's) Not gonna happen이라고도 한다. 영어로 풀어쓰자면 "I don't think that will occur" 혹은 "No, I'm not going to do that."

✏️ **이렇게 쓰고!**

1. 우린 절대 안될거야.

We're[It's] never gonna happen[work].

▶

2. 우리 둘 다 그런 일은 없을거라는 걸 알고 있을 것 같아.

I think we both know that's not gonna happen.

▶

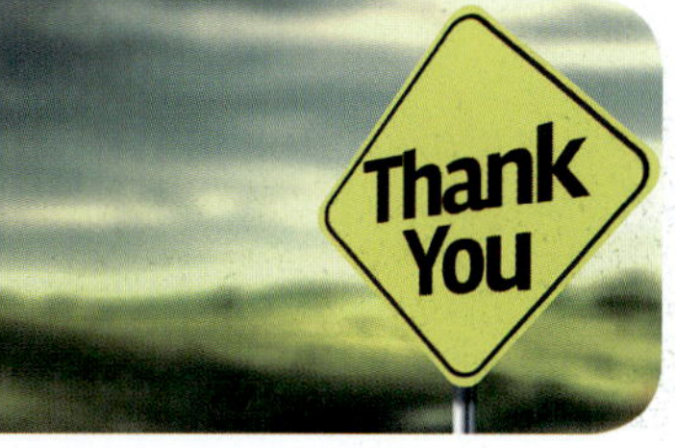

💬 **이렇게 말한다!**

A: If you go out with me, I promise we'll have a great time.

B: Forget it. It's never going to happen.

A: 나랑 데이트하면 우린 정말 즐거운 시간을 보낼거야.

B: 관두셔. 그런 일은 절대 없을테니까.

017 I need to hook up with a woman

여자가 있어야겠어

언어는 계속 진화하는데, 그 변화하는 장면을 들여다볼 수 있는 좋은 사례이다. 원래 hook up하면 '만나다'의 의미로도 쓰였지만 요즘 젊은 세대들 사이에서 hook up (with sb)는 성적인 의미로 강하게 쓰이고 있다. 영어로 풀어쓰면 "I need sex with a woman."

 **이렇게 쓰고!**

1. 원래는 누구랑 할려고 했어?

Who did you originally want to hook up with?

▶

2. 여자하고 바로 좀 해야 할 것 같아.

I think I need to hook up with a woman right now.

▶

이렇게 말한다!

A: I need to hook up with a woman.

B: Be patient and find a girl who is nice.

A: 여자가 있어야겠어.

B: 진정하고 좋은 여자를 찾아봐.

018   I'm in on it

난 알고 있어, 난 관련되어 있어

be in on sth은 '뭔가를 알고 있다'(That's something I know about) 혹은 어떤 계획 등에 '연루되다,' '관련되다'(That's something I'm involved with)라는 뜻으로 비슷하게 생긴 I'm on it(내가 할게)과 구분해야 한다.

 **이렇게 쓰고!**

1. 내 남편이 관련되어 있다는 것이 밝혀졌어.

It turns out my husband was in on it.

▶

2. 사기사건이 벌어지고 있는데 나도 관련되어 있어.

There is a scam going on, and I'm in on it.

▶

이렇게 말한다!

A: Have you heard about the new club that is being started?

B: Yeah, I'm in on it. It was formed by my friends.

A: 새롭게 시작하는 클럽에 대해 들어봤어?

B: 어, 나도 일원이야. 내 친구들이 만들었어.

019

I can live with that

괜찮아, 참을 만해

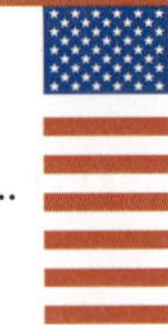

여기서 live with sth은 '참고 견디다'(be patient with)라는 의미로 위 문장은 상대방이 제시한 조건이나 상황(that)에 대해 "그 정도면 받아들일 수 있겠다," "난 괜찮아"(That's OK with me)라고 하는 문장이다.

✎ 이렇게 쓰고!

1. 알아. 그래 견뎌야지 뭐.

I know. And I have to live with that.

▶

2. 그 정도면 됐어요. 그 자리를 수락하겠습니다.

I can live with it. I'll accept the job at your company.

▶

💬 이렇게 말한다!

A: If you clean the living room, I'll clean the bedrooms.

B: Sure, I can live with that.

A: 네가 거실을 청소하면 내가 방 청소를 할게.

B: 좋아, 그렇다면 좋아.

Cut me some slack

020

좀 봐줘, 너무 몰아세우지마

cut sb some slack은 '좀 봐줘요,' '여유를 좀 줘,' '너무 몰아세우지마'(Stop making my life so difficult)라는 표현. cut 대신에 give를 써도 된다. Cut him some slack, Cut yourself some slack 등으로도 사용된다.

✏️ **이렇게 쓰고!**

1. 오늘 하루 힘들었어. 좀 봐줘.

I had a hard day. Cut me some slack.

▶

2. 좀 봐줘. 어젯밤 비상대기였어.

Cut me some slack. I was on call last night.

▶

💬 **이렇게 말한다!**

A: I don't like the way you've been acting.

B: Cut me some slack. I am having a hard time.

A: 너 행동하는게 마음에 안들어.

B: 좀 봐줘. 난 어려움을 겪고 있단 말야.

I couldn't ask for more

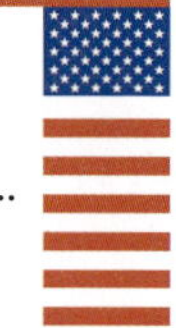

021

최고예요, 더 이상 바랄게 없어요

"I couldn't ask for more"는 지금 현재 아주 많이 쓰는 표현으로 부정어+비교급의 패턴이다. 말 그대로 "더 바랄게 없다"는 뜻으로, 현재 상황에 매우 만족할 때 사용된다. 감사·행복·감탄·만족을 부드럽게 표현하는 문장이다.

✏️ 이렇게 쓰고!

1. 더 이상 바랄게 없어. 모든게 완벽해.

I couldn't ask for more. Everything's perfect.

▶

---

2. 내가 원하던 건 다 해줬어. 이보다 더 고마울 수는 없어.

You did everything I needed. I couldn't ask for more.

▶

💬 이렇게 말한다!

A: Did you get the job that you applied for?

B: No, but I got a better one. I couldn't ask for more.

A: 지원했던 자리에 취직했니?

B: 아니, 하지만 더 좋은 자리에 들어갔어. 더 이상 바랄게 없어.

022 Please cover for me

내 대신 좀 해줘, (경찰) 옹호해줘

cover for sb는 경찰이 쓰면 '엄호해줘,' 사무실에서 쓰이면 '자신의 일을 대신 봐주다'(Help me out during the time I'm gone)라는 표현으로 Could you fill in for me? = Can you come in for me tomorrow? 등과 같다.

 **이렇게 쓰고!**

1. 걱정마. 내가 봐줄게.
Don't worry. I'll cover for you.

▶

2. 린다 데리러 가야 돼. 내 일 좀 봐줄래?
I've got to go pick up Linda. Could you cover for me?

▶

이렇게 말한다!

A: I'm leaving early. Please cover for me.
B: I'll tell the teacher you're in the toilet.

A: 나 일찍가니까 내 대신 좀 해줘.
B: 선생님한테 너 화장실 갔다고 할게.

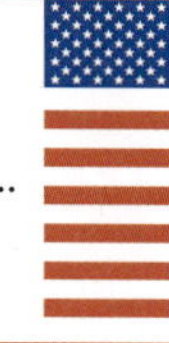

023

I'll take you up on that

네 제안을 받아들일게

take sb up on sth은 'sb의 제안이나 초대 등을 받아들이다'(I'll accept your offer)라는 빈출표현이다. on 다음에는 주로 제안, 초대, 약속과 관련된 단어들이 나온다.

 **이렇게 쓰고!**

1. 난 네 제안을 받아들일거야.

I'm going to take you up on your offer.

▶

2. 내가 뉴욕에 도착하면 그 제안 받아들일게, 됐어?

When I get to New York, I'll take you up on that, okay?

▶

 **이렇게 말한다!**

A: I'd be glad to help you prepare for your party.

B: I'll take you up on that. I need some extra help.

A: 기쁜 맘으로 너 파티준비하는 걸 도와줄게.

B: 좋아 그렇게 해. 도움이 더 좀 필요하니까.

024	# This can wait

그건 나중에 해도 돼

This can wait는 "그렇게 중요하지 않기 때문에 나중에 해도 된다"는 의미이고 반대로 This can't wait하면 "매우 중요하기 때문에 미루지 말고 급히 해야 한다"라는 뜻. 주어 자리에는 This 외에도 일반명사가 다양하게 올 수 있다.

✏️ 이렇게 쓰고!

1. 미안해, 하지만 이건 나중에 해도 되는게 아냐.

I'm sorry, but I don't think this can wait.

▶

2. 급한거야. 이것 먼저 당장 시작해.

That can't wait. Go ahead and do it first.

▶

💬 이렇게 말한다!

A: This work can wait. Your birthday is more important.
B: Thanks, Daddy.

A: 이 일은 좀 미루자. 네 생일이 더 중요하니까.
B: 고마워요, 아빠.

I screwed up!

완전히 망했네!

025

screw up은 ruin, spoil, mess up 등과 같은 맥락의 표현으로 '(일 등을) 망치다'라는 뜻. 한편, 명사 screwup은 '실수,' 혹은 '실수를 연발하는 사람,' 즉 idiot 정도의 의미. screw up sth 혹은 screw it up의 형태로 많이 쓰인다.

✖ 이렇게 쓰고!

1. 내가 잘못한거 알아, 하지만 고칠게.

I know I screwed up, but I'll fix it.

▶

2. 면접 완전히 망쳤어.

I totally screwed up my interview.

▶

💬 이렇게 말한다!

A: I totally screwed up the presentation.

B: The boss is going to kill you.

A: 나 발표 완전 망쳤어.

B: 넌 사장한테 죽었다 이제.

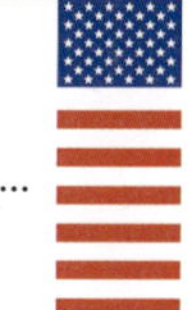

Here's the deal

026

이렇게 된거야, (좋은 생각이 있으니) 자 이렇게 하자

Here's the deal은 '좋은 생각이 있어,' '이렇게 된거야,' '상황이 이래'(I'm going to tell you everything)라는 표현이다. 뭔가 중요한 말이나 제안을 말할 때 먼저 상대방의 관심을 끌 때 사용하는 문장이다. 한편, Here is a deal은 거래시 낮은 가격을 제시하면서 하는 표현.

 **이렇게 쓰고!**

1. 이렇게 하자, 잠깐 커피마시면서 쉬자.

Here's the deal, let's just take a coffee break.

▶

2. 이게 내 입장이야, 월급 안 올려주면 나 나갈거야.

Here's the deal, if they don't give me a raise, I'll quit.

▶

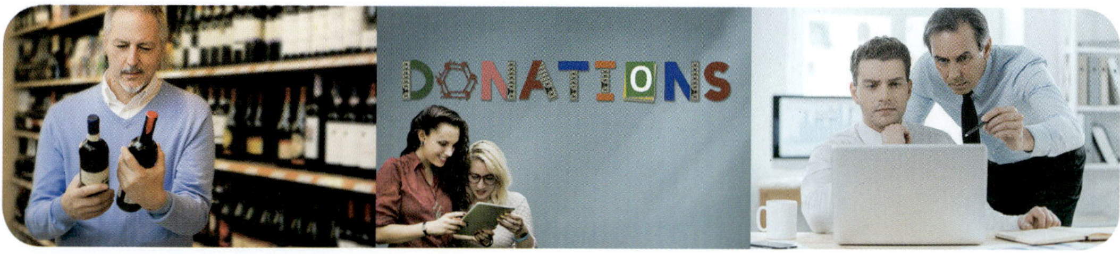

이렇게 말한다!

A: Can you tell me the secret to being successful?
B: Here's the deal. If you work hard, you are going to be successful.

A: 성공의 비밀을 말해줄래?
B: 이렇게 되는거야. 열심히 일하면 성공할거야.

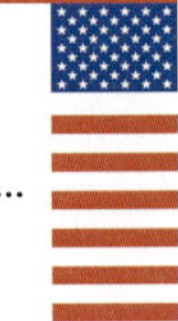

I blew it

027

망쳤어, 기회를 날려버렸어

blow it은 실수나 부주의 등으로 '…의 기회를 날리다'라는 의미로 blow one's chance와 같은 의미이다. 면접, 프레젠테이션, 데이트 등 중용한 일이나 기회를 날리는 것을 말한다. 한마다로 하자면 "I failed."

이렇게 쓰고!

1. 어땠냐고? 네 덕에 망쳤다!
How did it go? Thanks to you, I blew it.

▶

2. 말도 마, 기회를 잡았는데 망쳤어!
Don't ask me, I had it and I blew it.

▶

이렇게 말한다!

A: How was your interview today?
B: I blew it. They really didn't like me.

A: 오늘 인터뷰어땠어?
B: 망쳤어. 정말 날 싫어하더라.

I can't get through to her

028

난 걔를 이해시킬 수가 없어

get through to sb하면 'sb에게 이해시키다,' '…와 말이 통하다,' '전화가 통하다,' 그리고 get through on sth하면 '…에 대해 이해시키다,' '의사소통하다'라는 뜻이 된다. 참고로 get through는 '어려운 상황을 이겨내다,' go through는 '경험하다.'

 이렇게 쓰고!

1. 걔를 이해시킬 사람이 필요해.

I need someone to get through to him.

▶

2. 어떻게 걔하고 말이 통할지를 모르겠어.

I don't know how to get through to her.

▶

이렇게 말한다!

A: Haven't you warned Alice about drinking too much?

B: Yes, but I can't get through to her.

A: 앨리스에게 과음에 대해 경고를 하지 않았어?

B: 했는데 걔 이해시킬 수가 없어.

029

I'm going with it

난 그것으로 하겠어

go with sth에서 go with는 choose라는 뜻으로 '결정하다,' '선택하다'라는 의미가 된다. 한편 go well with~하면 '…와 잘 어울리다,' 그리고 go with sb하면 '…와 함께 가다'라는 뜻이 되기 때문에 잘 구분해야 한다.

 **이렇게 쓰고!**

1. 걘 다른 법률회사로 갈 것 같아.

He's going to go with another law firm.

▶
....

2. 걔가 네게 일자리를 제안했고 난 그렇게 하기로 했어.

He offered me a job, and I'm going with it.

▶
....

이렇게 말한다!

A: Did you like our proposal?

B: Yes, I did. I'm going with it.

A: 우리 제안이 좋았어?

B: 어, 그래. 그걸로 할게.

030 Stick with it

포기하지마, 계속해

stick with it은 어려움에 부딪혀 일을 중단해야 할 경우에 상대방에게 용기를 넣어주기 위해 '포기하지마,'(Don't give up) '계속해라'라고 충고하는 표현이다. 또한 stick it out은 힘든 상황을 참고 버틴다라는 뉘앙스를 갖고 '참다,' '계속 견디다,' '참고 끝까지 하다'라는 조금은 다른 표현이 된다.

✏️ 이렇게 쓰고!

1. 처음에는 어렵지만 포기하지말고 계속해.
   It's difficult at first but stick with it.

   ▶ ________________________________

2. 포기하지마. 넌 돈을 많이 벌거야.
   Stick with it. You'll make a lot of money.

   ▶ ________________________________

 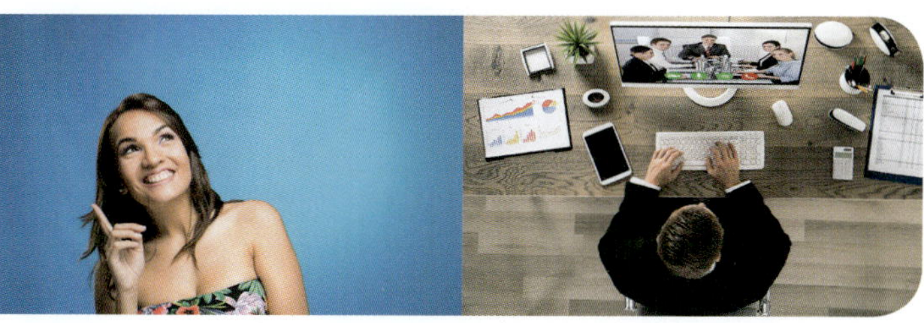

💬 이렇게 말한다!

A: I'm thinking of quitting my job.
B: Stick with it. It's hard to get a good job these days.

　A: 일 그만둘까봐.
　B: 포기하지마. 요즘같은 땐 좋은 직장 잡기가 힘들다구.

031 Let me sleep on it

곰곰이 생각해봐야겠어

sleep on it은 밑에 깔고 자면서 생각해본다는 말로 '신중을 기해서 생각하다,' '하룻밤 더 생각해보다,' '곰곰히 생각해보다'라는 의미. 중요한 결정을 해야 하는데 그 자리에서 곧바로 결론을 내리기는 애매할 때, '하룻밤 시간을 갖고 생각을 다시 해보겠다'는 표현이다.

 이렇게 쓰고!

1. 집에 가서 곰곰이 생각해봐. 내일 더 얘기하자고.

Go home. Sleep on it. We'll talk more tomorrow.

▶

2. 생각 좀 해보고 아침에 대답해 줄게.

Let me sleep on it and I'll give you the answer in the morning.

▶

 이렇게 말한다!

A: Are you interested in joining our country club?

B: Let me sleep on it and I'll let you know soon.

A: 우리 골프연습장에 가입할 생각 있으세요?

B: 생각 좀 해보고 곧 알려드리죠.

032 I'm so into you

나, 너한테 푹 빠져 있어

'안으로'의 이동을 나타내는 전치사 into가 be 동사와 결합한 것으로 be into sb[sth]하게 되면 '…에 열중하다,' '푹 빠져 있다'는 의미. 즉 뒤에 오는 대상에 '관심이 많다,' '열중하다,' '푹 빠져있다'는 말이다. 따라서 위 문장은 "I like you very much and think about you a lot."

✏️ **이렇게 쓰고!**

1. 이런 걸 좋아하는지 몰랐군.

I had no idea you were into this stuff.

▶

2. 난 너한테 푹 빠져 있어. 다른 사람은 생각할 수 없어.

I'm so into you. I can't think of anyone else.

▶

💬 **이렇게 말한다!**

A: Do you want to go to that new hip bar after work?

B: I'm into it.

A: 끝내주는 술집이 새로 생겼는데, 퇴근 후에 갈래?

B: 거, 끌리는데

033

I'm not freaking out

안 놀랬어, 난 괜찮아

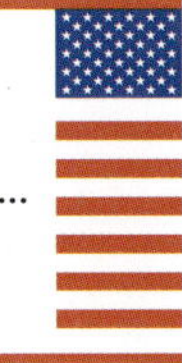

freak out의 가장 기본적인 출발점은 "overwhelming feelings," 즉 '감정의 과다분출'에 있다. 슬픔, 두려움, 분노, 기쁨 등 어떠한 감정이든 상관없이 그것이 strong feelings인 경우에는 두루 쓸 수 있는 다용도 표현. 따라서 이 표현은 문맥과 상황 속에서 판단해야 한다.

✏️ 이렇게 쓰고!

1. 그것 땜에 쟤가 정신 못차릴 걸!

It'll totally freak her out!

▶

2. 걘 펄펄 뛰면서 내게 소리쳤어.

He freaked out and started yelling at me.

▶

💬 이렇게 말한다!

A: My boyfriend freaked out when I broke up with him.

B: Really? What did he do?

A: 나랑 깨질 때 내 남자친구, 제정신이 아니었어.

B: 정말? 걔가 어쨌길래?

Listen to yourself

034

멍청한 소리 그만해

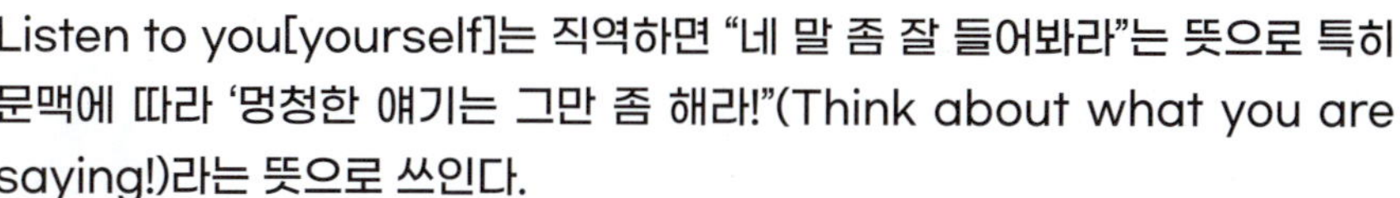

Listen to you[yourself]는 직역하면 "네 말 좀 잘 들어봐라"는 뜻으로 특히 문맥에 따라 '멍청한 얘기는 그만 좀 해라!'(Think about what you are saying!)라는 뜻으로 쓰인다.

 **이렇게 쓰고!**

1. 정신차려. 너답지 않아.

Listen to yourself. That's not you.

▶

2. 맙소사, 네가 무슨 말을 하는지 좀 들어봐.

God, would you listen to yourself?

▶

 **이렇게 말한다!**

A: Nobody loves me. Why does everyone hate me so much?

B: Listen to yourself. You sound like a spoiled child.

A: 아무도 날 좋아하지 않아. 왜 다들 날 그렇게 싫어하는 걸까?

B: 바보같은 소리. 넌 꼭 삐딱한 어린애 같은 소릴 하는구나.

I'm telling you

035

정말이야, 잘 들어

I'm telling you (S+V)는 자기가 말하려는 것을 강조하는 표현으로 "정말이야," "내 말 잘 들어," "있잖아," "누가 아니래," "내 말 진심이야," "정말이지"라고 하는 표현. 지금까지 얘기한 내용이 정말임을 강조하거나 이제부터 하려는 얘기가 아주 중요하다는 것을 강조하는 문장이다.

✏️ 이렇게 쓰고!

1. 잘 들어, 뭔가 이상해!

I'm telling you, something's wrong.

▶

2. 정말이야. 걘 나를 머저리라고 생각하는 것 같아.

I'm telling you. I think he thinks I'm a loser.

▶

💬 이렇게 말한다!

A: Are you saying that they're going to film a movie here?

B: I'm telling you. I heard the news from the press.

A: 여기서 영화촬영을 할거란 말이야?

B: 정말이야. 언론에서 뉴스를 들었어.

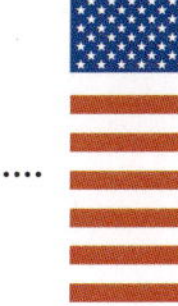

Loosen up!

036 ······

진정해

loosen up은 '긴장을 풀다,' '늦추다'라는 구동사로 '마음을 느슨하게 갖다'(You need to unwind and have fun)라는 의미로 쓰인다. 따라서 위 문장 Loosen up은 = Relax! = Take it easy!가 된다.

✏️ 이렇게 쓰고!

1. 긴장풀어. 넌 항상 불행해 보여.

Loosen up. You always look so unhappy.

2. 좋아, 이거의 요점은 너의 긴장을 좀 풀어주는거야.

Okay, the whole point of this is to loosen you up a little.

💬 이렇게 말한다!

A: Do you think the restaurant will overcharge us?

B: Why are you always worrying? Loosen up!

　A: 식당이 우리에게 바가지를 씌울 것 같아?

　B: 왜 그렇게 늘상 걱정이 태산이야? 진정하라고!

037

I wouldn't know

내가 알 도리가 없지, 그걸 내가 어떻게 알아

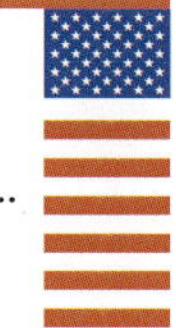

(I) Wouldn't know는 "내가 (그걸) 어떻게 알겠니"라는 문장으로 그냥 I wouldn't know라고 해도 되고 know 다음에 명사나 if절을 연결해도 된다. 말투나 억양에 따라 정중하게 "모르겠어요," 혹은 차갑게 "내가 어찌 알아"라는 의미를 띈다.

✏️ 이렇게 쓰고!

1. 내가 그걸 어떻게 알겠어. 난 집에서 일해.

I wouldn't know. I work from home.

▶

2. 내가 어떻게 알아. 이게 내가 갖고 있는 전부야.

I wouldn't know. This is all I have.

▶

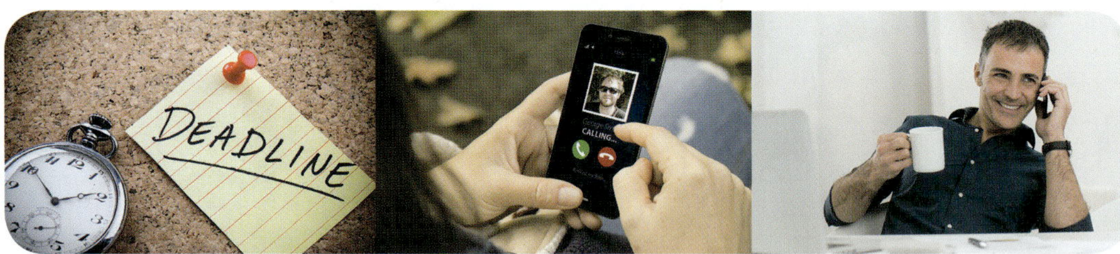

💬 이렇게 말한다!

A: What's he doing these days?

B: I wouldn't know. We haven't talked in months.

A: 걔 요즘 뭐해?

B: 내가 어찌 알겠어. 몇 달째 연락 안했어.

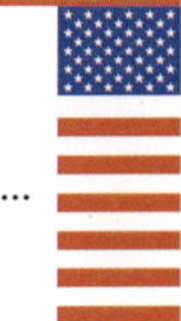

038

She put me up to it

걔가 부추겨서 그 짓을 하게 된거야

put sb up to sth은 'sb를 부추겨서, 설득해서, 꼬셔서 뭔가 어리석은 짓을 하게 하다'라는 뜻으로 sth 자리에는 this나 it이 주로 온다. 또한 put sb up to+동사가 되면 역시 'sb를 부추겨 (멍청한 짓) …을 하게 하다'라는 의미.

 **이렇게 쓰고!**

1. 걔가 그녀를 그렇게 하게 한거야? 증명할 수 있어?

He put her up to it? Can you prove that?

▶

2. 걔가 날 이렇게 만든게 아냐. 걔는 날 보호하려고 했어.

He didn't put me up to this. He was trying to protect me.

▶

이렇게 말한다!

A: Why did you choose not to go to school yesterday?

B: It was Andrea's idea. She put me up to it.

A: 왜 어제 학교 안 가기로 한거야?

B: 그건 앤드리아의 생각이었어. 걔가 날 그렇게 하게 했어.

Go easy on me

039

좀 봐줘

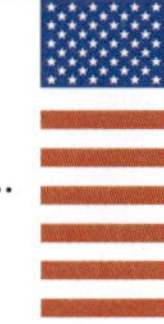

go easy on sb는 '…를 봐주다'(Be more kind), '잘 대해주다,' '봐주다'라는 뜻이며 go easy on[with] sth은 '…를 적당히 해라,' '…을 많이 하지 않다'라는 의미로 쓰인다. 한편 단독으로 Go easy하면 '진정해,' '살살해'라는 문장.

✎ 이렇게 쓰고!

1. 걔 살살 대해줘. 착한 애잖아.

Go easy on her. She's a good kid.

2. 위스키 좀 적당히 마셔.

Go easy on the whisky.

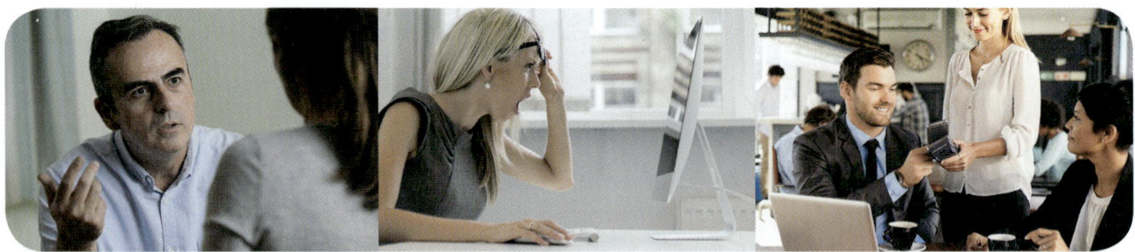

💬 이렇게 말한다!

A: Are you ready for the oral test?

B: I guess so. Go easy on me.

A: 구두시험 준비됐니?

B: 예. 잘 좀 봐줘요.

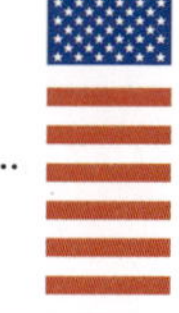

040   I can't argue with that

두말하면 잔소리지, 물론이지

can't argue with~는 '…에 토를 달 수 없다'라는 관용적 표현으로, 다시 말하면 '물론이다'라는 뉘앙스를 가지는 문장이다. 참고로 (I) Couldn't agree with you more하게 되면 "정말 네 말이 맞아"라는 강한 긍정의 표현이다.

✏️ **이렇게 쓰고!**

1. 네 말이 맞다고! 알았어?

I can't argue with you! All right?

▶

2. 크리스가 인생은 엿같대. 그건 맞는 말이지.

Chris said life sucks. Can't argue with that.

▶

💬 **이렇게 말한다!**

A: Chris is the smartest person in the office.

B: Yeah, can't argue with that.

A: 크리스가 사무실에서 제일 똑똑하지.

B: 그래, 그건 맞는 말이지.

041 He got worked up

걔 열 받았어, 걔 대단했어

get worked up은 '열받다,' '들뜨다'라는 말로 get oneself worked up이라고 해도 된다. 강조하려면 worked 앞에 all을 넣으면 된다. work oneself up 또한 '화내다,' '흥분하다'라는 의미.

 **이렇게 쓰고!**

1. 걔 열 무척 받았어.

She got all worked up.

▶

2. 제시카가 가버려 화났을 뿐야.

I only got worked up because Jessica's gone.

▶

이렇게 말한다!

A: Did you see how angry she got?

B: Yeah, she really got worked up about that.

A: 걔가 얼마나 화났는지 봤어?

B: 응, 그 일로 진짜 열받았더라.

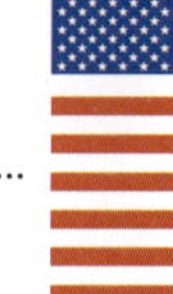

042   I can't get into that right now

나중에 이야기하자

get into sth은 물리적으로는 '어떤 장소에 들어간다'는 뜻이지만, 비유적으로는 '어떤 화제나 사건에 대해 논의하거나 이야기한다'는 의미로 쓰인다. 그래서 위 문장을 영어로 간단히 말하자면, "I don't want to discuss it."

✏️ 이렇게 쓰고!

1. 무슨 일을 하려는거야?

What are you getting into?

2. 지금은 당신과 이 문제를 따질 수 없어.

I can't get into this with you now.

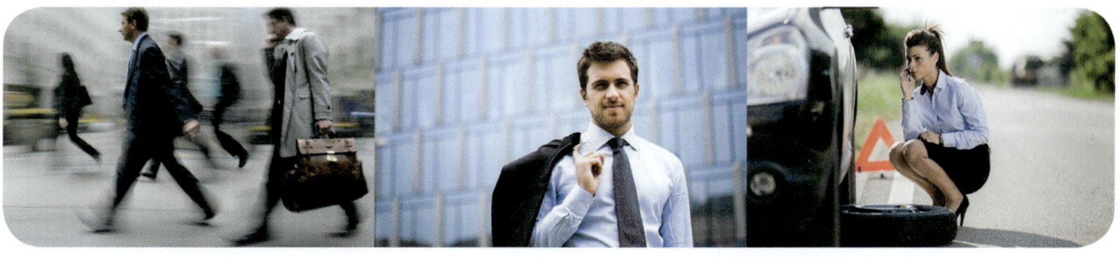

💬 이렇게 말한다!

A: Why did your parents move away from Boston?

B: I can't get into that right now. It's private.

A: 왜 너희 부모님이 보스톤에서 이사가셨어?

B: 나중에 이야기하자. 사적인거라서.

043 Are you all caught up?

밀린 일은 다 했어?

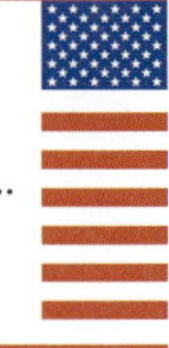

catch up은 기본적으로 '따라잡다'로 get[be] caught up하면 '밀린 일을 하다' 또는 '…를 따라잡다'라는 의미로 쓰인 경우이다. 수동태로 쓰여서 좀 어렵게 보이지만, 쉽게 풀어쓰면 "Did you do everything that you needed to do?"가 된다.

✏️ 이렇게 쓰고!

1. 밀린 과제 다 했어?

Are you all caught up with your assignments?

▶

2. 요즘 일들 다 알고 있어?

Are you all caught up on what's been happening?

▶

💬 이렇게 말한다!

A: Are you all caught up?

B: No, I still have some things to do.

A: 밀린 일은 다 했어?

B: 아니, 아직 할 일이 있어.

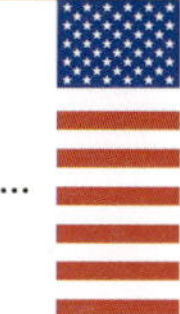

Duly noted

044

잘 알겠습니다, 명심할게요

Duly noted는 좀 formal한 표현으로 상대방의 말에 동의여부를 떠나서 '잘 알아들었어,' '확인해볼게'라고 말하는 표현이다. 공식적으로 예의바른 표현인 동시에 문맥에 따라서는 "더 이상 말 안할게"라는 뜻을 내포하는 비꼬는 어투로도 쓰인다.

✏️ 이렇게 쓰고!

1. 알았어. 난 그걸 모르고 있었어. 이제 알겠어.

Okay. I was not aware of that. Duly noted.

▶

2. 무슨 말인지 알겠어. 네 일을 방해하지 않을게.

Duly noted. And I'll stay out of your business, too.

▶

💬 이렇게 말한다!

A: We need to update the software we are using.

B: Duly noted. I will check up on it.

A: 우리가 쓰는 소프트웨어 업데이트 해야 돼.

B: 알았어. 확인해볼게.

045

I didn't see that coming

그럴 줄 몰랐어

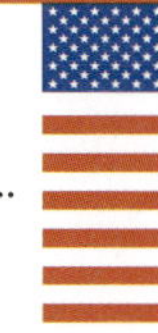

see that coming은 구어체 표현으로 '그렇게 될거라 예상하다,' '미리 알아 차리다,' "그럴 줄 알았다'라는 의미로 쓰인다. 함께 알아두어야 문장은 "I should've seen this coming"(이렇게 될 줄 알았어야 했어)가 있다.

✏️ 이렇게 쓰고!

1. 이렇게 될 줄 우리는 어떻게 몰랐을까?

And how did we not see this coming?

▶

2. 넌 날 함정에 빠뜨렸어, 그리고 난 그런 줄 꿈에도 몰랐어.

You set me up, and I didn't even see it coming.

▶

💬 이렇게 말한다!

A: Chris and Melissa ran off to Vegas to get married.

B: Oh my God! I didn't see that coming.

A: 크리스와 멜리사가 결혼하려고 베거스로 도망쳤어.

B: 맙소사! 그럴 줄 몰랐네.

046 It's not unheard of

새삼스러운 일도 아냐, 흔히 있는 일야

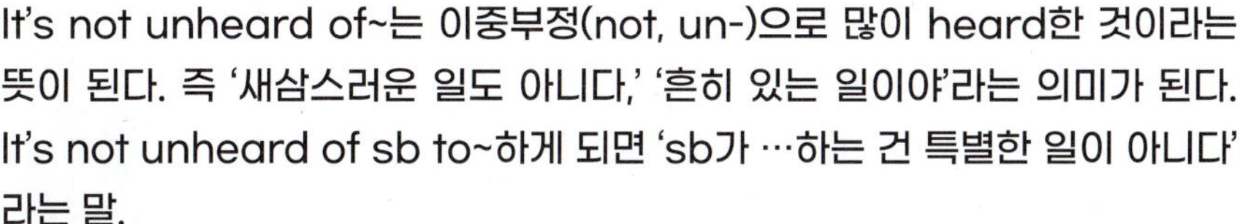

It's not unheard of~는 이중부정(not, un-)으로 많이 heard한 것이라는 뜻이 된다. 즉 '새삼스러운 일도 아니다,' '흔히 있는 일이야'라는 의미가 된다. It's not unheard of sb to~하게 되면 'sb가 …하는 건 특별한 일이 아니다' 라는 말.

✏️ 이렇게 쓰고!

1. 걘 열 여섯살이야. 새삼스러운 일도 아니지.
   She's sixteen. It's not unheard of.

2. 하룻밤 사랑이 진지한 관계로 변하는 건 드문 일이 아니야.
   It's not unheard of for a one-night stand to turn into a relationship.

💬 이렇게 말한다!

A: Does it ever snow here in April?

B: It's not unheard of.

A: 4월에 눈이 내린 적이 있나요?

B: 흔히 있는 일이죠.

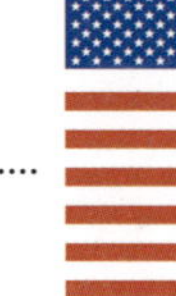

047

I'm pissed off

열받아, 진절머리나

piss off sb 혹은 piss sb off는 'sb를 엄청 열받게 하다,' '화나게하다,' '짜증 나게 하다'라는 말이다. 보통 수동태로 be[get] pissed off로 쓰여 '열받다,' '역겹다,' '진절머리나다'(I'm very angry) 라는 의미로 쓰인다. = hit the roof = hit the ceiling = go through the roof.

 **이렇게 쓰고!**

1. 태미는 우리에게 화나지 않았어.

Tammy isn't pissed off at us.

▶

2. 네가 나한테 열받았다는거 이해해.

I understand that you're pissed off at me.

▶

이렇게 말한다!

A: You look really upset, Chris.

B: I'm pissed off. People have been treating me badly.

A: 크리스, 너 정말 화난 것 같아.

B: 열받았어. 사람들이 내게 짓궂게 굴어.

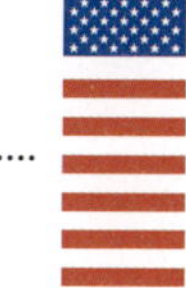

048   Knock yourself out!

열심히 해!, 지칠 때까지 해봐!

knock oneself out은 스스로를 녹다운시킨다라는 말로 혼심의 힘을 다하다 라는 뜻이지만 구어체에서는 '맘대로 해봐'(Try it if you want to)라는 뜻으로 많이 쓰이는데 가끔 비꼴 때도 사용된다. 따라서 Don't knock yourself out하면 "더 이상 애쓰지 말라"는 말이 된다.

 **이렇게 쓰고!**

1. 그래, 네 맘대로 해. 난 말 다했어.

Knock yourself out, I'm done talking.

▶

2. 밤새고 싶다고? 그래, 네 맘대로 해!

You want to stay up all night? Knock yourself out!

▶

이렇게 말한다!

A: Could I try to ride that horse?

B: Knock yourself out. I don't think you can get on her.

A: 저 말을 타봐도 될까?

B: 해볼테면 해봐. 타지 못할 걸.

049 — I'll come to that

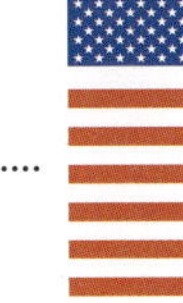

나중에 얘기해줄게

I'll come to that은 대화 도중에 "그 점에 대해 나중에 다시 말할게"(Let me finish what I'm talking about and then I will discuss that)라는 표현. 또한 come to one's attention하면 '…의 주의를 끌다,' '…를 알게 되다' 라는 의미가 된다.

✏️ 이렇게 쓰고!

1. 조금 후에 얘기해줄게.

I'll come to that in a few minutes.

▶

2. 네가 좀 진정하면 얘기해줄게.

I'll come to that when you calm down a bit.

▶

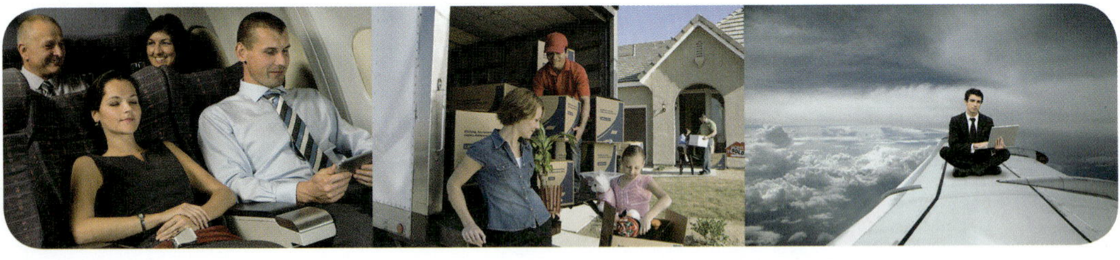

💬 이렇게 말한다!

A: Can you show us how to use these computers?

B: Sure. I'll come to that in a few minutes.

A: 이 컴퓨터 어떻게 쓰는지 알려줄래?

B: 잠시 후에 알려줄게

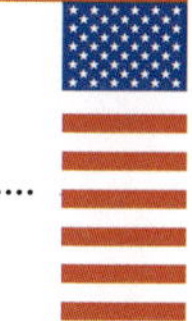

050 Don't take it out on me

내게 분풀이 하지마, 왜 나한테 화풀이야

A takes it out on B는 'B에게 화풀이하다'라는 뜻인데 중요한 것은 B는 아무 책임도 없는데도 그냥 분풀이 당하는(A is blaming or acting angry at B for a problem. The problem may or may not have been caused by B) 것을 뜻한다.

 **이렇게 쓰고!**

1. 네게 화풀이하면 안돼지. 사과할게.

I shouldn't be taking it out on you. I apologize.

▶

2. 네가 죄의식을 느낀다고 내게 화풀이 하지마.

Don't take it out on me because you feel guilty.

▶

 **이렇게 말한다!**

A: Why is the electric bill so expensive this month?

B: Don't take it out on me. You use the computer all the time.

A: 이번 달에 왜 그렇게 전기세가 많이 나왔어?
B: 내게 그러지마. 늘상 컴퓨터했잖아

051

Don't mess with me

나 건드리지마

mess with는 위험하고 문제있는 일이나 사람에 관여하다 혹은 누구를 속이거나 누구에게 문제나 말썽을 일으키는 것을 뜻한다. 다시말해서 mess with는 '…를 방해하다,' '쓸데없이 간섭하다'라는 의미로 영어로 이해하자면 "Don't make me angry or you will regret it" 정도로 생각하면 된다.

 **이렇게 쓰고!**

1. 나 건드리지마. 나 화 잘 내.
Don't mess with me. I get angry easily.

▶

2. 나 위험한 여자야. 건드리지 말라고.
I'm a dangerous woman. You don't wanna mess with me.

▶

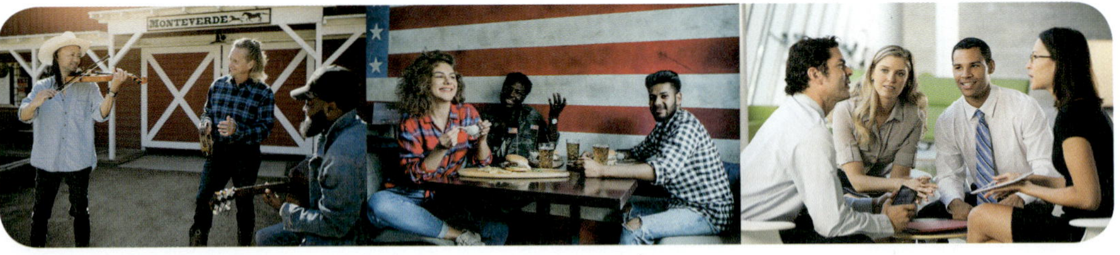

이렇게 말한다!

A: You look like a weak little man.
B: Don't mess with me. I know karate.

   A: 땅딸막하고 풀죽도 못먹은 놈같네.
   B: 나 건드리지마라. 나 유도 좀 하거든.

052   You really missed out!

넌 정말 좋은 기회를 놓친거야!

miss out on~은 '…하는 (좋은) 기회나 재미있는 일을 놓치다'로 miss a chance[opportunity]와 같은 의미이고 또한 sth is not to be missed 하면 '…하는 기회를 놓치면 안된다'라는 뜻으로 요즘 영어에서도 많이 쓰인다.

이렇게 쓰고!

1. 참 안됐어. 많은 것을 놓쳤어.

That is so sad. You're missing out on so much.

▶

2. 난 아주 좋은 거래를 할 기회를 놓쳤어.

I'm missing out on a pretty sweet deal, here.

▶

이렇게 말한다!

A: I don't like hearing classical music.

B: You're missing out on something beautiful.

A: 클래식 음악 듣는 걸 싫어해.

B: 넌 아름다운 걸 놓치는거야.

053

I could do with a beer

맥주를 마시고 싶어

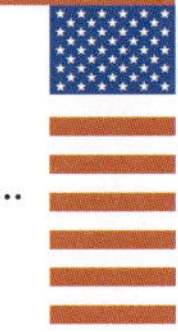

could do with~는 '…가 필요하다'라는 뜻으로 반대로 could do without 하면 '…없이 지내다'라는 의미. 그래서 윗 문장을 쉽게 풀어 보자면 "I need a beer to make myself feel better"가 된다. 참고로 What I could do with~?하면 :…가 있으면 얼마나 좋을까?"라는 문장.

 **이렇게 쓰고!**

1. 코냑을 마시고 싶어.

I could do with a cognac.

▶

2. 맙소사. 이 집을 가질 수 있다면 좋겠어.

Oh, my God. What I could do with this house?

▶

이렇게 말한다!

A: You look like you had a rough day.

B: Yeah, it sucked. I could do with a beer.

A: 오늘 힘들었나 보네.

B: 어, 지랄같았어. 맥주마시고 싶다.

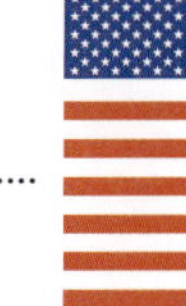

054 Let's kick things off

바로 하자, 이제 시작하자

kick off는 축구에서 '킥오프'라고 하듯 '어떤 회의나 행사 등을 시작하다' (start something, especially an event, meeting, or activity)라는 뜻으로 쓰인다.= begin = get started. 물론 kick sb off의 경우에는 '…을 내쫓다'라는 다른 뜻이 된다.

✏️ 이렇게 쓰고!

1. 우리는 오전 10시 정각에 시작할거야.

We'll kick things off at 10 a.m. sharp.

▶

2. 간단한 활동으로 시작하자.

Let's kick things off with a quick activity.

▶

💬 이렇게 말한다!

A: We've got a lot to cover today.

B: Then, let's kick things off.

A: 오늘 다뤄야 할게 많아.

B: 자, 그럼 시작하자.

It sucks!

055

밥맛이야!, 젠장할!

suck은 '밥맛없거나,' '재수없거나,' '형편없는 것'을 말할 때 It[That] sucks! 라 하는데 가장 간단하면서 가장 많이 애용되는 형태. Sth+sucks! 또한 같은 구도이지만 주어자리에 it이나 that이 아닌 일반명사가 오는 경우. = It's terrible = It's awful.

✏️ 이렇게 쓰고!

1. 니네들은 밥맛이야! 니네들이 정말 싫어!
You guys suck! I hate you!

▶

2. 네 인생은 나쁘지 않아, 널 진정으로 사랑하는 여자가 있잖아.
Your life doesn't suck, you have a woman who really loves you.

▶

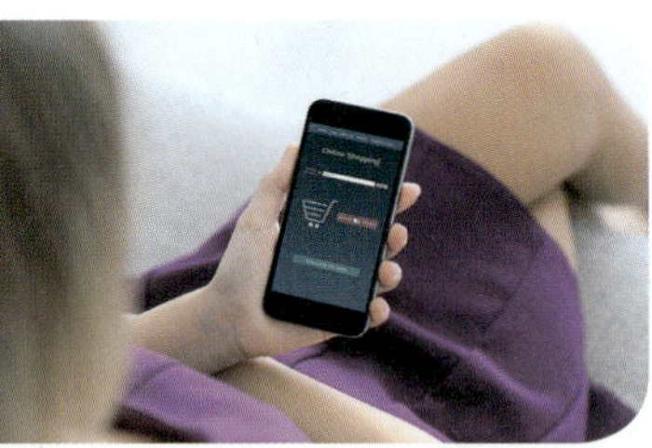

💬 이렇게 말한다!

A: Have you seen the new Eva Green film? It sucks!
B: Yeah, I've heard that it was kind of boring.

A: 에바 그린 나오는 새 영화 봤어? 끔직해!
B: 그래, 좀 지겹다고 하던대.

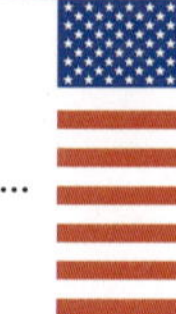

I'm sticking with you

056

난 너랑 함께 있겠어

stick with sb는 'sb를 도와주다,' '…의 곁에 있다'(I'll support you or I'll stay with you)라는 뜻이고 stick with sth하면 '고수하다,' '선택하다'라는 의미. 하지만 be stuck with sb[sth]하게 되면 '원치 않는 사람과 사귀거나 같이 있거나,' '하기 싫은 일을 할 수 없이 하거나' 할 때 사용한다.

✏️ 이렇게 쓰고!

1. 그 선생님하고 잘 지내고 싶니?

Do you want to stick with that teacher?

▶

2. 너하고 난 끝장났어. 지금부터는 잭하고 함께 다닐거야.

You and I are finished. From now on, I'm sticking with Jack.

▶

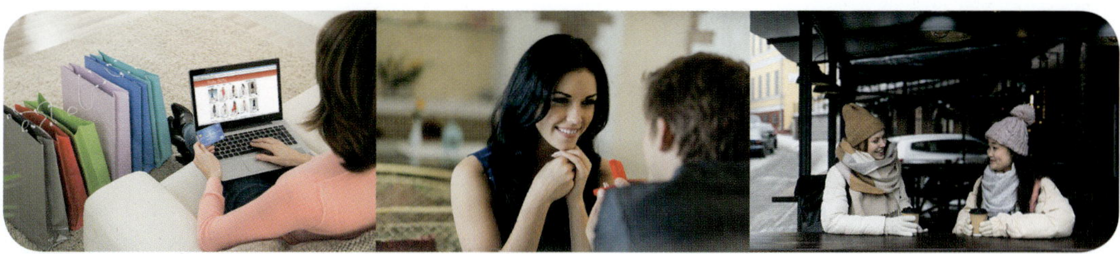

💬 이렇게 말한다!

A: I'm sorry that I caused so much trouble.

B: Never mind that. I'm sticking with you.

A: 문제를 많이 일으켜서 미안해.

B: 걱정하지마. 난 네 편이야.

057 I'm flattered

그렇게 말해주면 고맙지, 과찬의 말씀을!

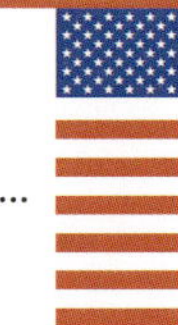

be flattered에서 flatter는 타동사로 다른 사람을 칭찬한다는 말. 여기처럼 be flattered하게 되면 '뭘요,' '과찬의 말씀이세요,'(I'm happy you said that about me) '그렇지도 않아요' 등의 의미가 된다. 또한 Don't flatter yourself는 "잘난 척 좀 그만해," "우쭐대지마"라는 문장.

✏️ **이렇게 쓰고!**

1. 그렇게 말해줘서 고마운데, 나 지금 만나는 사람있어.
I'm flattered, but I'm seeing somebody.

▶

2. 그렇게 말씀해주시니 고맙습니다. 그렇지도 않아요.
That's nice of you to say. I'm flattered.

▶

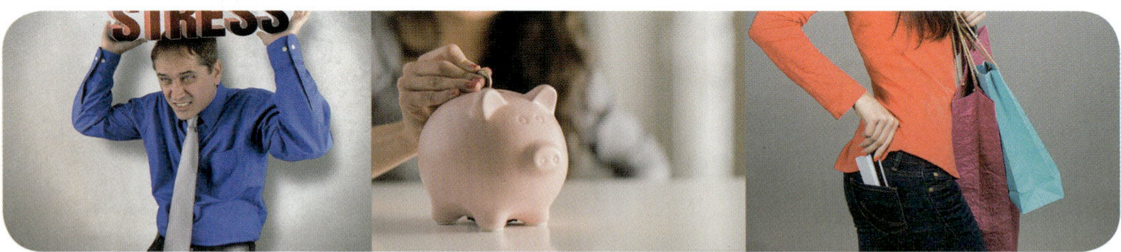

💬 **이렇게 말한다!**

A: Your hair looks very beautiful tonight.
B: Thank you very much. I'm flattered.

A: 오늘 머리 모양이 굉장히 예쁘네요.
B: 정말 고마워요. 과찬이세요.

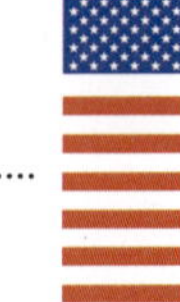

058 Let's do it again

또 만나자, 한번 더 하자

Let's do it again은 즐거운 만남이나 모임을 마친 후에 "우리 또 다시 만나자"(I'd like to get together with you again)라는 의미로 사용되는 문장이다. Let's do this again sometime이라고 해도 된다.

 **이렇게 쓰고!**

1. 정말 재미있었어. 우리 또 만나자.
It's been a lot of fun. Let's do it again.

▶

2. 네가 시간 더 될 때 우리 또 만나자.
Let's do it again when you have more time.

▶

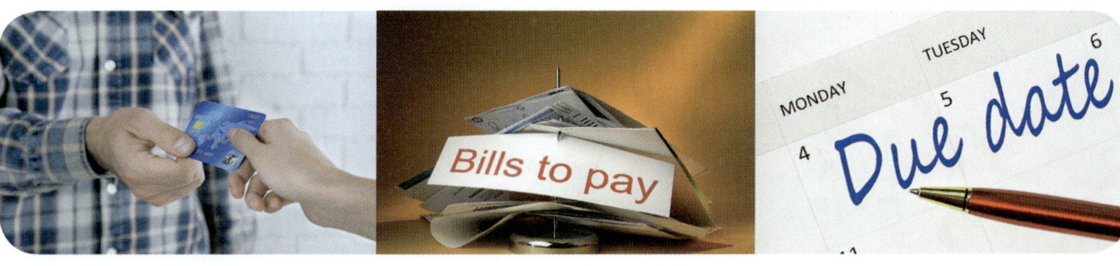

이렇게 말한다!

A: I had a great time with you.
B: Me too. Let's do it again soon.

A: 너랑 정말 즐거웠어.
B: 나도 그래. 곧 다시 한번 만나자.

Now there you have me

059

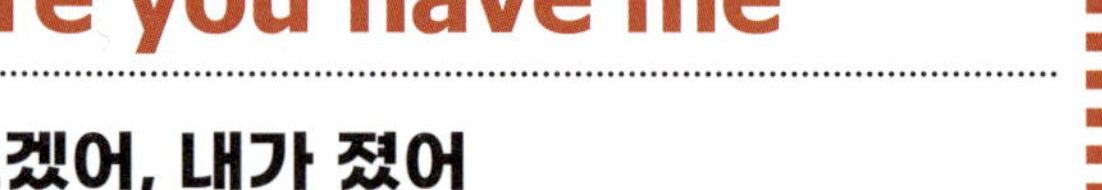

모르겠어, 내가 졌어

Now there you have me는 "You got me," "You've got me there"와 같은 맥락의 좀 낡은 표현. "모르겠어,' "내가 졌어" 등의 의미이다. You have me there이라고 도 쓴다. = Touche!

 **이렇게 쓰고!**

1. 모르겠어. 가서 다른 사람에게 물어봐봐.
   Now there you have me. Go ask someone else.

   ▶

2. 모르겠어. 난 그 질문의 답을 몰라.
   Now there you have me. I don't know the answer to that question.

   ▶

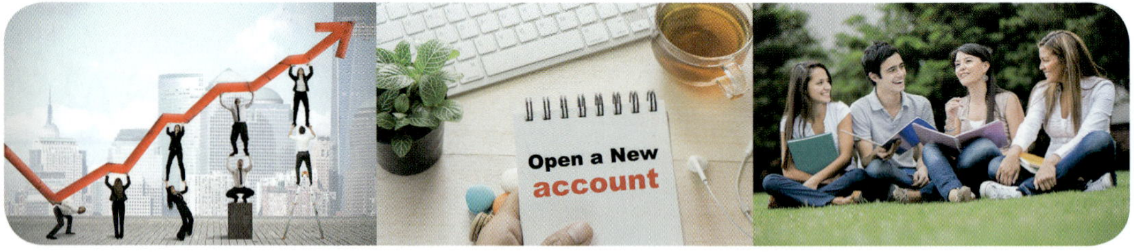

이렇게 말한다!

A: Where does Cindy work?
B: Now there you have me. I'm not sure.

   A: 신디가 어디서 일해?
   B: 몰라. 잘 모르겠어.

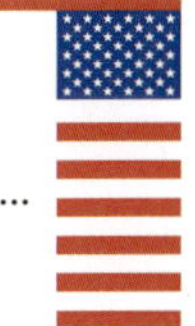

060

It blows my mind!

정신을 못차리겠어!, 마음이 설레네!

blow one's mind는 바람이 연약한 마음에 불어친다는 말로 '…을 놀라게 하다,' '몹시 화나게 하다,' '충격을 주다,' '흥분시키다,' '넋을 잃게 하다' 등 다양하게 쓰인다. mind-blowing은 문맥에 따라서 '감동적인,' 혹은 '충격적인'이라는 의미.

 **이렇게 쓰고!**

1. 그 영화 완전 감동이었어.

That movie, Me Before You totally blew my mind.

▶

2. 네 춤 실력에 완전 놀랐어.

You blew my mind with your dancing.

▶

이렇게 말한다!

A: I heard you won the lottery. How does it feel?

B: It blows my mind. I can't believe it.

A: 복권 당첨했다며. 기분이 어때?

B: 정신없지. 믿기지 않아.

061

I don't see it that way

난 그렇게 생각하지 않아, 그런 것 같지 않아

I don't see it that way는 역시 구어체로 that way(그런 식)를 붙여 좀 더 구체적으로 반대의견을 나타내는 표현법. 전체를 그대로 외우면 된다. "나 그렇게 안봐," "그렇지 않아"(I think it is different)라는 의미.

 **이렇게 쓰고!**

1. 넌 걔가 비열하다고 하지만 난 그렇지 않은 것 같아.

You say she's mean, but I don't see it that way.

▶
....

2. 내가 떠나야 한다고? 난 그렇게 생각안하는데.

You think I should leave? I don't see it that way.

▶
....

이렇게 말한다!

A: I think your son is lazy.

B: I don't see it that way. I think he's bored with schoolwork.

A: 네 아들 게으른 것 같아.

B: 난 그런 것 같지 않아. 숙제가 지겨워서 그럴거야.

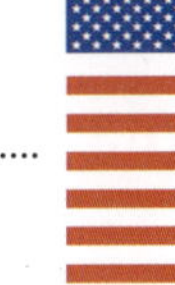

What's cooking?

062

무슨 일이야?

What's cooking?은 "무슨 일이야?"(What is going on?)라는 뜻으로 현재의 상황이나 안부를 묻는 표현이다. 물론 문맥에 따라 "무슨 요리를 하고 있어?"라는 뜻도 될 수 있다. 또한 Let's see what's cooking하게 되면 "어떻게 돼가나 보자"라는 의미가 된다.

✎ 이렇게 쓰고!

1. 무슨 일이야? 무슨 일 있어?

What's cooking? Anything new going on?

▶

2. 무슨 일이야? 네 가족 어떻게 지내?

What's cooking? How is your family doing?

▶

💬 이렇게 말한다!

A: Hey Mindy. What's cooking?

B: I just thought I'd stop by and say hello.

A: 야 민디, 무슨 일이야.

B: 잠깐 들러서 인사나 하려고.

063 It's really getting to me

진짜 짜증나게 하네

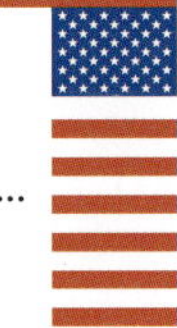

sth get to sb는 주어가 sb를 '화나게 하다,' '거슬리게 하다'라는 뜻. 또한 sb get to sb하면 역시 get to sb의 형태이지만 주어가 사람이 나오는 경우로 뒤에 나오는 'sb에게 영향력을 끼치거나 설득하는' 것을 말한다.

✏️ 이렇게 쓰고!

1. 그 악플은 걔에게 정말 상처를 줬어.

The hateful comments really got to him.

▶

2. 사람들이 약속을 안 지킬 때 정말 짜증나.

It gets to me when people don't keep their promises.

▶

💬 이렇게 말한다!

A: You look upset. What's wrong with you?

B: Yeah, what he said really got to me.

A: 화나 보여. 무슨 일이야?

B: 응, 걔가 한 말이 진짜 마음에 걸렸어.

064

You suck at this!

너 되게 못하네!

suck at~은 '…을 잘못하다,' '능숙하지 못하다,' '형편없다'라는 말로 be poor [bad; terrible] at~과 같은 표현이다. suck at~ 다음에 명사나 ~ing을 붙여 쓰면 된다. 위 문장을 영어로 풀어쓰자면, "You have no talent for this."

✎ 이렇게 쓰고!

1. 내 감정을 말로 나타내는데 정말 어눌해.

I really suck at putting my emotions into words.

▶

2. 네가 아빠노릇에 서투르다고 내게 화풀이하지마.

You suck at being a dad, and you're taking it out on me.

▶

💬 이렇게 말한다!

A: I hit the golf ball off the course again.

B: You suck at this. Why not try another sport?

A: 또 골프공을 코스 밖으로 쳐냈어.

B: 정말 소질이 없네. 다른 운동하지 그래?

065 Who could[would] have thought?

누가 생각이나 했겠어?, 상상도 못했네

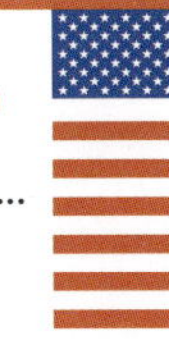

Who could[would] have thought?는 상당히 충격적이고 놀랄만한 일이 벌어졌을 때 입을 떡 벌리고 하는 말. "누가 생각이나 했겠어?," "상상도 못했네" 라는 말이다. 단독문장으로 써도 되고 아니면 ~thought that S+V?의 형태 로 충격적인 일을 적어줘도 된다.

이렇게 쓰고!

1. 그게 너였다는 걸 누가 상상이나 했겠어?

Who would have thought it was you?

▶

2. 네가 강도죄로 감방에 가게 될 줄은 정말 몰랐어?

Who could have thought that you'd end up in jail for a holdup?

▶

이렇게 말한다!

A: Did you hear? Chris got arrested for a bank job.

B: Wow, who would've thought he'd end up in jail for that?

A: 너 들었니? 크리스가 은행털다 체포됐대.

B: 와, 걔가 그런 일로 감옥에 가게 될 줄 누가 알았겠어?

066 You work rain or shine

넌 어떤 일이 있어도 일을 해

rain or shine은 '비가 오나 눈이 오나,' '어떤 일이 있어도,' '날씨가 좋든 나쁘든'이라는 의미로 뭔가 열심히 하고 있는(You are not lazy and can be depended on to always do your work) 것을 말하는 것으로, 동사 +work or shine의 형태로 쓰면 된다.

이렇게 쓰고!

1. 갠 매일 아침 비가 오든 말든 뛰어.
He runs every morning, rain or shine.

▶

2. 넌 무조건 일해. 임금인상이나 휴식은 요구하지도마.
You work rain or shine. You don't ask for a raise or time off.

▶

이렇게 말한다!

A: Frank, you are always here. You work rain or shine.
B: Well, I enjoy doing my job and the salary is good too.

A: 프랭크, 넌 항상 여기 있네. 무슨 일이 있어도 열심히 일하네.
B: 어 난 내 일하는게 즐겁고 급여도 좋아.

You got it

067

맞아, 바로 그거야, 알았어

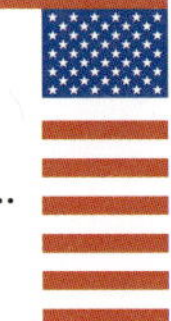

You got it은 상대방 말에 맞장구치면서 "맞아," "바로 그거야" 혹은 상대방이 지시하는 말에 "알겠어"라는 뜻이다. 한편 You got it[that]?라고 물어볼 때면 상대방이 자기 말을 제대로 이해했는지 "알겠어?"라고 물어보는 문장이 된다.

✏️ 이렇게 쓰고!

1. 내 관심을 원한다고, 잭? 알았어.

You want my attention, Jack? You got it.

▶ ____________________________________

2. 두 번 다시 내 여자친구 괴롭히지마. 알겠어?

Don't ever bother my girlfriend again. You got it?

▶ ____________________________________

💬 이렇게 말한다!

A: Is this the station we get off at?

B: You got it. Let's get going.

A: 이 전철역이 우리가 내릴 곳야?

B: 맞아. 가자고.

068　You can't go wrong with this

이건 잘못되는 법이 없어

> You can't go wrong with sth은 sth이 잘못되지는 않는다, 즉 '…에 전혀 문제가 없을 것이다,' '…도 괜찮다'라는 의미의 표현이다. = "This is good," or "I would recommend this", or "Go ahead and do it."

✏️ 이렇게 쓰고!

1. 닭요리는 어떨까? 닭요리는 항상 맛있잖아.

How about chicken? You can't go wrong with chicken.

▶

2. 저기, 정원을 꾸리는건 언제나 만족스러워, 그지?

You know, can't go wrong with a garden, right?

▶

💬 이렇게 말한다!

A: Do you think these are good headphones?

B: Absolutely. You can't go wrong with this model.

A: 이 헤드폰 사도 좋을 것 같아?

B: 그럼. 이 모델 사도 돼.

069 — She is out of the woods

이제 어려운 고비는 넘겼어

be out of the woods하면 직역하면 '숲밖으로 나왔다'이지만, 비유적으로 '위험이나 힘든 상황에서 벗어나다,' '위기를 넘기다'(It is not dangerous for her anymore)라는 뜻으로 많이 쓰이는 구어체 표현이다.

이렇게 쓰고!

1. 걔가 어려운 고비를 넘긴 것 같아.

It looks like she's out of the woods.

▶

2. 수술은 성공적으로 끝났지만 넌 아직 고비를 넘긴 것은 아냐.

You survived the surgery, but you're not nearly out of the woods.

▶

이렇게 말한다!

A: Tracey was really sick last week.

B: I think she is out of the woods now.

A: 트레이시는 지난 주에 정말 아팠어.

B: 지금은 힘든 상황은 넘긴 것 같아.

We go way back

070

우리 알고 지낸지 오래됐어, 우린 오랜 친구야

go way back (with sb)은 '주어들이 알고 지낸지 오래되었다,' 즉, '오래전 부터 알고 지내다,' '오랜 인연이다'(He's an old friend of mine)라는 표현 이다. 여기서 way는 부사로 '매우,' '아주 오래'임을 강조하고 있다. We're not strangers anymore(우리는 이미 아는 사이잖아)도 알아둔다.

 **이렇게 쓰고!**

1. 샘, 너와 나는 서로 오랫동안 지내왔어. 난 널 알아.
Sam, you and I go way back. I know you.

▶

2. 피터와 안 지가 아주 오래됐어. 내 손등만큼 잘 안다고.
I go way back with Peter. I know him like the back of my hand.

▶

 **이렇게 말한다!**

A: When did you meet Carl for the first time?
B: A long time ago. We go way back.

A: 칼을 언제 처음 만났어?
B: 오래 전에. 알고 지낸 지 오래됐어.

071 I'm just not big on Mexican food

난 멕시코 음식을 그다지 좋아하지 않아

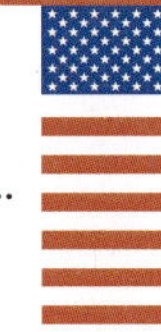

생기본 단어이지만 be big of~와 더불어 구어체에서 많이 쓰이는 표현으로 '…를 무척 좋아하다'라는 뜻이다. be big on sth[~ing]의 형태로 사용하고, 그래서 위 문장을 달리 풀어 쓰면, "I prefer not to eat Mexican food"가 된다.

✎ 이렇게 쓰고!

1. 제시카는 눈마주치는 걸 좋아하지 않아

Jessica is not big on eye contact.

2. 걘 돈의 가치를 열심히 배우고 있어.

She's big on learning the value of the dollar.

💬 이렇게 말한다!

A: Why aren't you coming to the restaurant?

B: I'm just not big on Mexican food.

　A: 왜 식당에 오지 않는거야?

　B: 난 멕시코 음식을 그다지 좋아하지 않아.

072   I want no part of it

난 그 일에 관여하고 싶지 않아

want no part of~는 '…에 관여하고 싶지 않아'(No, I refuse to be involved)라고 단호하게 자신은 빠지겠다는 의미이다. ~of~다음에는 보통 위험하거나 하면 안되는 일 등이 나오게 된다. have no part of~하면 '…에 관여하지 않다'라는 표현이 된다.

 **이렇게 쓰고!**

1. 이건 정직한 일이 아닌 것 같아. 난 관여하고 싶지 않아.
   This seems dishonest. I want no part of it.

   ▶

2. 난 관여하고 싶지 않아. 너 혼자 할 수 있잖아.
   I want no part of it. You can do it on your own.

   ▶

 **이렇게 말한다!**

A: If you help us steal computer passwords, we can get rich.

B: That's not something I'd do. I want no part of it.

    A: 우리가 컴퓨터 비밀번호 훔치는걸 네가 도와주면 우린 부자가 될거야.

    B: 난 그런 일 하지 않아. 그 일에 관여하고 싶지 않아.

073 I did a double take

놀라 다시 한번 쳐다봤어, 깜짝 놀랐어

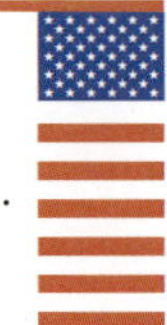

do a double take는 남의 말, 혹은 상황 등을 뒤늦게 알아차리고 나서 다시 한번 보다라는 뜻으로 '아차하다,' '다시 보다,' '깜짝 놀라다'(I looked again to see if it was real)라는 의미로 쓰인다. 뭔가 예상밖의 일에 놀라는 장면을 연상하면 된다.

 **이렇게 쓰고!**

1. 내 전처를 봤을 때 깜짝 놀랐어.
I did a double take when I saw my ex-wife.

▶

2. 샘이 벌레를 먹을 때 난 깜짝 놀라 다시 한번 쳐다봤어.
When Sam ate a bug, I did a double take.

▶

 **이렇게 말한다!**

A: When you drove up in your new Porsche sports car, I did a double take.

B: I know. Most of my friends can't believe I bought it.

A: 네가 포르쉐 스포츠 새 차로 달릴 때 깜짝 놀라 다시 한 번 쳐다봤어.
B: 알아. 친구들 대부분이 내가 산 걸 못믿더라.

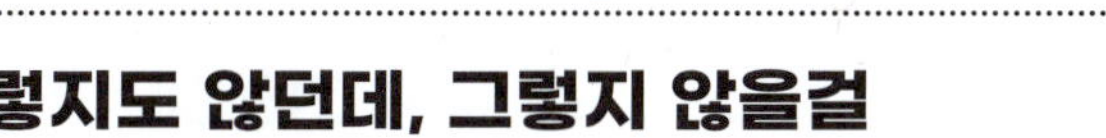

074   I wouldn't say that

그렇지도 않던데, 그렇지 않을걸

I wouldn't say that은 '나라면 그렇게 말하지 않을텐데,' '그렇지도 않던데'(I don't agree)라는 의미로 단독으로 쓰이거나 혹은 뒤에 명사가 올 수 있다. 뒤에 절이 이어지면 '…라고는 말하지 않을게,' '…라고 말할 수는 없지'라는 의미. 또한 wouldn't say no to sth는 '…라면 아주 좋아'라는 뜻.

 **이렇게 쓰고!**

1. 멋지다고 말할 수는 없지.

I wouldn't say amazing.

▶

---

2. 걔가 성공할거라고는 말할 수 없지요.

I wouldn't say that he will succeed.

▶

이렇게 말한다!

A: These are the best shoes that you can buy.

B: I wouldn't say that. Some other shoes are better.

A: 이 구두들은 지금 나온 것중에서 최고입니다.

B: 그렇지도 않던데. 다른 구두들 중 더 좋은 것도 있어요.

075 She's being super stuck up

걘 정말 거만해

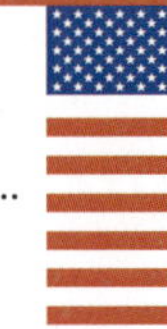

be super stuck up은 '정말 거만하다'(be arrogant), '잘난 척하다'라는 뜻이다. 역시 강조하기 위해 'super'를 썼다는 점에 주목한다. 비슷한 형태의 be[get] stuck up~은 '…에 갇히다'라는 다른 의미가 된다. 위 문장은 "She acts as if she is superior to everyone else."

✏️ 이렇게 쓰고!

1. 크리스는 엄청 거만한 사람으로 알려져 있어.

Chris is known for being super stuck up.

▶

2. 걘 남친이 있었고 좀 잘난 척을 했어.

She had a boyfriend and she was kind of stuck up.

▶

💬 이렇게 말한다!

A: Why does Edna treat everyone so poorly?

B: She's being super stuck up. She's a real bitch.

A: 왜 에드나가 사람들에게 그렇게 못되게 구는거야?

B: 걘 정말 거만해. 정말 못된 년이야.

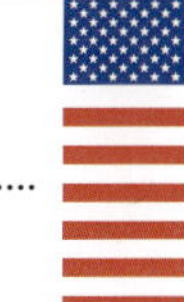

076   I don't see that happening

그렇게는 안될 걸

see~ happening은 '…가 벌어지는 일을 보다'라는 의미로 달리 말하자면 주로 부정문으로 그런 일이 일어나지 않을거(I think that won't occur)라고 돌려 표현하는 경우이다.

✏️ 이렇게 쓰고!

1. 글쎄, 그렇게는 안될 걸.

You know, I don't see that happening.

▶

2. 그렇게 되지는 않을 걸. 그렇게 될 것 같아?

I don't see that happening. You see that happening?

▶

💬 이렇게 말한다!

A: I think you will get married next year, Jack.

B: I don't see that happening. I don't even have a girlfriend.

A: 잭, 너 내년에 결혼하게 될거야.

B: 그렇겐 안될 걸. 여친도 없는데.

077 — You think you're so smart?

네가 그렇게 똑똑한 줄 알아?, 잘난 척 그만 좀 해

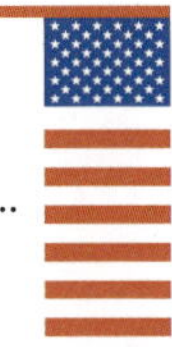

You think you're~는 그냥 일반적으로 '…라고 생각한다'라고 쓰일 수도 있다. 하지만 여기서 다루는 것은 상대방을 비아냥거릴 때 사용하는 것으로 "너는 그렇게 생각하지만 실제로는 아니다"라는 의미로 말투에 따라 빈정, 짜증, 비꼼의 뉘앙스를 풍길 수 있다.

✏️ 이렇게 쓰고!

1. 신디 좀 봐봐. 걘 자기가 춤 꽤나 춘다고 생각하나봐.

Look at Cindy. She thinks she can dance.

▶

2. 다 아는 척하지마. 잘난 척 좀 그만해.

Don't act like you know everything. You think you're so smart?

▶

💬 이렇게 말한다!

A: I wouldn't have made those mistakes.

B: Oh, you think you're so smart?

    A: 나 같으면 그런 실수는 하지 않았을텐데.

    B: 야, 넌 네 자신이 그렇게 똑똑하다고 생각하니?

078   I went too hard

내가 너무 무리했어

go too far (~ing)는 요즘 많이 쓰이는 젊은 표현으로 운동이나 일 등에서 너무 열정을 쏟아부어, "너무 무리했다," "너무 오버했어"라는 의미이다. 비슷한 표현으로 = I pushed it too far = I pushed myself too hard =I overdid it."

 **이렇게 쓰고!**

1. 오늘 헬스장에서 너무 무리했나 봐.

I guess I went too hard at the gym today.

▶

2. 난 단지 걔가 선을 넘지 않기를 바래.

I just hope she doesn't go too far.

▶

이렇게 말한다!

A: You didn't sleep again last night?

B: No... I went too far trying to finish the project.

A: 너 또 어젯밤에 못 잤어?

B: 응… 프로젝트 끝내려고 너무 무리했어.

079 Don't get hung up on it

너무 신경쓰지마

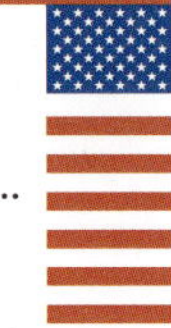

get hung up on~은 '…에 매달리다,' '집착하다,' 그리고 on 없이 쓰이는 get hung up은 '(…로) 늦어지다'(to be delayed)라는 의미이다. 그래서 위 문장을 영어로 풀어 쓰면 "Relax, don't give it too much thought" 가 된다.

✏️ 이렇게 쓰고!

1. 난 계약서의 세부내용에 대해 매우 걱정하고 있어.

I got hung up on the details of the contract.

▶

2. 자기야, 비용은 너무 신경쓰지 말자, 알았어?

Baby, let's not get hung up on costs, all right?

▶

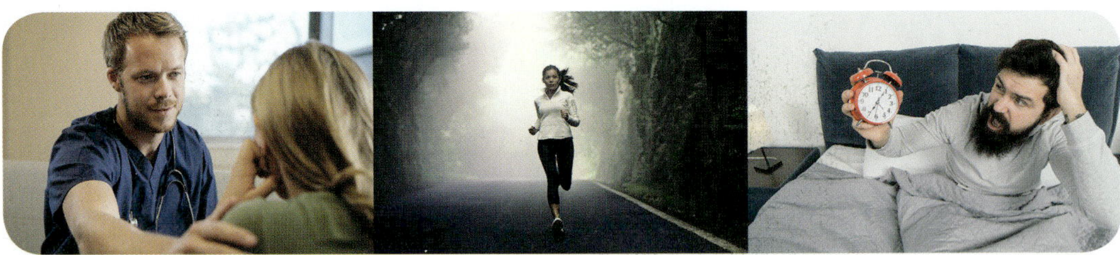

💬 이렇게 말한다!

A: My girlfriend says I need to get a better job.

B: Don't get too hung up on it. You can do it.

　　A: 내 여친은 내가 더 좋은 직장을 얻어야 한대.

　　B: 너무 걱정마. 넌 할 수 있어.

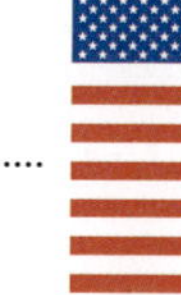

080 | Let's get set up

어서 준비하자

get set up은 뭔가 시작하기 위한 '준비를 하다'라는 의미. 요즘 많이 쓰이는 표현으로 회의나 이벤트, 일정 등 많은 분야에서의 셋팅을 하다라는 뜻으로 자주 등장한다. 위 문장을 영어로 풀어 쓰자면 "Let's get everything ready so that we can start" 정도가 된다.

✏️ 이렇게 쓰고!

1. 우리는 회의 준비를 해야 해.

We need to get set up for the meeting.

▶

2. 다 준비됐어? 아니야? 그럼 준비하자.

Are we all set? No? Okay, let's get set up.

▶

💬 이렇게 말한다!

A: Everyone has arrived to help with the banquet.

B: That's good to hear. Let's get set up.

A: 모든 사람들이 연회를 준비하러 왔어.

B: 반가운 소리네. 자 어서 준비하자.

081

I've seen better

별로던데, 그저 그래

(I've) Seen better[worse]는 상상력을 발휘해야 하는 표현. Seen better는 더 좋은 것을 봤었다라는 말로 역으로 말하면 "그렇게 썩 좋은 건 아니다," "그저 그래," 그리고 반대로 Seen worse하면 더 나쁜 것도 봤다 즉, "그렇게 썩 나쁜 건 아니다," "괜찮다," "호들갑떨지마라"는 뜻이 된다.

 **이렇게 쓰고!**

1. 멋진 집이기는 하지만 그저 그래.
   It's a nice house, but I've seen better.

   ▶

2. 이 그림은 맘에 안들어. 평범하거든.
   I don't like this painting. I've definitely seen better.

   ▶

이렇게 말한다!

A: How did you feel about last night's concert?
B: To be honest, I've seen better.

    A: 지난 밤 콘서트 어때?
    B: 솔직히 말해서, 별로였어.

082	# Give it a whirl!

시험 삼아 한 번 해 봐!

젊고 캐주얼한 요즘 표현. whirl은 '빙빙돌다'로 비유적으로 '한번 시도해보는 것'을 뜻한다. 상대방에게 부담없이 "한번 해봐!," "한번 시도해봐"라고 권유하는 문장으로 비슷한 표현으로는 = Give it a try = Give it a shot = Give it a go 등이 있다.

✏️ 이렇게 쓰고!

1. 그러지말고, 한번 먹어봐!

Come on, give it a whirl!

▶

2. 그냥 한번 해보고 어떤지 보자.

Just give it a whirl and see how it feels.

▶

💬 이렇게 말한다!

A: I'm not sure I'll be good at this.

B: You won't know unless you give it a whirl.

A: 나 이거 잘할 수 있을까 모르겠어.

B: 해보기 전엔 몰라. 한번 해봐!

083 You've made your point

너의 주장이 뭔지 알겠어, 무슨 말인지 알겠어

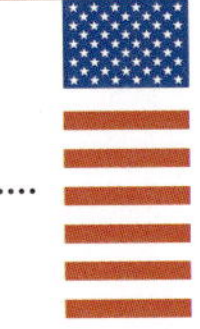

make one's point는 좀 이해하기 어려운 표현으로 '자기 주장을 밝히다,' '남들에게 자기 주장을 알아듣게 하다'라는 의미. 그래서 You've made your point하면 "무슨 말인지 알겠어," "네 뜻을 알겠어"(We see what you mean)라는 말이 된다.

✏️ 이렇게 쓰고!

1. 이봐, 너의 주장이 뭔지 알겠어.
   Look, I think you've made your point.

   ▶

2. 이걸로 우리를 겁주려했다면, 넌 네 목적을 달성한거야.
   If you are doing this to scare me, you made your point.

   ▶

💬 이렇게 말한다!

A: I think we should cut the budget for publicity.

B: Okay, make your point.

A: 홍보예산을 줄여야 한다고 생각해.

B: 좋아, 네 주장을 명확히 해봐.

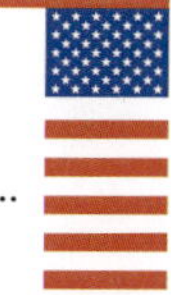

I don't throw myself at her

난 걔한테 들이대지 않았어

084

throw oneself at sb는 '…에게 달려들다,' '들이대다,' 그리고 throw oneself at sth하면 어떤 일이나 목표에 '열정적으로 온힘을 쏟다'라는 의미가 각각 된다. 그래서 위 문장을 영어로 풀어 쓰자면, "I don't try very hard to become her boyfriend"가 된다.

✏️ 이렇게 쓰고!

1. 이렇게 추파를 던져서 미안해.

I'm sorry to throw myself at you like this.

▶

2. 이번 프로젝트에 전력투구를 할거야.

I'm going to throw myself into this project.

▶

💬 이렇게 말한다!

A: How could you sleep with my sister?

B: It's not my fault. I didn't throw myself at her.

　A: 너 어떻게 내 누이와 잠을 잘 수 있는거야?

　B: 내 잘못아냐. 내가 들이댄게 아냐.

Could you fill in for me?

내 대신 일 좀 봐줄래?

085

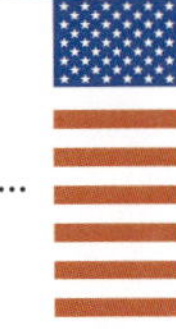

fill in for sb는 cover for sb처럼 직장, 학교, 회의 등에서 대타로 봐주는 것을 뜻한다. cover for sb보다는 조금 formal하다. Can you come in for me tomorrow?와 같은 의미이며, 위 문장은 영어로, "Could you do the work I was supposed to do?"이다.

이렇게 쓰고!

1. 누구 내 일 좀 봐줄 사람있어?

Is there someone who can fill in for me?

▶

2. 난 내일 저녁 걔를 대신해서 일을 봐줄거야.

I'm gonna fill in for him tomorrow night.

▶

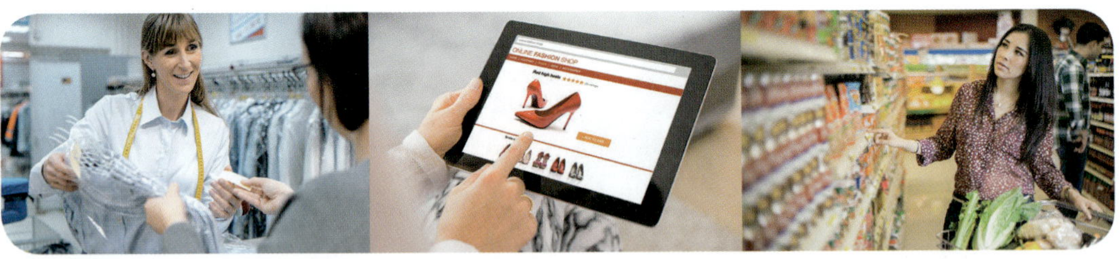

이렇게 말한다!

A: Where is Richard today? Isn't he working?

B: He's sick. I'm going to fill in for him.

A: 오늘 리차드 보이지 않네? 걔 출근안했어?

B: 몸이 아프대. 내가 대신 일을 봐줄거야.

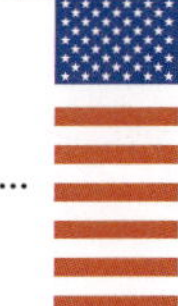

086   I got back in one piece

무사히 돌아왔어

in one piece는 산산조각나지 않고 온전히라는 뜻으로 '여행이나 힘든 상황을 무사히 안전하게 넘겼다'(I had a dangerous experience but wasn't injured)는 뉘앙스를 갖는 표현이다. get here in one piece하면 '무사히 도착하다'가 된다.

 **이렇게 쓰고!**

1. 네가 무사히 돌아와 기뻐.

Glad to see you in one piece.

▶

2. 무사히 걜 다시 데려온다고 약속해줘.

Just promise me you'll bring her back in one piece.

▶

 **이렇게 말한다!**

A: I heard you went to Iraq. Was it dangerous?

B: Yes, but I got back in one piece.

    A: 이라크에 갔다며. 위험했어?

    B: 어, 하지만 무사히 돌아왔어.

What does that tell us?

이게 무슨 말이겠어?

What does that tell you?는 독특한 영어식 표현으로 어떤 상황에 처했거나 혹은 어떤 정보를 확보한 후에 이것들이 의미하는게 무언지 물어보는 문장으로 "그게 무슨 의미이겠어?"라는 뜻. 그래서 위 문장은 "What did we learn from the information we now have?"가 된다.

✏️ 이렇게 쓰고!

1. 이게 무슨 말이겠어? 이제 말해도 돼.

What does that tell us? You can talk now.

2. 이게 무슨 말이겠어? 걔가 거짓말하고 있다고 생각하는거야?

What does that tell you? Do you think he's lying?

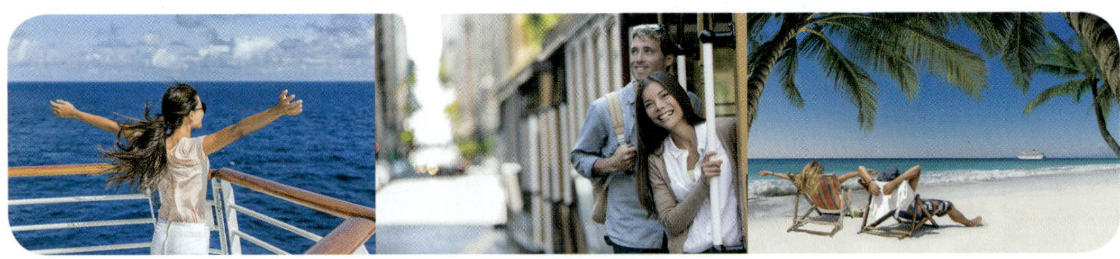

💬 이렇게 말한다!

A: There is blood on the door. What does that tell us?

B: It looks like the crime was committed here.

A: 문에 피가 묻어 있어. 이게 무슨 말이겠어?

B: 범죄가 여기서 벌어진 것 같네.

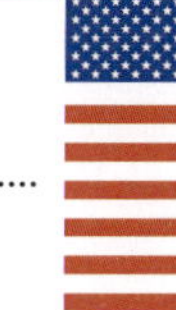

What's the damage?

얼마예요?

088

What's the damage?는 직역하면 '손실이 얼마냐?'라는 뜻이지만, 재미나게도 식당에서 음식 등을 먹고 난 후 계산할 때 "가격이 얼마냐?"라는 표현으로도 사용된다. How much do I owe you?도 같은 맥락의 문장이다.

 **이렇게 쓰고!**

1. 그래, 저녁값 얼마야?

So, what's the damage for dinner?

▶ ....

2. 식사 맛있었어요. 얼마죠?

That was a good meal. What's the damage?

▶ ....

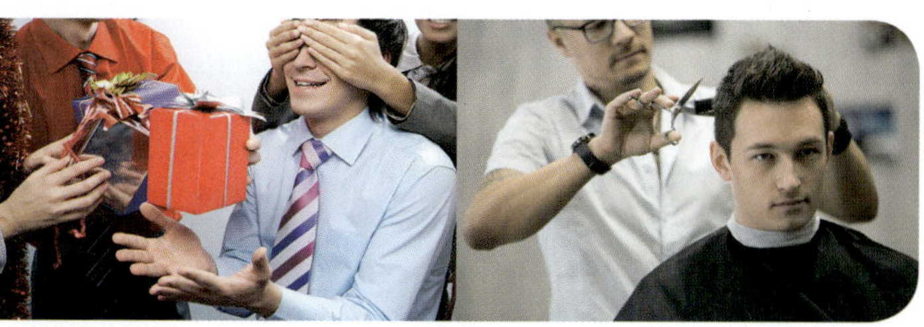

이렇게 말한다!

A: Mr.Smith, your car repair is finished. You can pick it up now.

B: What's the damage?

A: 스미스 씨, 자동차 수리가 끝났습니다. 이제 가져가셔도 됩니다.

B: 얼마예요?

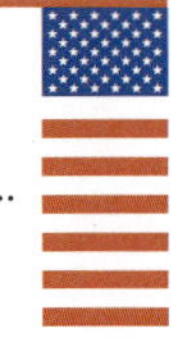

089   Suffice it to say she's my ex

걔는 내 전처라고만 말해둘게

suffice it to say (that~)는 다들 알고 있거나 뻔한 이야기이기 때문에 '···라고 말하는 것으로 지금은 충분하다'라는 뜻. 우리말로 '···라고만 말해두자'라고 생각하면 된다. 그래서 위 문장을 영어로 말하자면, "All I want to tell you is that we were a couple in the past"가 된다.

 **이렇게 쓰고!**

1. 토니는 약간 사기성이 있다라고만 말해둘게.

Suffice it to say, Tony is a bit of a con man.

▶

2. 그게 걔일까? 그건 불가능하다고만 말해둘게.

Could it be her? Suffice it to say, that's not possible.

▶

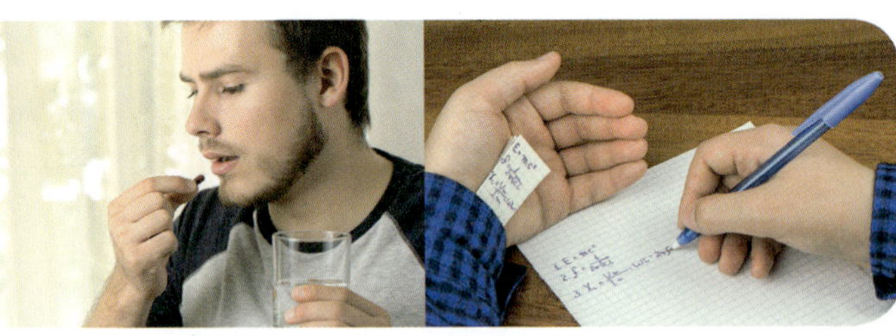

이렇게 말한다!

A: What can you tell me about Chris?

B: Suffice it to say he's my ex.

A: 크리스에 대해 뭐 말해줄거 있어?

B: 내 전남편이라고만 말해두자.

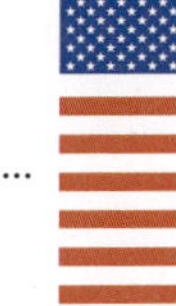

You're stuck with me

090

넌 싫어도 나와 함께 있어야 돼

be[get] stuck with sb[sth]는 앞에서 한번 설명한 적인 있는 표현으로 '억지로 사귀거나,' '싫은 일을 하다,' '원치 않지만 함께 붙어 있다'라는 의미의 문구이다. 위 문장을 다시 영어로 풀어 써보면 "I'm staying with you, no matter what"이 된다.

✎ 이렇게 쓰고!

1. 주말이 시작되기 전까지 싫어도 넌 나와 함께 있어야 돼.

You're stuck with me till the end of the week.

▶

2. 넌 앞으로 5시간 동안 이 사람들과 함께 있어야 될거야!

You're gonna be stuck with these people for the next five hours!

▶

💬 이렇게 말한다!

A: Can't I choose to work with another partner?

B: No way. You're stuck with me.

A: 내가 파트너를 바꿔서 일할 선택권이 없나?

B: 전혀 없어. 너 나랑 함께 해야 돼.

091

Put yourself out there

당당하고 자신있게 나서봐

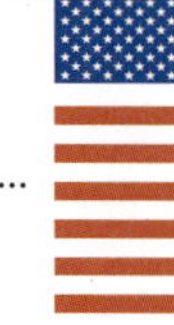

> put oneself out there는 '자신을 밖으로 내민다'라는 것으로 비유적으로 '당당하고 자신있게 나서다'(go out and try) 혹은 '용기있게 도전하다'라는 등의 의미로 쓰인다.

✏️ 이렇게 쓰고!

1. 모든 걸 드러내놓고 본능에 따라 행동할거야.

I'll put myself out there and act on my instincts.

▶

2. 내가 저렇게 나 자신을 드러내놓는 데는 많은 용기가 필요했어.

It took a lot of courage for me to put myself out there like that.

▶

💬 이렇게 말한다!

A: I haven't been on a date in seven months.

B: Put yourself out there. You'll meet a nice girl.

A: 7개 월 동안 데이트를 못해봤어.

B: 자신있게 나서봐. 멋진 여자를 만나게 될거야.

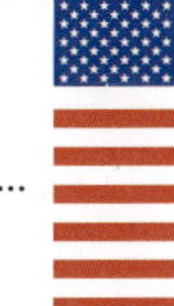

092   Will they be up and running?

걔네들 잘 되고 있어?

up and running은 '제대로 작동하다,' '효과적으로 돌아가다' 그리고 up and about[around]하면 '병에서 나아서 다시 정상적으로 활동하다'(get back to normal life)라는 뜻으로 쓰인다. 위 문장은 "Will they be ready to work?"라는 말이다.

 **이렇게 쓰고!**

1. 네 건강한 모습을 봐서 좋아.

Good to see you up and around.

▶

2. 오늘 너 참 예쁘다! 네가 다시 회복돼서 정말 좋아!

How pretty you look today! It's wonderful that you're up and running!

▶

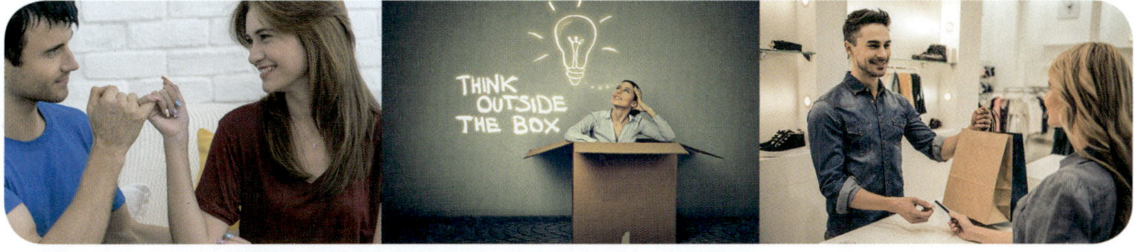

이렇게 말한다!

A: The new computers arrived on Tuesday.

B: Will they be up and running by next week?

A: 새로운 컴퓨터가 화요일날 도착했어.

B: 다음 주까지는 제대로 작동될까?

093

You get what you pay for

땀을 흘린 만큼 얻는거야, 싼게 비지떡이야

pay for는 단순히 물건이나 서비스 등을 받은 대가로 '…의 비용을 지불하다,' '돈을 내다'라는 뜻으로 비유적으로 잘못한 것에 대한 '대가를 치르다'라는 뜻으로도 쓰인다. 위 문장을 영어로 풀어 쓰면 "If you buy something cheaply, it will break easily." = Pay cheap, get cheap.

 **이렇게 쓰고!**

1. 내 차가 또 고장났어. 싼게 비지떡인 것 같아.
   My car broke down again. I guess you get what you pay for.

   ▶

2. 주는 만큼 얻는 것이기 때문에 좋은 품질에는 더 많은 돈을 지불해야 돼.
   We need to pay more for higher quality because you get what you pay for.

   ▶

이렇게 말한다!

A: The umbrella I bought on the subway broke.
B: It figures. You get what you pay for.

A: 지하철에서 산 우산이 망가졌어.
B: 그럴 줄 알았어. 지불한 만큼 받는다니까.

094   Don't let it bother you

너무 신경 쓰지마!, 괴로워하지마

bother는 '성가시게 하다,' '괴롭히다:'란 뜻. 따라서 Don't let it bother you 하게 되면 "그것이 너를 괴롭히게 하지말아라," 즉 "그 일로 더 이상 괴로워하지 마라," "더 이상 신경쓰지마라"는 의미가 된다. 전형적인 미국식 표현으로 글자 대로 해석하기보다는 의역을 해야 한다.

✏️ 이렇게 쓰고!

1. 그것에 신경을 쓰지 않으려고 노력했어.

I tried not to let it bother me.

▶

2. 그래서 내가 신경을 쓰지 않았던거야.

That's why I didn't let it bother me.

▶

💬 이렇게 말한다!

A: I messed up the presentation today.

B: Don't let it bother you. Everyone makes mistakes.

A: 오늘 프레젠테이션을 망쳤어.

B: 너무 신경쓰지마. 누구나 실수해.

I got hooked on TV

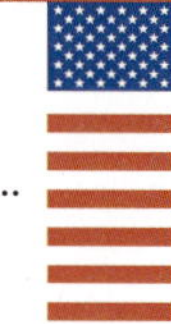

TV에 중독됐어

095

get hooked on은 on~ 이하가 갈고리에 걸려 꼼짝 못하게 되었다는 것으로 '…에 빠지다,' '중독되다'라는 말이다. 결국 hooked는 addicted란 의미. get sb hooked on하면 '…을 …에 중독시키다'라는 의미가 된다.

 **이렇게 쓰고!**

1. 자기야, 나한테 빠지지마.
Baby, baby don't get hooked on me.

▶

2. 민디는 걔가 다른 일에 열중토록 했어.
Mindy got him hooked on the other stuff.

▶

 **이렇게 말한다!**

A: Have you seen Tehran?
B: Yeah, I got hooked on it after the first episode!

A: 테헤란 봤어?
B: 응, 에피소드 1보고 바로 빠졌어!

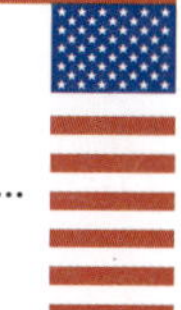

096 Take it up with your boss

사장하고 이야기해봐

take it up with sb는 어떤 문제나 제안 등을 '…와 상의하다,' '이야기하다'라는 의미이다. 단순히 얘기를 하는 것이 아니라 'sb와 상의해서 문제를 해결하라'는 뉘앙스가 깔려 있다. 따라서 위 문장은 "This is the responsibility of your boss"와 같은 의미가 되는 것이다.

이렇게 쓰고!

1. 왜 나한테 직접 털어놓지 않았어?

Why didn't you just take it up with me?

▶

2. 걔가 화를 내면 나하고 이야기하게 끔 해.

If he gets mad, have him take it up with me.

▶

이렇게 말한다!

A: We are always being asked to work late.

B: I know. Take it up with your boss.

A: 늘상 우리에게 야근을 시켜.

B: 알아. 사장하고 이야기해봐.

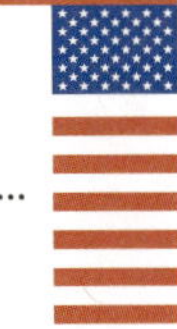

097

We're in a rut

우린 사는게 너무 지루해

be in a rut은 틀에 박혀 있어 '아주 지루하다'라는 의미이다. be stuck in a rut이라고도 한다. 그래서 위 문장은 "We keep doing the same things and I'm getting tired of it"이라고 달리 표현할 수 있다.

 **이렇게 쓰고!**

1. 노력하고 있다고! 우리는 무기력하게 살아가고 있어!
   I'm trying! We're in a rut!

   ▶

2. 걔는 우리 삶이 틀에 박혀있다는 생각을 하고 있어.
   She has this idea that we're stuck in a rut.

   ▶

이렇게 말한다!

A: Are you and your wife having marriage troubles?

B: We're in a rut, and we always argue about the same stuff.

    A: 너희 부부 결혼상에 뭐 문제있어?

    B: 권태기야, 우린 늘상 같은 일로 다퉈.

098 You'd better run it by me

나한테 먼저 상의해

run sth by sb는 '…한테 …에 대한 의견'(opinion)을 물어보거나, '허락 (permission)을 구하기 위해 말하다,' '설명하다'라는 뜻. 참고로 굳어진 표현 인 Run it by me again은 "다시 한번 말해[설명해]달라"는 관용 표현으로 많 이 쓰인다.

 **이렇게 쓰고!**

1. 먼저 상사에게 물어보는게 좋을거야.
You'd better run that by the boss first.

▶

2. 다시 한번 설명해줘요.
Run it[that] by me again.

▶

이렇게 말한다!

A: I'm going to cut this tree down. It's too tall!
B: You'd better run that by Dad first. He really likes that tree.

A: 이 나무를 베어내야겠어. 너무 크다구!
B: 먼저 아빠하고 의논해. 아빠는 그 나무를 정말 좋아한다구.

099

It's a toss-up

가능성이 반반이야, 예측불허야

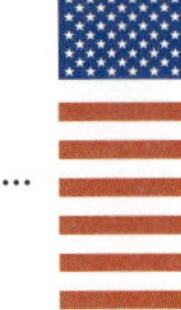

‘동전던지기를 하다’라는 구동사의 명사형인 toss-up은 가능성이 반반인 상황, 즉 ‘예측불허의 상황’을 말한다. win[lose] the toss하면 ‘동전던지기에서 이기다[지다]’라는 뜻이 된다. = Chances are even = It's fifty-fifty = It's a flip of the coin = It's still up in the air.

✏️ 이렇게 쓰고!

1. 도쿄로 가느냐 서울로 가느냐는 예측불허야.

   It's a toss up whether to go to Tokyo or Seoul.

   ▶

2. 둘 중 누가 더 훌륭한 마라토너인지 막상막하야.

   It's a toss up who is the better marathon runner.

   ▶

💬 이렇게 말한다!

A: Would you like a sandwich or cereal?

B: It's a toss up. I'm not sure which I want to eat now.

A: 샌드위치 먹을래 아니면 시리얼 먹을래?

B: 반반야. 지금 뭘 먹고 싶은지 모르겠어.

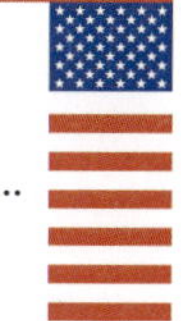

100 You bend over backwards

넌 최선을 다해, 안간힘을 다 쓰고 있어

bend over backwards for sth[~ing/to do]은 남을 위하거나 어떤 목표를 향해 '최선을 다해 …하려고 애쓰다'(You try very hard)라는 표현으로 현지 네이티브들이 많이 쓰는 표현이다. 노력하는 상대방에게 경의를 표하면서 던지는 말이다.

✎ 이렇게 쓰고!

1. 왜 이 여자를 변호하는데 안간힘을 다 쓴거야?

Why did you bend over backwards defending this woman?

▶

2. 그 멍충이를 만족시키기 위해 최선을 다하지는 않을거야.

I'm not gonna bend over backwards just to please that jerk.

▶

💬 이렇게 말한다!

A: You're so nice. You bend over backwards for everyone.

B: Well, I'd like everyone to be happy.

A: 넌 정말 착해. 모두를 위해 최선을 다하고 있어.

B: 어, 모두들 행복하기를 바래.

Skip it

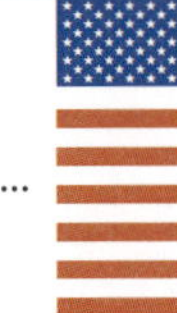

101

다음으로 넘어 가자, 그건 빼고

skip it은 '건너뛰다'라는 말로 '다음으로 넘어가다'라는 의미. 주로 화가 나서 다음주제로 넘어가자고 또는 퉁명스럽게 그냥 넘어가라고 말하는 표현이다. 따라서 Skip it = "Let's not do this or talk about this now"이다. 참고로 학교나 직장을 빼먹을 때는 skip shool, skip work라고 한다.

✎ 이렇게 쓰고!

1. 다음으로 건너 뛰어야겠어.

I think I'm gonna skip it.

▶

2. 넘어가자고? 왜 우리가 그래야 하는거지?

Skip it? Why would we do that?

▶

 **이렇게 말한다!**

A: Can we discuss the plans for tomorrow?

B: Skip it. I don't want to think about it now.

A: 내일 계획을 말해볼까?

B: 그건 넘어가자. 지금 그거 생각하고 싶지 않아.

You're catching on

이제 이해하네, 이제 감잡았네

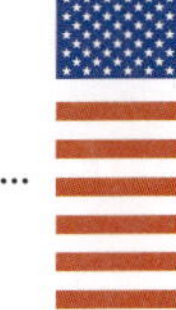

102

catch 동사는 정말 다양한 의미로 활동하고 있는 골치아픈 동사이다. 여기서 catch on은 상대방이 많이 배워서 이제야 '이해하다[알아듣다]'란 뜻으로 "You've learned a lot since you began"의 뉘앙스를 갖는다. 그밖에 '유행하다,' '눈치채다'란 의미로도 사용된다.

이렇게 쓰고!

1. 신디, 아주 좋은 생각이야. 아주 빨리 이해하는구나.
Excellent idea, Cindy. You're catching on.

▶

2. 잘됐어, 그게 유행이어서 기뻐.
Oh, good. I'm glad that's catching on.

▶

이렇게 말한다!

A: I organized these files based on when they were submitted.
B: Very good job. You're catching on.

A: 제출된 순서에 따라 이 파일들을 정리했어요.
B: 아주 잘했어. 빨리 따라오는구만.

103 This is totally getting out of hand

일이 너무 커져 버렸어, 아주 엉망이야

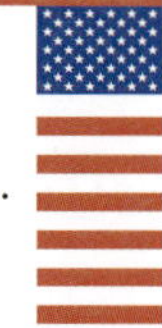

get out of hand는 '상황이 통제불가능한 상태가 되어 있다'(We can't control this), 혹은 '내 손을 떠나서 나도 어쩔 수 없다'고 말할 때 사용하는 표현이다. = go too far = blow up.

🖎 이렇게 쓰고!

1. 넌 일이 걷잡을 수 없게 되었다고 말할 수 있겠지.

I guess you could say things got out of hand.

2. 걷잡을 수 없는 상태야? 걔가 맘을 바꿨어?

Things got out of hand? He changed his mind?

💬 이렇게 말한다!

A: People keep coming to our house to sell us things.

B: We have to stop that. This is getting totally out of hand.

A: 사람들이 물건들을 팔려고 계속 우리 집에 와.

B: 그만하게 해야 돼. 아주 엉망이야.

What's eating you?

104

뭐가 문제야?, 무슨 걱정거리라도 있어?

What's eating you?는 '무엇이 널 갉아먹고 있냐?'라는 말로 걱정하는 상대방에게 "무슨 걱정거리라도 있어?," "무슨 일로 그렇게 초조해하니?"라고 걱정하면서 물어볼 수 있는 문장이다. = What's bothering you? = What's bugging you? = What's troubling you?

✏️ 이렇게 쓰고!

1. 별일 없어? 무슨 걱정거리라도 있어?

Is everything okay? What's eating you?

▶

2. 뭐가 문제야? 너 종일 괴팍하게 굴어.

What's eating you? You've been crabby all day?

▶

💬 이렇게 말한다!

A: You've been acting odd lately. What's eating you?

B: My store isn't doing well and I've been worrying about it.

A: 너 요즘 행동이 이상해. 뭐가 문제야?

B: 가게가 잘 안돼서 걱정이야.

105   I've got to hand it to you!

너 정말 대단하구나!, 나 너한테 두손 들었다!

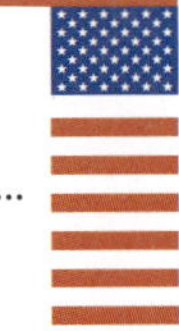

hand it to sb는 보통 앞에 have to 등이 와서 sb가 너무 잘해서 "난 두 손 들었다," "네가 이겼다" 등 상대방이 '잘났음(?)'을 인정하는 표현이 된다. 물론 약간 놀릴 때도 쓸 수 있는 문장이다. 한편 기본적으로 hand sth to sb는 '전달하다,' '건네주다'라는 뜻.

✏️ 이렇게 쓰고!

1. 인정할게, 진짜 해냈네.

I've got to hand it to you. You really pulled it off.

▶

2. 크리스에게 두손 들었어, 걘 정말 훌륭한 사업가야.

I have to hand it to Chris, he's a great businessman.

▶

💬 이렇게 말한다!

A: How do you like my new house?

B: I've got to hand it to you. This is beautiful.

A: 새로 산 우리집 어때, 맘에 들어?

B: 너 정말 대단하구나. 집 좋은데.

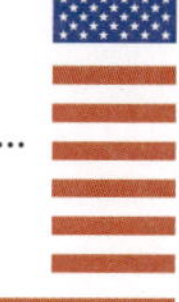

106 It's already in full swing!

지금 절정을 이루고 있어!

be in full swing은 특히 축제, 파티, 계절, 행사 그리고 업무 등이 '이미 시작했다,' '이미 한창이다,' '순조롭게 진행중이다'라는 뜻이다. 그네(swing)가 최고점에 올라간 모습에서 만들어진 비유적인 표현이다.

이렇게 쓰고!

1. 파티가 한창이야 애들도 많고.

The party is in full swing, with lots of kids around.

2. 순조로운 것 같아. 금년에는 다들 모였어.

Looks like things are in full swing. Everybody showed up this year.

이렇게 말한다!

A: Have you started your birthday celebration?

B: Yeah, I'm having a party. It's already in full swing.

A: 생일파티를 시작했어?

B: 어, 파티중이야. 한창하고 있는 중이야.

107 You messed up

네가 망쳐놓았어

sb mess up은 주어자리에 사람이 와서 목적어없이 혹은 목적어를 대동하고 '(계획) 망치다,' '더럽히다,' '실수하다,' '잘못하다'라는 의미로 쓰인다. 그래서 You messed up = You made a mistake가 된다. 참고로 make a mess of+N/~ing는 '…을 망쳐놓다,' '제대로 못하다'란 표현.

✏️ 이렇게 쓰고!

1. 너 완전히 일을 망쳤구나!

You completely messed up!

▶

2. 네가 이 일을 망쳐놓았어. 널 해고해야 될 것 같아.

You made a mess of things. I think we'll have to fire you.

▶

💬 이렇게 말한다!

A: Isn't the big party supposed to happen tonight?

B: You messed up. The party happened last night.

A: 밤에 성대한 파티가 열리는거 아니었어?

B: 실수했어. 파티는 어젯밤에 열렸어.

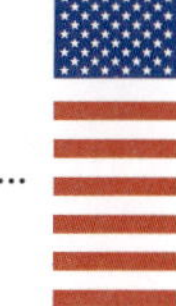

What's this all about?

도대체 무슨 일이야?

108

What's this all about?은 '도대체 무슨 일이야?'라는 뜻으로 비슷한 표현으로 What's it about?, What's it all about?, What's that about? 등이며 과거 일을 물을 때는 What was (all) that about?(이게 다 무슨 일이야?)이라고 쓴다.

 **이렇게 쓰고!**

1. 무슨 일이야? 도대체 무슨 일이야?

What's happening? What's this all about?

▶
----

2. 빌이 어제 화났다는데 무슨 이유로 그런거야?

I heard Bill got angry yesterday. What's that about?

▶

 **이렇게 말한다!**

A: What's this all about?

B: The police need to ask you some questions.

A: 도대체 무슨 일이야?

B: 경찰이 네게 몇 가지 물어볼게 있대.

109 You gotta put it out of your mind

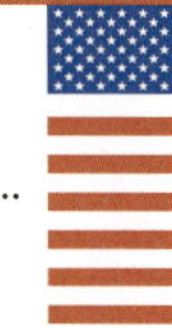

넌 그것을 잊어버려야 돼

put sth out of one's mind는 걱정과 후회 그리고 불안에 빠져있는 상대방에게 잠시라도 불쾌한 일을 잊으라고 충고나 조언을 할 때 사용되는 숙어. 그래서 위 문장은 "그건 그만 잊어버려," "신경쓰지마"라는 말이 된다. get sth out of one's mind는 '그만 잊으려고 노력하다'란 표현.

 이렇게 쓰고!

1. 그 모습을 잊을 수가 없어.

I can't even get the image out of my mind.

▶
____

2. 네 향기를 잊을 수가 없었어.

I couldn't get the smell of you out of my mind.

▶
____

이렇게 말한다!

A: So you witnessed the airplane crash?

B: Yes, and I can't get that moment out of my mind.

A: 그럼 너 비행기 추락사고를 목격했다는말야?

B: 어, 그 순간을 잊을 수가 없어.

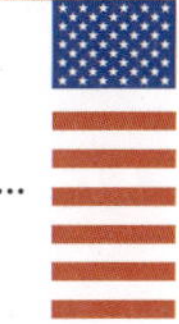

110

Let's get it on

우리 하자, 한번 붙어보자

get on은 여러 의미로 쓰이는데, 먼저 안부인사할 때 쓰게 되는 표현으로 '지내다,' '잘 지내다'는 get on very well, 또한 버스나 열차 등에 '타다'라는 의미의 get on 등이 있다. 그리고 관용적으로 get it on하게 되면 '섹스하다,' 혹은 경기나 싸움에서 '한번 해보자'라는 표현이 된다.

 **이렇게 쓰고!**

1. 준비됐어? 자 하자!!

Are you ready? Let's get it on!

▶

2. 네가 밤을 지샜을 때 우리 섹스했어?

When you spent the night, did we get it on?

▶

이렇게 말한다!

A: Are you staying over tonight?

B: Maybe... let's get it on.

A: 오늘 밤 자고 갈거야?

B: 그럴까… 시작해볼까?

111 What brought that on?

어떻게 그렇게 된거야?

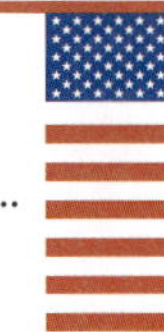

bring sth on은 '초래하다,' '야기하다'라는 구동사로, 이를 이용한 What brought that on?하게 되면 뭔가 안좋은 일이 일어났을 때 '어떻게하다 그렇게 되었는지' 그 이유를 물어보는 문장이다. = "What was the cause of this?"

✎ 이렇게 쓰고!

1. 이해가 안돼. 어쩌다 이렇게 된거야?

I don't understand. What brought that on?

▶

2. 몰라! 내 말은, 어떻게 그렇게 된거야?

I don't know! I mean, what brought that on?

▶

💬 이렇게 말한다!

A: Peter had a heart attack and was taken to the hospital.

B: I can't believe it. What brought that on?

A: 피터는 심장마비가 와서 병원으로 이송됐어.

B: 그럴 수가. 왜 그렇게 된거야?

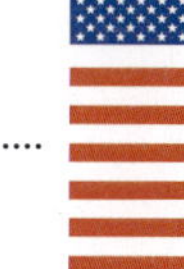

112   They gang up on me

걔네들이 날 괴롭혀

우리말로도 '갱'이라고 말하는 이 gang은 '(친구 혹은 범죄)집단,' '사람들 무리'라는 뜻이다. 이 단어를 이용해서 gang up on sb하게 되면 '떼를 지어 sb를 괴롭히다,' '못살게 굴다'라는 의미가 된다.

 **이렇게 쓰고!**

1. 걔네들은 회의에서 집단으로 걔를 괴롭혔어.
They really ganged up on her at the meeting.

▶

2. 범죄자들이 지하철 역 밖에서 스티브를 집단으로 공격했어.
The criminals ganged up on Steve outside the subway station.

▶

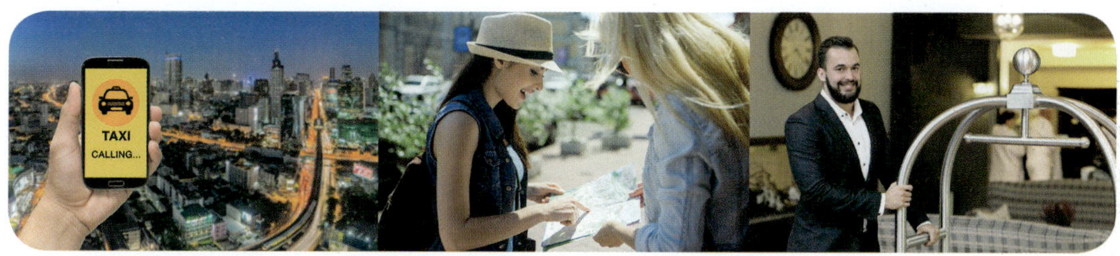

이렇게 말한다!

A: Why did you let the punks steal your money?
B: They ganged up on me. There was nothing I could do.

A: 너 왜 불량배들한테 돈을 뺏긴거야?
B: 집단으로 협박했어. 나도 어쩔 수가 없었어.

Deep down

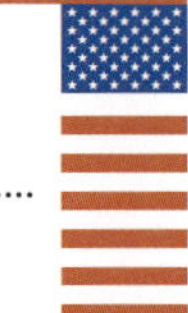

113 (인정하긴 싫지만, 모르고 있었지만) 사실은

deep down은 '사실은 말이야,' '내심 속으로는'이라는 표현. 알면서도 인정하기 싫어하거나 혹은 모르고 있었지만 선뜻 말하기 힘든 말을 꺼낼 때 시작하는 표현이다. 영어로 설명하자면 "in your true feelings, thoughts, or nature, even if you don't show it on the outside"이다.

✎ 이렇게 쓰고!

1. 사실은 걔가 못된 놈라는거 알고 있지.

Deep down, you just know he's a son of a gun.

2. 사실은, 그게 틀리다는 걸 나도 알고 있고 너도 그렇지?

Deep down, I know it's wrong, and so do you!

💬 이렇게 말한다!

A: My sister and I argue a lot these days.

B: That's common. Deep down you know you love her.

A: 누이와 내가 요즘 많이 다퉈.

B: 흔한 일이지. 사실은 누이 사랑하잖아.

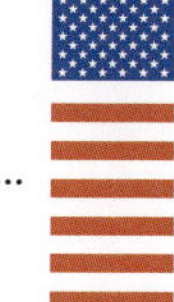

114. Tell me another (one)

거짓말마, 말이 되는 소리를 해라

Tell me another (one)는 상대방의 말이 거짓임을 이미 알고 있다는 뜻으로 다른 거짓을 말해보라고 하는 말. "거짓말마," "다른 거짓말은 없니?," "말도 안돼," "더 그럴 듯한 말을 해라"라는 뉘앙스. 결국 말도 안되는 "뻥은 그만 치라"는 말씀.

✏️ **이렇게 쓰고!**

1. 웃기시네. 거짓말마!

That's nonsense. Tell me another one!

▶

2. 크리스가 어젯밤에 외계인을 봤다고? 말도 안돼.

Chris saw an alien last night? Tell me another one.

▶

💬 **이렇게 말한다!**

A: Jennifer Aniston and I went out on a date once.

B: Oh, come on! Tell me another!

A: 나 한때 제니퍼 애니스톤이랑 사귀었어.

B: 이거 왜이래! 말이 되는 소릴해!

You can pull through this

넌 잘 견뎌낼거야, 이겨낼거야

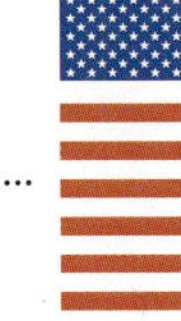

115

> pull through는 어떤 어려운 상황이나 위기, 혹은 병 등에서 '회복하다,' '이겨 내다,' '살아남다'라는 의미로 쓰이는 구동사이다. 힘든 일을 잘 견디고 무사히 벗어나다라는 뉘앙스이다. 비슷한 표현으로는 get over = make it through 등이 있다.

 **이렇게 쓰고!**

1. 우리는 힘든 한 해를 잘 버텨냈어.
   We pulled through a tough year.

   ▶

2. 네가 이 도전을 이겨낼 수 있을거라고 믿어.
   I know you can pull through this challenge.

   ▶

이렇게 말한다!

A: How's your sister doing?

B: She's struggling, but I think she'll pull through.

A: 네 누이 어떻게 지내?

B: 힘들어는 하지만, 잘 해낼거라 생각해.

SUPPLEMENT

미국현지 네이티브들과 소통하는데 꼭 필요한 정보 13!

이름이나 닉네임 외에도 친근감을 나타내는, 혹은 사랑을 담뿍 담은 호칭을 간간이 사용해주면 사람과 사람 사이의 거리가 부쩍 가까워지는 법. 시트콤에서 확인해 볼 수 있는 친구들 사이의 혹은 연인들간의 호칭으로는 어떤 것들이 제일 많이 귀에 들어 오는지 살펴보자.

1. 친한 친구 사이거나 혹은 연인 사이에서

sweetheart, sweetie, honey, babe, (my) dear.

- **I'm not going anywhere, sweetheart.** 나 아무데도 안가 자기야.

- **Geez, we're gonna be late, sweetie...** 이런, 우리 늦겠어, 자기야…

- **Honey, there's something really important that I want to ask you.** 여보, 뭣 좀 물어보고 싶은게 있어. 정말로 중요한거야.

- **Is everything all right, dear?** 얘야, 괜찮은거냐?

2. 남자친구들 사이에서 '어이!,' '야!' 정도의 느낌

dude, buddy, bro, pal, man, guy (여자들끼리는 **girl**을 사용),

- **boy** (얘야 - 나이어린 손아랫사람에게)

- **Dude, what are you doing?** 야, 너 지금 뭐해?

- **Dude, I wish you wouldn't do that.** 야, 난 네가 그러지 말았으면 좋겠다.

- **Listen, buddy, we're just looking out for you.**
  들어봐, 이 친구야, 우린 널 보살펴 주려는 것뿐이야.

- **Hey pal, look who I brought. It's your old friend Harry O'Neil.**
  이봐 친구, 내가 누굴 데려왔게. 네 옛날 친구 해리 오닐이야.

- **Good luck, man.** 행운을 비네, 이 친구야.

- **I kid you not, man.** 농담 아냐, 이 친구야.

3. 여러 명을 뭉뚱그려

(you) guys (얘들아 - 남녀 구분없이 사용하며, 손윗사람들을 향한 표현은 아님), **folks, everyone**

- **Come on you guys, is this really necessary?** 이러지 마, 얘들아. 이게 정말 필요해?
- **This isn't the right room, sorry folks.** 이 방이 아닌가보네, 미안해요 여러분.

4. 괴짜들

- **loser** 못난 놈, 인생의 낙오자, 형편없는 사람.
- **lame-o** 무능하고 쓸모없는 존재. 형용사+-o의 형태는 '…한 사람'을 의미하며 lame은 '시시한,' '빈약한,' '지루한'이라는 의미.
- **weirdo** 괴짜. 역시 형용사+-o의 형태로 weird는 '이상야릇한,' '기묘한'이라는 뜻.
- **kook** 괴짜
- **nerd** 공부벌레, 얼간이, 공부만 하거나 사교성이 부족한 사람
- **jerk** 바보, 얼간이 [머리가 나쁘다기 보다 세상 물정에 어둡고 말하는 사람의 맘에 들지 않는 사람에게 쓰는 말로, 비슷한 표현으로는 schmuck, slob 등이 있다]
- **geek** 멍청하고 좀 이상한 놈 [cf. geeky 이상한, 괴짜같은]
- **dingus** 얼간이 [cf. dingy 얼간이같은]
- **dork** 띨한 놈, 멍청한 놈 [학생들이 많이 사용 / cf. dorky 멍청한]
- **moron** 바보
- **smirky** 능글맞은 놈
- **You bastard!** 나쁜 자식! ['사생아'라는 뜻에서 출발한 욕설로 주로 화가 머리끝까지 난 여성들이 남성에게 즐겨 사용]
- **freak** 괴상망칙한 놈, 뭔가에 병적으로 집착하는 사람
- **creep** 꼴보기 싫은 놈
- **wimp** 겁쟁이, 소심한 사람

- **She was really nice to me even though I'm such a loser.** 내가 이렇게 못난 놈인데도 그 여자는 내게 정말 잘해줬어.
- **You bastard! You ruined my life!** 나쁜 놈! 네가 내 인생을 망쳤어!
- **Are you saying he's a geek?** 네 얘긴 그 남자가 괴짜라는거야?

- **I'm stalking the wrong woman. I am such a dingus!**
  엉뚱한 여자를 스토킹했네. 이런 얼간이 같으니라구!

- **You're such a wimp. Listen, if you don't ask her out, I will.**
  이런 소심한 녀석. 잘들어, 네가 안하면 내가 데이트 신청한다.

5. 섹시한 사람

- **knockout** 끝내주게 예쁜 여자[멋진 남자]

- **babe** 섹시하고 예쁜 여자 [여자를 친근하게 부르는 말이기도 하다]

- **killer** 죽여주는 여자, 매력적인 여자

- **chick** 영계, 젊은 아가씨

- **hooker, whore, slut** 성관계가 난잡한 여자, 매춘부

- **stud** 호색한

- **bitch** 나쁜년

- - - - - -

- **She's not a knockout.** 그 여자가 끝내주게 예쁜 건 아니지.

- **Did you see that chick that just came in?** 야, 방금 들어온 그 여자애 봤니?

- **I can't believe he's dating that slut in marketing!**
  그 사람이 마케팅 부서의 그 헤픈 여자랑 사귀다니 믿을 수가 없어!

- **Almost every guy I know has had sex with Jill. What a slut!**
  내가 아는 남자들 거의 다 질하고 자봤어. 헤픈 것 같으니라구!

- **Our boss is a real stud. We went out for drinks last night, and he picked up two women!** 우리 사장은 정말 색골이야. 간밤에 술 마시러 갔는데, 여자를 2명이나 꼬시더라구!

6. 연인·가족

- **better half** 배우자나 애인을 완곡하게 표현한 것

- **ball and chain** 아내 [직역하면「쇠공이 달린 족쇄」를 뜻함]

  ex 헤어진 옛 연인(ex-boyfriend, ex-girlfriend)이나 예전 배우자(ex-wife, ex-husband)를 줄인 말

- - - - - -

- **I would like to introduce you to my better half, Maria.**
  나의 반쪽, 내 아내 마리아를 소개할게.

- **They tell me that I talk about my ex too much.**
  걔들 말로는 내가 옛애인 얘기를 너무 많이 한대.

7. 그밖에

- **hip** 최신 유행에 밝은 사람, 세련된 사람

- **buff** …광, 뭔가 한 분야에 열중해 있어서 그 분야에 정통한 사람

- **sport** 인생의 즐거움이자 위안이 되는 친구, 단짝 친구(chum), 또는 성격 좋은 사람

- **the life of the party** 분위기 메이커, 활력소

- **roomie** 룸메이트

- **old man** 아버지, 남편, 직장상사 [cf. old woman 어머니, 마누라, 잔소리꾼]

- **moviegoer** 영화팬

- **He's a movie buff.** 그 사람은 영화광이야.

- **You're the life of the party.** 넌 분위기 메이커야.

- **I'm staying with you guys! We're gonna be roomies!**
  나 너네들이랑 같이 지낼래! 우린 룸메이트가 되는거야!

- **He's a real moviegoer. He goes at least three times a week.**
  그 사람은 정말 영화팬이야. 1주일에 적어도 3번은 영화관에 가지.

비꼬는 말

우리말에서도 "잘났다!"는 말이 문자 그대로의 의미와는 정반대의 비아냥거림이 될 수 있듯, 영어에서도 문자 그대로의 의미에 반전을 가한 반어적 표현들을 꽤 찾아볼 수 있다.

Nice going! 잘한다, 잘해!

- **Nice going. You ruined my whole day.** 잘 한다. 나의 하루를 온통 망쳐놨어.

(That's) Great!, Wonderful!, Terrific! 거 자~알 됐군!

- **Oh, great. It's starting to rain. That will make it easy to get a cab.** 자~알 돼 가는군. 비가 오잖아. 택시 잡기가 쉽기도 하겠군.

Big deal! 별거 아니군!

- **So what, he's a little older, big deal, I mean, he's important to me.** 그래서 뭐가 어쨌다구, 그 남자 나이가 좀 많긴 하지만 별거 아니야, 내 말은 그 사람은 나한테 소중하니까 말이야.

Just my luck 내가 그렇지 뭐!

- **Just my luck! The show's already over.** 내가 그렇지 뭐! 공연이 벌써 끝났네.

I'll bet! 어련하시겠어!

- **You saw a UFO hovering over your house last night? Yeah, I'll bet.** 어젯밤에 너희 집 위에서 UFO가 맴도는 걸 봤다구? 그래, 어련하시겠어.

You're a genius[real hero] 똑똑하기도 하셔라, 잘났다

- **You deleted all of the computer files? Oh, you're a genius.** 컴퓨터 파일들을 모조리 지웠다고? 어유, 똑똑하기도 하셔라.

- **You know what guys want.** 너 정말 남자들이 뭘 원하는지 아는구나!(뭘 원하는지 정말 모른다는 뜻)

- **Great job!** 아주 자~알 했다!

- **Whatever!** 뭐든 상관없어!

- **Let's watch the expert.** 저 잘난 놈 좀 보게(억양에 따라 말 그대로의 의미가 되기도 한다)

03 품사, 제멋대로

품사에 대한 고정관념에서 벗어나 유연한 사고방식이 필요한 부분. 실생활영어에서는 각 단어별 품사 전이가 상당히 빈번한데 명사, 형용사, 부사로만 알고 있는 단어가 동사로 쓰이거나, 접속사나 동사가 명사로 쓰이는 경우도 종종 있다. 자 이제 몇가지 경우를 살펴보자.

- **border** [명 → 동] border가 전치사 on과 함께 '거의 …라고 할 수 있다'라는 뜻의 동사로 사용되고 있다
- **inch** [명 → 동] 여기서 inch는 '조금씩 움직이다'라는 뜻의 동사
- **bite** [동 → 명] 한입거리, 먹을 것
- **solid** [형 → 부] 완전히, 가득히
- **party** [명 → 동] (파티에서) 신나게 놀다
- **shy** [형 → 동] shy away from은 '…을 피하다'
- **say** [동 → 명] get a say in은 '…에 대해 말할 권리가 있다'
- **walk** [자동 → 타동] walk 다음에 목적어가 나오면 '…를 산책시키다,' '걸어서 바래다 주다'라는 뜻의 타동사가 된다

- **We are going to have to inch toward our goal of making the company more efficient.** 우리는 좀 더 효율적인 회사로 만들겠다는 목표를 향해 조금씩 천천히 나아가야 할 것이다.
- **I can get a quick bite to eat, but then I have to come back up here.** 금세 요기하고 이리로 돌아와야 한다구.
- **Well you can't! We've booked solid for the next month!** 안돼! 다음 달엔 예약이 꽉 차 있다구.
- **Are you ready to party?** 신나게 즐길 준비됐죠?
- **Does she get a say in this?** 그 여자가 여기에 할말이 있을까?
- **You didn't have to walk me all the way back up here.** 여기까지 나를 다시 바래다줄 필요는 없었어.

- **명 → 동** **base**(…을 근거로 하다), **book**(예약하다), **number**(열거하다), **ground**(외출금지시키다), **chip in**(추렴하다), **egg**(부추기다)

- **형, 부 → 동** **brave**(…에 용감하게 맞서다), **pale before**(…앞에 무색해지다, …보다 못해 보이다), **down**(…을 쭉 들이키다, 마시다), **forward**(…앞으로 회송하다), **back**(후원하다, 지지하다), **well up**(생각 등이 치밀어 오르다)

- **동 → 명** **on the go**(계속하여, 끊임없이), **have a say**(말할 권리가 있다), **do and don't**(해야 할 일과 하지 말아야 할 일), **a good buy**(싸게 산 물건), **bank run**(예금 인출 쇄도 사태), **will**(의지)

- **접속사 → 명** **worth sb's while**(…할 가치가 있는, 보람이 있는), **ifs and buts**(변명, 구실), **Not so many buts, please**('그러나'라고 말하지 말게), **the hows and the whys**(방법과 이유)

04 여러가지 의미로 쓰이는 단어들

역시 고정관념을 깨는 부분. 이번엔 하나의 단어에 하나의 의미라는 단세포식 학습방법을 타파하고 각 단어가 일상생활에서 얼마나 자유롭게 다양한 의미로 쓰이는지 함께 감상해보기로 한다.

- **check** 확인하다, 수표
- **board** 위원회, 컵보드, 보딩스쿨, 탑승하다
- **fly** 바지 지퍼
- **broad** 여성 [남성들끼리 쓰는 속어]
- **company** 회사, 일행
- **contract** 계약, 살인 청부 계약, 감염되다
- **advance** 가불, 선불, 구애, 유혹
- **delivery** 배달, 출산
- **credit** 자랑거리, 공로
- **high** (술이나 마약 등에) 취한
- **history** 사연, 병력, 다 끝난 일[사람]
- **land** 손에 넣다, 얻다
- **party** 일행, 공범(자), 한패
- **draw** 무승부, 관심을 끄는 것, 인기 있는 것
- **revealing** 야한
- **lemon** 불량품, 고철 덩어리
- **literature** 광고 책자, 안내 책자
- **milk** 정보를 캐내다, 착취하다
- **warm** 정답에 가까워진, 맞출 것 같은
- **decent** 버젓한, 고상한, 남 앞에 나설 정도로 옷을 다 입은

- **item** 인물

- **shy** 부족한, 모자란

- **Why don't you just walk over to that broad and ask her out?**
저 여자한테 가서 데이트 신청해보지 그래?

- **I really enjoyed your company.** 함께 있어서 정말 즐거웠어요.

- **While he was traveling, he contracted yellow fever and died.**
그 사람은 여행 중에 황열병에 걸려서 죽었다.

- **Do you think it would be possible to get a $100 advance on my salary?** 월급에서 100달러 가불받을 수 있을까요?

- **She is going to classes to prepare for the delivery.**
그 여자는 출산 준비를 위한 강좌에 다닐거야.

- **You should give yourself credit.** 네 공이라는 걸 인정하라구.

- **My dad thinks my brother has a problem with drugs. My brother has been getting high.** 우리 아빠는 형이 마약에 중독되었다고 생각하셔. 형이 마약에 취해 있었거든.

- **Did you land the job with the overseas client?**
그 해외 고객 일을 따낸거야?

- **My new car? Terrible. It's turned out to be a real lemon.**
내 새차 말야? 끔찍해. 알고 보니 진짜 불량품이야.

- **Have you read the literature on our organization yet?**
우리 회사에 대한 안내 책자는 읽어보셨어요?

- **You're getting warmer. Just a little to the left.**
점점 가까워지고 있어. 조금만 더 왼쪽으로.

- **Wait, now wait a second. This isn't too revealing, is it?**
잠깐, 잠깐만. 너무 야하지 않지, 그렇지?

어떤 것을 대강 뭉뚱그려서 말할 때 쓸 수 있는 편리한 단어가 바로 thing이다. job thing, war thing, money thing, artist thing 같은 말이 많이 들리는데 이는 이미 앞에서 언급하였거나 혹은 다시 이야기 안해도 서로 알고 있는 상황을 얼버무려 지칭하는 말.
= Sometimes when people can't express their ideas clearly, they use "thing" to simplify their speaking. It is easier than giving a long explanation of something. For example, if there was a special dinner given at my university, here are two ways I could express it.

A: We have a formal dinner at the university's Memorial Hall tonight which begins at 7 p.m.

B: We have a dinner thing at the university tonight.

• Do you see how using "thing" in (B) omits details, but everything is still understandable? Both sentences are expressing the same basic idea. It's just a style choice.

- **Sometimes they come to class and say bonehead things, and we all laugh, of course.** 걔들은 교실에 와서 얼간이들 얘기를 하는 경우가 많고, 그럼 물론 우린 모두 웃지.

- **I thought this whole revenge thing was gonna be fun.**
  이런 복수라는게 재미있을 줄 알았지.

- **I've been dealing with that real estate thing.**
  전 부동산 관련 일들을 처리해왔습니다.

- **I'm gonna go get one of those job things.** 그런 일거리를 하나 얻으러 갈거야.

- **I don't really, to be honest, I just don't buy the whole shrink thing.** 난 정말이지, 솔직히 말해서, 난 정신과 의사같은 건 하나도 안 믿어.

416

06
, though

흔히 though는 '…이긴 하지만'이라는 뜻의 접속사로 주어와 동사 앞에 쓰이지만, 네이티브와 대화하다 보면 말을 하다 말고 문장 중간에 혹은 할말 다 해놓고 문장 끝에다 though를 살짝 덧붙이는 걸 자주 들을 수 있다. 이렇게 문장 끝에 붙은 though는 '그래도,' '그러나'의 의미.

- **I don't know. I'll find out, though.**   몰라. 그렇지만 알아보려구.

- **We had a great weekend hiking; it rained the whole time, though.**   지난 주말에 우리는 등산가서 재밌게 보냈지. 내내 비가 오긴 했지만 말야.

- **I think you've been having a little problem with it. It's okay, though.**   넌 그것 때문에 좀 힘든 것 같구나. 그래도 상관없지만 말야.

- **I'm very excited about the bachelor party, though.**   난 총각 파티 생각에 아주 흥분돼 죽겠어.

07
like

우리말에서도 중간중간에 '에~,' '그~,' '뭐랄까~' 등을 특별한 의미없이 문장 중간 중간에 삽입하듯이, like는 특히 젊은 사람들이 별다른 의미가 없이 말하는 중간 중간에 사용하는 단어이다. 종종 강조하고 싶은 말 앞에 의도적으로 집어넣기도 한다.

- **Why don't you, like, ever realize the truth?**
  너 말야, 뭐랄까, 현실을 깨달아야 하지 않겠니?

- **You guys have, like, seen him in the meeting room, right?**
  너희들, 어, 회의실에서 그 남자 봤지, 그렇지?

- **You're like the most amazing girl I've ever dated. You're so smart and fun and crazy!** 너처럼, 뭐랄까, 굉장한 여자랑 데이트 해보기는 처음이야. 넌 너무나 똑똑하고 재미있고 끝내줘.

- **Since always. It's like dating language. Y'know, like 'It's not you' means 'It is you'.** 언제나 말야. 뭐랄까, 데이트 언어같은거야. 알잖아, 에, '그건 네가 아니야'라는 말이'그거 너야'라는 의미잖아.

08
party

party animal이라 불릴 정도로 파티를 좋아하는 영미인들. 그만큼 파티의 종류도 많고 파티와 관련된 표현들도 많다.

- **dinner party** 정찬 파티
- **cocktail party** 칵테일 파티
- **tea party** 티 파티
- **office party** 사무실에서 하는 파티
- **dance party** 댄스 파티
- **costume party** 특이한 복장을 차려입고 하는 파티
- **potluck party** 참석자들이 음식을 분담해서 준비해오는 파티
- **slumber[pajama] party** 파자마 차림으로 밤새 수다를 떨면서 노는 것
- **Christmas party** 크리스마스 파티
- **birthday party** 생일 파티
- **New Year's Eve party** 송년 파티
- **Halloween party** 할로윈 파티
- **graduation party** 졸업 파티
- **engagement party** 약혼 파티
- **housewarming** 집들이
- **surprise party** 깜짝 파티
- **baby shower** 임산부의 친구들이 모여 곧 태어날 아기의 용품을 선물하는 행사
- **bridal shower** 결혼을 앞둔 신부에게 친구들이 열어주는 파티로 생활 용품들을 주로 선물한다
- **bachelor[bachelorette] party** 총각[처녀] 파티. 결혼을 앞둔 미혼 남성[여성]들이 마지막 자유를 만끽하는 자리
- **throw[have, got] a party** 파티를 열다
- **break up a party** 파티를 끝내다
- **party's over** 파티는 끝났다
- **life of the party** 파티에서 분위기를 띄우는 사람
- **파티를 좋아하는 사람들을 나타내는 말 : party wizard, party animal, partygoer, party person**

- **Thank you. I'm going to rejoin my dinner party.**
고마워요. 디너 파티에 다시 합류할게요.

- **We're going to a New Year's Eve party, right?** 우리 송년 파티에 가는거 맞지?

- **No one's ever thrown me a surprise party before!**
나에게 깜짝 파티를 열어준 사람은 이제까지 아무도 없었어!

- **I need you to come to this bachelor party for my weird cousin Albert.** 너희들이 내 괴팍한 사촌 앨버트를 위한 이번 총각 파티에 와줘야겠어.

- **I'm gonna be okay, you don't have to throw a party for me.**
난 괜찮아, 나에게 파티를 열어줄 필요없어.

- **You're gonna be a party person! Those guys rock the most!**
넌 파티를 좋아하게 될거야! 저 녀석들이 제일 잘 흔드는 걸!

09
creep

구어에서는 creep이 동사로 '…를 거북하게 하다,' '징그럽게 만들다'라는 뜻의 creep sb out의 형태로 자주 사용된다. 명사로는 '아니꼬운 사람,' '재수없는 사람'을 지칭하며 또 복수형으로 써서 '섬뜩한 느낌'을 뜻하기도 한다. '비굴한,' '아니꼬운,' '재수없는'이라는 뜻의 형용사형 creepy도 흔히 들을 수 있는 단어.

= When you feel uncomfortable or disgusted by something, you can say "It creeps me out." People refer to a person that they dislike as a creep and say that "he or she is creepy."

- **I can't help it. He gives me the creeps.**
  어쩔 수 없어. 그 사람을 보면 섬뜩한 느낌이 든다구.

- **You hire a private eye, he follows her around for a couple of days. That's too creepy.** 네가 고용한 사설탐정이란 사람이 이삼일 동안 그 여자를 따라 다녔어. 너무 역겹다구.

- **I don't want to hear you. Your voice creeps me out.**
  네 얘기 안 들을래. 네 목소리 때문에 짜증나.

- **That strange looking guy really creeps me out.**
  저 표정 이상한 놈 때문에 정말 불편해 죽겠어.

- **It really creeps me out choosing other people's sex clothes.**
  다른 사람들의 속옷을 고르는 일은 정말이지 거북해.

- **This is the worst date ever. How could you set me up with this creep?** 최악의 데이트야. 어떻게 나한테 이런 왕재수를 소개시켜줄 수 있니?

10
phase

'단계,' '국면'하면 얼핏 stage라는 단어가 떠오른다. 그러나 미 구어에서는 phase라는 단어를 즐겨 쓰는데, 일련의 과정 속 '단계,' '행동 양식'을 의미한다.

- **Don't worry about that. It's just a phase.**
  걱정하지마. 한때 저러는거야.

- **My sister is going through her Harlequin Romance phase.**
  우리 언니는 할리퀸 문고 속 연애 과정을 겪고 있다.

- **I'm glad you guys are past that little awkward phase.**
  그렇게 좀 어색한 단계를 넘겨서 다행이야.

11

약어

점점 속도가 지배하는 세상속에서 약어의 가치는 더욱 돋보인다. 여기서는 약어화되고 있는 일상적인 단어, 어휘, 어구들 몇 개를 살펴보며 그 용례를 알아보기로 한다.

- **ASAP: as soon as possible, immediately** 즉시, 가능한 한 빨리

- **AKA: also known as** (이 뒤에 별명이 나온다) …로 유명한, …로 불려지는

- **temp: temporary (worker)** 임시직

- **grad: graduate** 대학원

- **vet: veterinarian / veteran** 수의사 / 퇴역군인

- **PIN: personal identification number** 개인 비밀번호

- **sec: second** 초

- **RSVP: Respondez, s'il vous plait.**
  불어로 「답장 바랍니다」. 주로 formal invitation에 쓴다.

- **FYI: For your information** 참고로

- **BYOB: Bring your own bottle** 음료(수) 지참

- **Stats: Statistics** 통계

- **I need these hangers separated ASAP.** 이 옷걸이들을 가능한 빨리 분리해야 돼요.

- **I really wish our company would hire fewer temps and consider bringing full-time employees on board.** 우리 회사가 임시직 직원을 줄이고 정규직 직원들을 고용하는 방안을 고려했으면 정말 좋겠다.

- **Well, we were in grad school together.** 음, 우린 함께 대학원에 다녔어요.

- **I have two bank cards, and they each have separate PINs.**
  난 은행 카드가 두 개인데, 비밀번호가 각각 달라.

미국 현지에서 네이티브들이 특히 자주 사용하는 형용사들이 있다. 예를 들어 cool, lousy, lame, gorgeous, creepy 등을 정리해서 암기해두록 한다.

- **cool** 멋진
- **fabulous** 믿어지지 않는, 굉장한, 멋진
- **huge** 굉장한
- **lousy** 형편없는, 야비한
- **unbelievable** 믿어지지 않는
- **spooky** 으스스한
- **cute** 예쁘고 귀여운, 성적 매력이 있는
- **gorgeous** 여자가 매력적인, 음식이나 날씨가 훌륭한

- **ridiculous** 우스꽝스러운
- **pathetic** 한심한
- **amazing** 놀라운
- **weird** 이상야릇한, 기묘한
- **creepy** 오싹하는, 불쾌한
- **terrible** 끔찍한, 너무한
- **breezy** 가벼운, 밝은, (사람이) 쾌활한

- **She has a crush on the new teacher because she thinks he's cool.**
  걘 그 새로운 선생님한테 반한 것 같애. 걘 그 선생님이 멋있다고 생각하거든.

- **She was gorgeous. Let's follow her and get her number.**
  저 여자 매력적인데. 따라 가서 전화번호 알아오자.

- **What an amazing dinner! We should come here more often.**
  저녁식사 끝내주는데! 우리 더 자주 여기 오자.

- **He is a huge fan of the Yankees.** 그 사람은 양키즈 팀의 열성팬이야.

- **Well, many guys aren't cool. They only play video games and chat on the Internet. They have forgotten how to be cool.**
  뭐, 멋없는 남자들이 많지. 비디오 게임에다 인터넷 채팅만 하고 사니까 멋있는게 뭔지 모른다니까.

13 기타

1. could use …가 필요하다, …이 있으면 좋겠다

- **I could use the money, it would give me time to write.**
  나한테 그 돈이 있으면 좋으련만. 그럼 글을 쓸 시간을 벌 수 있을텐데.

- **I mean, I mean, God, I could use a friend.**
  내 말은, 내 말은, 세상에, 나에겐 친구가 필요하다구.

- **Looks like you could use an extra hand.** 너 일손이 더 필요한 것 같은데.

- **I think everybody could use a drink.** 다들 한잔씩 해야겠는데.

2. 숫자 + ish …정도 (-ish는 대략적인 숫자를 나타내는 접미사)

- **Let's have lunch around one-ish.** 한시쯤에 점심 먹자.

- **He said he'd be here around seven-ish.** 걔는 7시경에 오겠대.

- **I think I'll be done about nine-ish.** 9시쯤엔 끝낼 수 있을 것 같아.

3. slash(/) 단어 등을 구분할 때 쓰이는 사선(/). 보통 A/B라고 하면 'A이기도 하고 B이기도 하다'는 의미

- **I'll take you to a bookstore slash coffee shop.** 서점 겸 커피숍에 데려다줄게.

- **The new machine is a computer slash cell phone.**
  새로운 그 기계는 컴퓨터와 휴대폰을 겸하고 있다.

- **This is my husband slash business partner.**
  이 사람은 내 남편인 동시에 사업 파트너예요.

4. Plan A 업무 일순위 /1번 계획안, Plan B

- **Getting a loan from the bank is plan A for our business.**
  우리가 사업을 하려면 은행에서 대출을 받는게 급선무이다.

- **Once we get married, plan A is to buy a house.**
  일단 결혼을 했으니 우리 집부터 장만해요.

- **For her, plan A is to get Brian fired.**
  그 여자에겐 브라이언을 해고하는게 제일 급한 일이다.

- **What's the plan B?** 두번째 안이 뭐야?

memo

memo

memo